LE
PARADIS PERDU

DE MILTON

TRADUCTION

DE CHATEAUBRIAND

PARIS
RENAULT ET Cⁱᵉ, LIBRAIRES-ÉDITEURS
48, RUE D'ULM, 48

1861

LE

PARADIS PERDU

PARIS. — TYP. WALDER, RUE BONAPARTE, 44.

LE

PARADIS PERDU

DE MILTON

TRADUCTION

DE CHATEAUBRIAND

PARIS
RENAULT ET Ce, LIBRAIRES-ÉDITEURS
48, RUE D'ULM, 48

1861

LE

PARADIS PERDU

DE MILTON

REMARQUES

Je prie le lecteur de consulter l'*Avertissement* placé en tête de l'*Essai sur la littérature anglaise*, et de revoir dans l'*Essai* même les chapitres relatifs *à la vie et aux ouvrages de Milton*.

Si je n'avais voulu donner qu'une traduction *élégante* du *Paradis perdu*, on m'accordera peut-être assez de connaissance de l'art pour qu'il ne m'eût pas été impossible d'atteindre la hauteur d'une traduction de cette nature ; mais c'est une traduction littérale dans toute la force du terme que j'ai entreprise, une traduction qu'un enfant et un poëte pourront suivre sur le texte, ligne à ligne, mot à mot, comme un dictionnaire ouvert sous leurs yeux. Ce qu'il m'a fallu de travail pour arriver à ce résultat, pour dérouler une longue phrase d'une manière lucide sans hacher le style, pour arrêter les périodes sur la même chute, la même mesure, la même harmonie ; ce qu'il m'a fallu de travail pour tout cela ne peut se dire. Qui m'obligeait à cette exactitude dont il y aura si peu de juges, et dont on me saura si peu de gré ? Cette conscience que je mets à tout, et qui me remplit de remords quand je n'ai pas fait ce que j'ai pu faire. J'ai refondu trois fois la traduction sur le *manuscrit* et le *placard ;* je l'ai remaniée quatre fois d'un bout à l'autre sur les *épreuves*; tâche que je ne me serais jamais imposée si je l'eusse d'abord mieux comprise.

Au surplus, je suis loin de croire avoir évité tous les écueils de ce travail ; il est impossible qu'un ouvrage d'une telle étendue, d'une telle difficulté, ne renferme pas quelque contre-sens. Toutefois il y a plusieurs nières d'entendre les mêmes passages ; les Anglais eux-mêmes ne sont pas toujours d'accord sur le texte, comme on peut le voir dans les glossateurs. Pour éviter de se jeter dans des controverses interminables, je prie le lecteur de ne pas confondre un *faux* sens avec un sens *douteux*, ou susceptible d'interprétations diverses.

Je n'ai nullement la prétention d'avoir rendu intelligibles des descriptions empruntées de l'Apocalypse, ou tirées des prophètes, telles que *ces mers de verre qui sont fondées en vue, ces roues qui tournent dans des roues, etc.* Pour trouver un sens un peu clair à ces descriptions, il en aurait fallu retrancher la moitié : j'ai exprimé le tout par un rigoureux mot à mot, laissant le champ libre à l'interprétation des nouveaux Swedenborg qui entendront cela couramment.

Milton emprunte quelquefois l'ancien jargon italien : *d'autour d'Ève sont lancés des dards de désir qui souhaite la présence d'Ève.* Je ne sais pas si c'est le désir qui *souhaite;* ce pourrait bien être le *dard;* je n'ai donc pu exprimer que ce que je comprenais (si toutefois je comprenais), étant persuadé qu'on peut comprendre de pareilles choses de cent façons.

Si de longs passages présentent des difficultés, quelques traits rapides n'en offrent pas moins : que signifie ce vers :

Your fear itself of death removes the fear.

« Votre crainte même de la mort écarte la crainte. »

Il y a des commentaires immenses là-dessus ; en voici un : « Le serpent
« dit : Dieu ne peut vous punir sans cesser d'être juste ; s'il n'est plus
« juste il n'est plus Dieu ; ainsi vous ne devez point craindre sa menace ;
« autrement vous êtes en contradiction avec vous-même, puisque c'est
« précisément votre crainte qui détruit votre crainte. » Le commentateur ajoute pour achever l'explication « qu'il est bien fâché de ne pouvoir
« répandre un plus grand jour sur cet endroit. »

Dans l'invocation, au commencement du VIIe livre, on lit :

I have presum'd
(An earthly guest) and drawn empireal air,
Thy temp'ring.

J'ai traduit comme mes devanciers : *tempéré par toi*. Richardson prétend que Milton fait ici allusion à ces voyageurs qui, pour monter au haut du Ténériffe, emportent des éponges mouillées, et se procurent de cette manière un air respirable ; voilà beaucoup d'autorités : cependant je crois que *Thy temp'ring* veut dire tout simplement *ta température*. *Thy* est le pronom possessif, et non le pronom personnel *thee*. *Temp'ring* me semble un mot forgé par Milton comme tant d'autres : la *température* de la muse, son *air*, son *élément natal*. Je suis persuadé que c'est là le sens simple et naturel de la phrase ; l'autre sens me paraît un sens subtil et détourné : toutefois je n'ai pas osé le rejeter, parce qu'on a tort quand on a raison contre tout le monde.

Dans la description du cygne, le poëte se sert d'une expression qui donne également ces deux sens : « *Ses ailes lui servaient de manteau superbe*, » ou bien : « *Il formait sur l'eau une légère écume.* » J'ai conservé le premier sens adopté par la plupart des traducteurs, tout en regrettant l'autre.

Dans l'invocation du livre IX, la ponctuation qui m'a semblé la meilleure m'a fait adopter un sens nouveau : après ces mots *Heroic deemed*, il y a un point et une virgule, de sorte que *chief mastery* me paraît devoir être pris, par exclamation, dans un sens ironique ; en effet la période qui suit est ironique. Le passage devient ainsi beaucoup plus clair que quand on unit *chief mastery* avec le membre de phrase qui le précède.

Vers la fin du dernier discours qu'Adam tient à Ève pour l'engager à ne pas aller seule au travail, il règne beaucoup d'obscurité ; mais je pense que cette obscurité est ici un grand art du poëte. Adam est troublé, un pressentiment l'avertit, il ne sait presque plus ce qu'il dit : il y a quelque chose qui fait frémir dans ces ténèbres tendues tout à coup sur les pensées du premier homme prêt à accorder la permission fatale qui doit le perdre lui et sa race.

J'avais songé à mettre à la fin de ma traduction un tableau des différents sens que l'on peut donner à tels ou tels vers du *Paradis perdu*, mais j'ai été arrêté par cette question que je n'ai cessé de me faire dans le cours de mon travail : Qu'importe tout cela aux lecteurs et aux auteurs d'aujourd'hui? Qu'importe maintenant la conscience en toute chose? Qui lira mes commentaires? Qui s'en souciera?

J'ai calqué le poëme de Milton à la vitre ; je n'ai pas craint de changer le régime des verbes lorsqu'en restant plus *français* j'aurais fait perdre à l'original quelque chose de sa précision, de son originalité ou de son énergie : cela se comprendra mieux par des exemples.

Le poëte décrit le palais infernal ; il dit :

> Many a row
> Of starry lamps. . . . .
> . . . . Yelded light
> As from a sky.

J'ai traduit : Plusieurs rangs de lampes étoilées... émanent la lumière comme un firmament. » Or, je sais qu'*émaner* en français n'est pas un verbe actif ; un firmament n'*émane pas de la lumière*, la lumière *émane d'un firmament :* mais traduisez ainsi, que devient l'image ? Du moins le lecteur pénètre ici dans le génie de la langue anglaise ; il apprend la différence qui existe entre les régimes des verbes dans cette langue et dans la nôtre.

Souvent, en relisant mes pages, j'ai cru les trouver obscures ou traînantes, j'ai essayé de faire mieux : lorsque la période a été debout *élégante* ou *claire*, au lieu de *Milton* je n'ai rencontré que *Bitaubé* ; ma prose lucide n'était plus qu'une prose commune ou artificielle, telle qu'on en trouve dans tous les écrits communs du genre classique. Je suis revenu à ma première traduction. Quand l'obscurité a été invincible, je l'ai laissée ; à travers cette obscurité on sentira encore le dieu.

Dans le second livre du *Paradis Perdu*, on lit ce passage :

> No rest : through many a dark and dreary vale
> They pass'd and many a region dolorous,
> O'er many a frozen, many a fiery Alp,
> Rocks, caves, lakes, fens, bogs, dens, and shades of death,
> A universe of death, which God by curse
> Created evil, for evil only good,
> Where all life dies, death lives, and nature breeds,
> Perverse, all monstrous, all prodigious things,
> Abominable, inutterable, and worse
> Than fables yet have feign'd, or fear conceiv'd,
> Gorgons, and Hydras, and Chimeras dire.

« Elles traversent maintes vallées sombres et désertes, maintes régions douloureuses, par-dessus maintes Alpes de glace et maintes Alpes de feu : rocs, grottes, lacs, mares, gouffres, antres et ombres de mort ; univers de mort, que Dieu dans sa malédiction créa mauvais, bon pour le mal seulement ; univers où toute vie meurt, où toute mort vit, où la nature perverse engendre toutes choses monstrueuses, toutes choses prodigieuses, abominables, inexprimables, et pires que ce que la fable inventa ou la frayeur conçut : Gorgones et Hydres et Chimères effroyables.

Ici le mot répété *many* est traduit par notre vieux mot *maintes*, qui donne à la fois la traduction littérale et presque la même consonnance. Le fameux vers monosyllabique, si admiré des Anglais :

> Rocks, caves, lakes, fens, bogs, dens, and shades of death,

J'ai essayé de le rendre par les monosyllabes *rocs, lacs, mares, gouffres, antres* et *ombres de mort*, en retranchant les articles. Le passage rendu de cette manière produit des effets d'harmonie semblables ; mais, j'en conviens, c'est un peu aux dépens de la syntaxe. Voici le même passage, traduit dans toutes les règles de la grammaire par Dupré de Saint-Maur :

« En vain traversaient-elles des vallées sombres et hideuses, des régions
« de douleur, des montagnes de glace et de feu ; en vain franchissaient-
« elles des rochers, des fondrières, des lacs, des précipices, et des marais
« empestés ; elles retrouvaient toujours d'épouvantables ténèbres, les
« ombres de la mort, que Dieu forma dans sa colère, au jour qu'il créa
« les maux inséparables du crime. Elles ne voyaient que des lieux où la
« vie expire, et où la mort seule est vivante : la nature perverse n'y pro-
« duit rien que d'énorme et de monstrueux ; tout en est horrible, inexpri-
« mable, et pire encore que tout ce que les fables ont feint, ou que la
« crainte s'est jamais figuré de Gorgones, d'Hydres et de Chimères dévo-
« rantes. »

Je ne parle point de ce que le traducteur prête ici au texte ; c'est au lecteur à voir ce qu'il gagne ou perd par cette paraphrase ou par mon mot à mot. On peut consulter les autres traductions, examiner ce que mes prédécesseurs ont *ajouté* ou *omis* (car ils passent en général les endroits difficiles), peut-être en résultera-t-il cette conviction que la version littérale est ce qu'il y a de mieux pour faire connaître un auteur tel que Milton.

J'en suis tellement convaincu, que dans l'*Essai sur la littérature anglaise*, en citant quelques passages du *Paradis perdu*, je me suis légèrement éloigné du texte : eh bien ! qu'on lise les mêmes passages dans la traduction *littérale* du poëme, et l'on verra, ce me semble, qu'ils sont beaucoup mieux rendus, même pour l'harmonie.

Tout le monde, je le sais, a la prétention d'exactitude : je ressemble peut-être à ce bon abbé Leroy, *curé de Saint-Herbland de Rouen et prédicateur du roi :* lui aussi a traduit Milton, et en vers! Il dit : « Pour ce « qui est de notre traduction, son principal mérite, comme nous l'avons « dit, *c'est d'être fidèle.* »

Or, voici comme il est fidèle, de son propre aveu. Dans les notes du viie chant, on lit : « J'ai substitué ceci à la fable de Bellérophon, m'étant « proposé d'en purger cet ouvrage............J'ai adapté, au reste, les « plaintes de Milton de façon qu'elles puissent convenir encore plus à un « homme de mérite............ Ici j'ai changé ou retranché un long « récit de l'aventure d'Orphée mis à mort par les Bacchantes sur le mont « Rhodope. »

Changer ou *retrancher* l'admirable passage où Milton se compare à Orphée déchiré par ses ennemis !

« La Muse ne put défendre son fils ! »

Je ne crois pas néanmoins qu'il faille aller jusqu'à cette précision de Luneau de Boisjerman : « Ne pas avoir besoin de répétition, comme qui « serait non de pouvoir d'un seul coup. » La traduction interlinéaire de Luneau est cependant utile ; mais il ne faut pas trop s'y fier ; car, par une inadvertance étrange, en suivant le mot à mot, elle fourmille de contre-sens ; souvent la glose au-dessous donne un sens opposé à la traduction interlinéaire.

Ce que je viens de dire sera mon excuse pour les chicanes de langue que l'on pourrait me faire. Je passe condamnation sur tout, pourvu qu'on m'accorde que le portrait, quelque mauvais qu'on le trouve, est ressemblant.

J'ai déjà signalé (1) les difficultés grammaticales de la langue de Milton ; une des plus grandes vient de l'introduction de plusieurs nominatifs indirects dans une période régie par un principal nominatif, de sorte que tout à coup vous retrouvez un *he*, un *their* qui vous étonnent, qui vous obligent à un effort de mémoire ou qui vous forcent à remonter la période pour retrouver la *personne* ou les *personnes* auxquelles ce *he* ou ce *their* appartiennent. Une autre espèce d'obscurité naît de la concision et de

(1) Avertissement de l'*Essai*.

l'ellipse; faut-il donc s'étonner de la variété et des contre-sens des traductions dans ces passages? Ai-je rencontré plus juste? Je le crois, mais je n'en suis pas sûr : il ne me paraît même pas clair que Milton ait toujours bien lui-même rendu sa pensée; ce haut génie s'est contenté quelquefois de l'à peu près, et il a dit à la foule : « Devine si tu peux. »

Le nominatif absolu des Grecs, si fréquent dans le style antique de Milton, est très-inélégant dans notre langue. *Thou Looking on* pour *thee Looking on*. Je l'ai cependant employé sans égard à son étrangeté, aussi frappante en anglais qu'en français.

Les ablatifs absolus du latin, dont le *Paradis perdu* abonde, sont un peu plus usités dans notre langue; mais en les conservant j'ai parfois été obligé d'y joindre un des temps du verbe *être* pour faire disparaître une amphibologie.

C'est ainsi encore que j'ai complété quelques phrases non complètes. Milton parle des serpents *qui bouclent Mégère* : force est ici de dire *qui forment des boucles sur la tête de Mégère*.

Bentley prétend que, Milton étant aveugle, les éditeurs ont introduit dans le *Paradis perdu* des interpolations qu'il n'a pas connues : c'est peut-être aller loin; mais il est certain que la cécité du chantre d'Éden a pu nuire à la correction de son ouvrage. Le poëte composait la nuit; quand il avait fait quelques vers, il sonnait; sa fille ou sa femme descendait; il dictait : ce premier jet, qu'il oubliait nécessairement bientôt après, restait à peu près tel qu'il était sorti de son génie. Le poëme fut ainsi conduit à sa fin par inspirations et par dictées; l'auteur ne put en revoir l'ensemble ni sur le manuscrit ni sur les épreuves. Or il y a des négligences, des répétitions de mots, des cacophonies qu'on n'aperçoit, et pour ainsi dire, qu'on n'entend qu'avec l'œil, en parcourant les épreuves. Milton isolé, sans assistance, sans secours, presque sans amis, était obligé de faire des changements dans son esprit, et de relire son poëme d'un bout à l'autre dans sa mémoire. Quel prodigieux effort de souvenir! et combien de fautes ont dû lui échapper!

De là ces phrases inachevées, ces sens incomplets, ces verbes sans régimes, ces noms et ces pronoms sans relatifs, dont l'ouvrage fourmille. Le poëte commence une phrase au *singulier* et l'achève au *pluriel*, inadvertance qu'il n'aurait jamais commise s'il avait pu voir les épreuves. Pour rendre en français ces passages, il faut changer les *nombres* des pronoms, des noms et des verbes; les personnes qui connaissent l'art savent combien cela est difficile. Le poëte ayant à son gré mêlé les nombres, a naturellement donné à ces mots la quantité et l'euphonie convenables ; mais le pauvre traducteur n'a pas la même faculté ; il est obligé de mettre sa phrase sur ses pieds : s'il opte pour le *singulier*, il tombe dans les verbes de la première conjugaison, sur un *aima*, sur un *parla* qui viennent heurter une voyelle suivante ; s'en tient-il au *pluriel ?* il trouve un *aimaient*, un *parlaient* qui appesantissent et arrêtent la phrase au moment où elle devrait voler. Rebuté, accablé de fatigue, j'ai été cent fois au moment de planter là tout l'ouvrage. Jusqu'ici les traductions de ce chef-d'œuvre ont été moins de véritables traductions que des *épitomés* ou des *amplifications paraphrasées* dans lesquelles le sens général s'aperçoit à peine à travers une foule d'idées et d'images dont il n'y a pas un mot dans le texte. Comme je l'ai dit (1), on peut se tirer tant bien que mal d'un morceau choisi ; mais soutenir une lutte sans cesse renouvelée pendant douze chants, c'est peut-être l'œuvre de patience la plus pénible qu'il y ait au monde.

Dans les sujets riants et gracieux, Milton est moins difficile à entendre, et sa langue se rapproche davantage de la nôtre. Toutefois les traducteurs ont une singulière monomanie : ils changent les pluriels en singuliers, les singuliers en pluriels, les adjectifs en substantifs, les articles en pronoms, les pronoms en articles. Si Milton dit *le* vent, *l'* arbre, *la* fleur, *la* tempête, etc., ils mettent *les* vents, *les* arbres, *les fleurs*, *les* tempêtes, etc. ; s'il dit un esprit *doux*, ils écrivent la *douceur* de l'esprit : s'il dit *sa* voix, ils traduisent *la* voix, etc. Ce sont là de très-petites choses sans doute : cependant il arrive, on ne sait comment, que de tels changements répétés produisent à la fin du poëme une prodigieuse altération : ces changements donnent au génie de Milton cet air de lieu-commun qui s'attache à une phraséologie banale.

Je n'ai rien ajouté au texte ; j'ai seulement quelquefois été obligé de suppléer le mot *collectif* par lequel le poëte a oublié de lier les parties d'une longue énumération d'objets.

J'ai négligé çà et là des explétives redondantes qui embarrassaient la phrase sans ajouter à sa beauté, et qui n'étaient là évidemment que pour la mesure du vers : le sobre et correct Virgile lui-même a recours à ces explétives. On trouvera dans ma traduction *synodes, mémoriaux, recordés, conciles*, que les traducteurs n'ont osé risquer, et qu'ils ont rendus par *assemblées, emblèmes, rappelés, conseils, etc.;* c'est à tort selon moi.

(1) Avertissement de l'*Essai.*

Milton avait l'esprit rempli des idées et des controverses religieuses ; quand il fait parler les démons, il rappelle *ironiquement* dans son langage les cérémonies de l'Église romaine ; quand il parle *sérieusement* il emploie la langue des théologiens protestants. Il m'a semblé que cette observation oblige à traduire avec rigueur l'expression miltonienne, faute de quoi on ne ferait pas sentir cette partie intégrante du génie du poëte, la partie religieuse. Ainsi, dans une description du matin, Milton parle de la charmante heure de *Prime :* je suis persuadé que *Prime* est ici le nom d'un office de l'Église ; il ne veut pas dire *première ;* malgré ma conviction je n'ai pas risqué le mot *prime,* quoique à mon avis il fasse beauté, en rappelant la prière matinale du monde chrétien.

> L'astre avant-coureur de l'aurore,
> Du soleil qui s'approche annonce le retour,
> Sous le pâle horizon l'ombre se décolore :
> Lève-toi dans nos cœurs, chaste et bienheureux jour.
>
> RACINE.

Une autre beauté, selon moi, qui se tire encore du langage chrétien, c'est l'affectation de Satan à parler comme le Très-Haut ; il dit toujours ma *droite* au lieu de mon bras : j'ai mis une grande attention à rendre ces tours ; ils caractérisent merveilleusement l'orgueil du prince des ténèbres.

Dans les cantiques que le poëte fait chanter aux anges et qu'il emprunte de l'Écriture, il suit l'hébreu, et il ramène quelques mots en refrain au bout du verset : ainsi *praise* termine presque toutes les strophes de l'hymne d'Adam et d'Eve au lever du jour. J'ai pris garde à cela, et je reproduis à la chute le mot *louange :* mes prédécesseurs n'ayant peut-être pas remarqué le retour de ce mot, ont fait perdre aux vers leur harmonie lyrique.

Lorsque Milton peint la création il se sert rigoureusement des paroles de la Genèse, de la traduction anglaise : je me suis servi des mots français de la traduction de Sacy, quoiqu'ils diffèrent un peu du texte anglais : en des matières aussi sacrées j'ai cru ne devoir reproduire qu'un texte approuvé par l'autorité de l'Église.

J'ai employé, comme je l'ai dit encore (1), de vieux mots ; j'en ai fait

---

(1) Avertissement de l'*Essai.*

de nouveaux, pour rendre plus fidèlement le texte; c'est surtout dans les mots négatifs que j'ai pris cette licence; on trouvera donc *inadoré*, *imparité*, *inabstinence*, *etc*. On compte cinq ou six cents mots dans Milton qu'on ne trouve dans aucun dictionnaire anglais. Johnson, parlant du grand poëte s'exprime ainsi :

Trough all his greater works there prevails an uniform peculiarity of DICTION, *a mode and cast of expression which bears little ressemblance to that of any former writer, and which is so far removed from common use, that an unlearned reader, when he first opens his book, finds himself surprised by a new language... our language, says Addison, sunk under him.*

« Dans tous les plus grands ouvrages de Milton prévalent une uniforme
« singularité de diction, un mode et un tour d'expression qui ont peu de
« ressemblance avec ceux d'aucun écrivain précédent, et qui sont si éloi-
« gnés de l'usage ordinaire, qu'un lecteur non lettré, quand il ouvre son
« livre pour la première fois, se trouve surpris par une langue nouvelle...
« Notre langue, dit Addison, s'abat (ou *s'enfonce* ou *coule bas*) sous lui. »

Milton imite sans cesse les anciens; s'il fallait citer tout ce qu'il imite, on ferait un in-folio de notes : pourtant quelques notes seraient curieuses et d'autres seraient utiles pour l'intelligence du texte.

Le poëte, d'après la Genèse, parle de l'esprit qui féconda l'abîme. Du Bartas avait dit :

> D'une même façon l'esprit de l'Éternel
> Semble couver ce gouffre.

L'obscurité ou les *ténèbres visibles* rappellent l'expression de Sénèque : *non ut per tenebras videamus, sed ut ipsas.*

Satan levant sa tête au-dessus du lac de feu est une image empruntée à l'Enéide.

> *Pectora quorum inter fluctus arrecta.*

Milton faisant dire à Satan que régner dans l'enfer est digne d'ambition traduit Grotius : *Regnare dignum est ambitu, etsi in Tartaro.*

La comparaison des anges tombés aux feuilles de l'automne est prise de l'Iliade et de l'Énéide. Lorsque, dans son invocation, le poëte s'écrie qu'il va chanter des choses qui n'ont encore été dites ni en prose ni en vers, il imite à la fois Lucrèce et Arioste :

Cosa non detta in prosa mai, ne in rima.

Le *lasciate ogni speranza* est commenté ainsi d'une manière sublime : Régions de chagrins, obscurité plaintive où l'espérance ne peut jamais venir, elle qui vient à tous : « *hope never comes that comes to all.* »

Lorsque Milton représente des anges *tournant les uns sur la lance, les autres sur le bouclier*, pour signifier tourner à droite et à gauche, cette façon de parler poétique est empruntée d'un usage commun chez les Romains : le légionnaire tenait la lance de la main droite et le bouclier de la main gauche : *declinare ad hastam vel ad scutum*; ainsi Milton met à contribution les historiens aussi bien que les poëtes; et en ayant l'air de ne rien dire, il vous apprend toujours quelque chose. Remarquez que la plupart des citations que je viens d'indiquer se trouvent dans les trois cents premiers vers du *Paradis perdu :* encore ai-je négligé d'autres imitations d'Ézéchiel, de Sophocle, du Tasse, etc.

Le mot *saison* dans le poëme doit être quelquefois traduit par le mot *heure :* le poëte, sans vous le dire, s'est fait Grec ou plutôt s'est fait Homère, ce qui lui était tout naturel; il transporte dans le dialecte anglais une expression hellénique,

Quand il dit que le nom de la femme est tiré de celui de l'homme, qui le comprendra si l'on ne sait que cela est vrai d'après le texte de la Vulgate, *virago*, et d'après la langue anglaise *woman*, ce qui n'est pas vrai en français. Quand il donne à Dieu l'*empire carré* et à Satan l'empire *rond*, voulant par là faire entendre que Dieu gouverne le ciel et Satan le monde; il faut savoir que saint Jean, dans l'Apocalypse, dit : « *Civitas Dei in quadro posita.* »

Il y aurait mille autres remarques à faire de cette espèce, surtout à une époque où les trois quarts des lecteurs ne connaissent pas plus l'Écriture Sainte et les Pères de l'Église qu'ils ne savent le chinois.

Jamais style ne fut plus figuré que celui de Milton : ce n'est point Eve qui est douée d'une majesté virginale, c'est la *majestueuse virginité* qui se trouve dans Eve; Adam n'est point inquiet, c'est l'*inquiétude* qui agit sur Adam; Satan ne rencontre pas Eve par hasard, c'est le *hasard* de Satan qui rencontre Eve; Adam ne veut pas empêcher Eve de s'absenter, il cherche à dissuader l'*absence* d'Eve. Les comparaisons, à cause même de ces tours, sont presque intraduisibles : assez rarement empruntées des images de la nature, elles sont prises des usages de la société, des travaux du laboureur et du matelot, des réminiscences de l'histoire et de la mythologie ; ce qui rappelle, pour le dire en passant, que Milton était aveugle, et qu'il tirait de ses souvenirs une partie de son génie. Une comparaison admirable et qui n'appartient qu'à lui, est celle de cet homme sorti un matin des fumées d'une grande ville pour se promener dans les fraîches campagnes, au milieu des moissons, des troupeaux, et rencontrant une jeune fille plus belle que tout cela : c'est Satan échappé du gouffre de l'enfer qui rencontre Eve au milieu des retraites fortunées d'Éden. On voit aussi, par la vie de Milton, qu'il remémore dans cette comparaison le temps de sa jeunesse : dans une des promenades matinales qu'il faisait autour de Londres s'offrit à sa vue une jeune femme d'une beauté extraordinaire : il en devint passionnément amoureux, ne la retrouva jamais, et fit le serment de ne plus aimer.

Au reste, Milton n'est pas toujours logique ; il ne faudra pas croire ma traduction fautive quand les idées manqueront de conséquence et de justesse.

Ce qu'il faut demander au chantre d'Éden, c'est de la poésie, et de la poésie la plus haute à laquelle il soit donné à l'esprit humain d'atteindre ; tout vit chez cet homme, les êtres moraux comme les êtres matériels : dans un combat, ce ne sont pas les dards qui voûtent le ciel ou qui forment une voûte enflammée, ce sont les *sifflements* mêmes de ces dards ; les personnages n'accomplissent pas des actions, ce sont leurs *actions* qui agissent comme si elles étaient elles-mêmes des personnages. Lorsqu'on est si divinement poëte, qu'on habite au plus sublime sommet de l'Olympe, la critique est ridicule en essayant de monter là : les reproches que l'on peut faire à Milton sont des reproches d'une nature inférieure ; ils tiennent de la terre où ce dieu n'habite pas. Que dans un homme une qualité s'élève à une hauteur qui domine tout, il n'y a point de taches que cette qualité ne fasse disparaître dans son éclat immense.

Si Milton, très-admiré en Angleterre, est assez peu lu ; s'il est moins populaire que Shakespeare, qui doit une partie de cette popularité au rajeunissement qu'il reçoit chaque jour sur la scène, cela tient à la gravité du poëte, au sérieux du poëme et à la difficulté de l'idiome miltonien. Milton, comme Homère, parle une langue qui n'est pas la langue vulgaire ; mais avec cette différence que la langue d'Homère est une langue simple, naturelle, facile à apprendre, au lieu que la langue de

Milton est une langue composée, savante, et dont la lecture est un véritable travail. Quelques morceaux choisis du *Paradis perdu* sont dans la mémoire de tout le monde ; mais, à l'exception d'un millier de vers de cette sorte, il reste onze mille vers qu'on a lus rapidement, péniblement, ou qu'on n'a jamais lus.

Voilà assez de *remarques* pour les personnes qui savent l'anglais et qui attachent quelque prix à ces choses-là ; en voilà beaucoup trop pour la foule des lecteurs : à ceux-ci il importe fort peu qu'on ait fait ou qu'on n'ait pas fait un contre-sens, et ils se contenteraient tout aussi bien d'une version commune, amplifiée ou tronquée.

On dit que de nouvelles traductions de Milton doivent bientôt paraître ; tant mieux ! on ne saurait trop multiplier un chef-d'œuvre : mille peintres copient tous les jours les tableaux de Raphaël et de Michel-Ange. Si les nouveaux traducteurs ont suivi mon système, ils reproduiront à peu près ma traduction ; ils feront ressortir les endroits où je puis m'être trompé : s'ils ont pris le système de la traduction libre, le mot à mot de mon humble travail sera comme le germe de la belle fleur qu'ils auront habilement développée.

Me serait-il permis d'espérer que si mon essai n'est pas trop malheureux, il pourra amener quelque jour une révolution dans la manière de traduire ? Du temps d'Ablancourt les traductions s'appelaient de *belles infidèles* ; depuis ce temps-là on a vu beaucoup d'infidèles qui n'étaient pas toujours belles : on en viendra peut-être à trouver que la fidélité, même quand la beauté lui manque, a son prix.

Il est des génies heureux qui n'ont besoin de consulter personne, qui produisent sans effort avec abondance des choses parfaites : je n'ai rien de cette facilité naturelle, surtout en littérature ; je n'arrive à quelque chose qu'avec de longs efforts ; je refais vingt fois la même page, et j'en suis toujours mécontent : mes *manuscrits* et mes *épreuves* sont, par la multitude des corrections et des renvois, de véritables broderies dont j'ai moi-même beaucoup de peine à retrouver le fil (1). Je n'ai pas la moindre confiance en moi : peut-être même ai-je trop de facilité à recevoir les avis qu'on veut bien me donner ; il dépend presque du premier venu de me faire changer ou supprimer tout un passage : je crois toujours que l'on juge et que l'on voit mieux que moi.

---

(1) C'est l'excuse pour les fautes d'impression si nombreuses dans mes ouvrages. Les compositeurs fatigués se trompent, malgré eux, par la multitude des changements, des retranchements ou des additions.

Pour accomplir ma tâche, je me suis environné de toutes les disquisitions des scoliastes : j'ai lu toutes les traductions françaises, italiennes et latines que j'ai pu trouver. Les traductions latines, par la facilité qu'elles ont à rendre *littéralement* les mots et à suivre des inversions, m'ont été très-utiles.

J'ai quelques amis que depuis trente ans je suis accoutumé à consulter: je leur ai encore proposé mes doutes dans ce dernier travail ; j'ai reçu leurs notes et leurs observations ; j'ai discuté avec eux les points difficiles ; souvent je me suis rendu à leur opinion ; quelquefois ils sont revenus à la mienne. Il m'est arrivé, comme à Louis Racine, que les Anglais m'ont avoué ne pas comprendre le passage sur lequel je les interrogeais. Heureux encore une fois ces esprits qui savent tout et n'ont besoin de personne ; moi, faible, je cherche des appuis, et je n'ai point oublié le précepte du maître :

> Faites choix d'un censeur solide et salutaire
> Que la raison conduise et le savoir éclaire,
> Et dont le crayon sûr d'abord aille chercher
> L'endroit que l'on sent faible et qu'on se veut cacher.

Dans tout ce que je viens de dire, je ne fais point mon apologie, je cherche seulement une excuse à mes fautes. Un traducteur n'a droit à aucune gloire ; il faut seulement qu'il montre qu'il a été patient, docile et laborieux.

Si j'ai eu le bonheur de faire connaître Milton à la France ; je ne me plaindrai pas des fatigues que m'a causées l'excès de ces études : tant il y a cependant que pour éviter de nouveau l'avenir probable d'une vie fidèle, je ne recommencerais pas un pareil travail ; j'aimerais mieux mille fois subir toute la rigueur de cet avenir.

VERS.

Le vers héroïque anglais consiste dans la mesure sans rime, comme le vers d'Homère en grec et de Virgile en latin : la rime n'est ni une adjonction nécessaire, ni le véritable ornement d'un poëme ou de bons vers, spécialement dans un long ouvrage : elle est l'invention d'un âge barbare, pour relever un méchant sujet ou un mètre boiteux. A la vérité elle a été embellie par l'usage qu'en ont fait depuis quelques fameux poëtes modernes, cédant à la coutume ; mais ils l'ont employée à leur grande vexation, gêne et contrainte, pour exprimer plusieurs choses (et souvent de la plus mauvaise manière) autrement qu'ils ne les auraient exprimées. Ce n'est donc pas sans cause que plusieurs poëtes du premier rang, italiens et espagnols, ont rejeté la rime des ouvrages longs et courts. Ainsi a-t-elle été bannie depuis longtemps de nos meilleures tragédies anglaises, comme une chose d'elle-même triviale, sans vraie et agréable harmonie pour toute oreille juste. Cette harmonie naît du convenable nombre, de la convenable quantité des syllabes, et du sens passant avec variété d'un vers à un autre vers ; elle ne résulte pas du tintement de terminaisons semblables ; faute qu'évitaient les doctes anciens, tant dans la poésie que dans l'éloquence oratoire. L'omission de la rime doit être comptée si peu pour défaut (quoiqu'elle puisse paraître telle aux lecteurs vulgaires), qu'on la doit regarder plutôt comme le premier exemple offert en anglais, de l'ancienne liberté rendue au poëme héroïque affranchi de l'incommode et moderne entrave de la rime.

LE PARADIS PERDU

LIVRE PREMIER

ARGUMENT

Ce premier livre expose d'abord brièvement tout le sujet, la désobéissance de l'homme, et d'après cela la perte du Paradis où l'homme était placé. Ce livre parle ensuite de la première cause de la chute de l'homme, du serpent, ou plutôt de Satan dans le serpent qui, se révoltant contre Dieu et attirant de son côté plusieurs légions d'anges, fut, par le commandement de Dieu, précipité du ciel avec toute sa bande dans le grand abîme. Après avoir passé légèrement sur ce fait, le poëme ouvre au milieu de l'action : il présente Satan et ses anges maintenant tombés en enfer. L'enfer n'est pas décrit ici comme placé dans le centre du monde (car le ciel et la terre peuvent être supposés n'être pas encore faits et certainement pas encore maudits), mais dans le lieu des ténèbres extérieures, plus convenablement appelé Chaos. Là, Satan avec ses anges, couché sur le lac brûlant, foudroyé et évanoui, au bout d'un certain espace de temps revient à lui comme de la confusion d'un songe. Il appelle celui qui, le premier après lui en puissance et en dignité, gît à ses côtés. Ils confèrent ensemble de leur misérable chute. Satan réveille toutes ses légions, jusqu'alors demeurées confondues de la même manière. Elles se lèvent : leur nombre, leur ordre de bataille ; leurs principaux chefs, nommés d'après les idoles connues par la suite en Chanaan et dans les pays voisins. Satan leur adresse un discours, les console par l'espérance de regagner le ciel ; il leur parle enfin d'un nouveau monde, d'une nouvelle espèce de créatures qui doivent être un jour formées, selon une antique prophétie ou une tradition répandue dans le ciel. Que les anges existassent longtemps avant la création visible, c'était l'opinion de plusieurs anciens Pères. Pour discuter le sens de la prophétie, et déterminer ce qu'on peut faire en conséquence, Satan s'en réfère à un grand conseil ; ses associés adhèrent à cet avis : Pandæmonium, palais de Satan, s'élève soudainement bâti de l'abîme : les pairs infernaux y siégent en conseil.

La première désobéissance de l'homme et le fruit de cet arbre défendu, dont le mortel goût apporta la mort dans le monde, et tous nos malheurs, avec la perte d'Eden, jusqu'à ce qu'un homme plus grand nous rétablît et reconquît le séjour bienheureux, chante, Muse céleste! Sur le sommet secret d'Oreb et de Sinaï tu inspiras le berger qui le premier apprit à la race choisie comment, dans le commencement, le ciel et la terre sortirent du chaos. Ou si la colline de Sion, le ruisseau de Siloë qui coulait rapidement près l'oracle de Dieu, te plaisent davantage, là j'invoque ton aide pour mon chant aventureux : ce n'est pas d'un vol tempéré qu'il veut prendre l'essor au-dessus des monts d'Aonie, tandis qu'il poursuit des choses qui n'ont encore été tentées ni en prose ni en vers.

Et toi, ô Esprit! qui préfères à tous les temples un cœur droit et pur, instruis-moi, car tu sais! Toi, au premier instant tu étais présent : avec tes puissantes ailes éployées, comme une colombe tu couvas l'immense abîme et tu le rendis fécond. Illumine en moi ce qui est obscur, élève et soutiens ce qui est abaissé, afin que de la hauteur de ce grand argument je puisse affirmer l'éternelle Providence, et justifier les voies de Dieu aux hommes.

Dis d'abord, car ni le ciel ni la profonde étendue de l'enfer ne dérobent rien à ta vue ; dis quelle cause, dans leur état heureux si favorisé du ciel, poussa nos premiers parents à se séparer de leur Créateur, à transgresser sa volonté pour une seule restriction, souverains qu'ils étaient du reste du monde. Qui les entraîna à cette honteuse révolte? L'infernal serpent. Ce fut lui, dont la malice animée d'envie et de vengeance trompa la mère du genre humain : son orgueil l'avait précipité du ciel avec son armée d'anges rebelles, par le secours desquels aspirant à monter en gloire au-dessus de ses pairs, il se flatta d'égaler le Très-Haut, si le Très-Haut s'opposait à lui. Plein de cet ambitieux projet contre le trône et la monarchie de Dieu, il alluma au ciel une guerre impie et un combat téméraire, dans une attente vaine.

Le souverain pouvoir le jeta flamboyant, la tête en bas, de la voûte éthérée ; ruine hideuse et brûlante : il tomba dans le gouffre sans fond de la perdition, pour y rester chargé de chaînes de diamant, dans le feu qui punit : il avait osé défier aux armes le Tout-Puissant ! Neuf fois l'espace qui mesure le jour et la nuit aux hommes mortels, lui, avec son horrible bande, fut étendu vaincu, roulant dans le gouffre ardent, confondu quoique immortel. Mais sa sentence le réservait encore à plus de colère, car la double pensée de la félicité perdue et d'un mal présent à jamais, le tourmente. Il promène autour de lui des yeux funestes, où se peignent une douleur démesurée et la consternation, mêlées à l'orgueil et à l'inébranlable haine.

D'un seul coup d'œil et aussi loin que perce le regard des anges, il voit le lieu triste, dévasté et désert: ce donjon horrible, arrondi de toute part, comme une grande fournaise flambloyait. De ces flammes point de lumière ! mais des ténèbres visibles servent seulement à découvrir des vues de malheur ; régions de chagrins, obscurité plaintive, où la paix, où le repos, ne peuvent jamais habiter, l'espérance jamais venir, elle qui vient à tous ! mais là des supplices sans fin, là un déluge de feu, nourri d'un soufre qui brûle sans se consumer.

Tel est le lieu que l'éternelle justice prépara pour ces rebelles ; ici elle ordonna leur prison dans les ténèbres extérieures ; elle leur fit cette part trois fois aussi éloignée de Dieu et de la lumière du ciel, que le centre de la création l'est du pôle le plus élevé. Oh! combien cette demeure ressemble peu à celle d'où ils tombèrent !

Là bientôt l'archange discerne les compagnons de sa chute, ensevelis dans les flots et les tourbillons d'une tempête de feu. L'un d'eux se vautrait parmi les flammes à ses côtés, le premier en pouvoir après lui et le plus proche en crime : longtemps après connu en Palestine, il fut appelé Béelzébuth. Le grand ennemi (pour cela nommé Satan dans le ciel), rompant par ces fières paroles l'horrible silence, commence ainsi :

« Si tu es celui... Mais combien déchu, combien différent de
« celui qui, revêtu d'un éclat transcendant parmi les heureux
« du royaume de la lumière, surpassait en splendeur des
« myriades de brillants esprits !... Si tu es celui qu'une mu-
« tuelle ligue, qu'une seule pensée, qu'un même conseil, qu'une
« semblable espérance, qu'un péril égal dans une entreprise
« glorieuse, unirent jadis avec moi, et qu'un malheur égal unit

« à présent dans une égale ruine, tu vois de quelle hauteur,
« dans quel abîme nous sommes tombés ! tant Il se montra
« le plus puissant avec son tonnerre ! Mais qui jusqu'alors avait
« connu l'effet de ses armes terribles ! Toutefois, malgré ces
« foudres, malgré tout ce que le vainqueur dans sa rage peut
« encore m'infliger, je ne me repens point, je ne me change
« point : rien (quoique changé dans mon éclat extérieur) ne
« changera cet esprit fixe, ce haut dédain né de la conscience
« du mérite offensé, cet esprit qui me porta à m'élever contre
« le plus Puissant, entraînant dans ce conflit furieux la force
« innombrable d'esprits armés qui osèrent mépriser sa domina-
« tion : ils me préférèrent à lui, opposant à son pouvoir suprême
« un pouvoir contraire ; et, dans une bataille indécise au milieu
« des plaines du ciel, ils ébranlèrent son trône.

« Qu'importe la perte du champ de bataille ! tout n'est pas
« perdu. Une volonté insurmontable, l'étude de la vengeance,
« une haine immortelle, un courage qui ne cédera ni ne se sou-
« mettra jamais, qu'est-ce autre chose que n'être pas subjugué ?
« Cette gloire, jamais sa colère ou sa puissance ne me l'extor-
« quera. Je ne me courberai point ; je ne demanderai point grâce
« d'un genou suppliant ; je ne déifierai point son pouvoir qui,
« par la terreur de ce bras, a si récemment douté de son empire.
« Cela serait bas en effet : cela serait une honte et une ignominie
« au-dessous même de notre chute ! Puisque par le destin la force
« des dieux, la substance céleste ne peut périr ; puisque l'expé-
« rience de ce grand événement, dans les armes non affaiblies,
« ayant gagné beaucoup en prévoyance, nous pouvons, avec
« plus d'espoir de succès, nous déterminer à faire, par ruse ou
« par force, une guerre éternelle, irréconciliable à notre grand
« ennemi, qui triomphe maintenant, et qui, dans l'excès de sa
« joie, régnant seul, tient la tyrannie du ciel. »

Ainsi parlait l'ange apostat, quoique dans la douleur ; se vantant à haute voix, mais déchiré d'un profond désespoir. Et à lui
répliqua bientôt son fier compagnon :

« O prince ! ô chef de tant de trônes ! qui conduisis à la guerre

« sous ton commandement les séraphins rangés en bataille! qui,
« sans frayeur, dans de formidables actions, mis en péril le Roi
« perpétuel des cieux et à l'épreuve son pouvoir suprême, soit
« qu'il le tînt de la force, du hasard, ou du destin ; ô chef! je
« vois trop bien et je maudis l'événement fatal qui, par une triste
« déroute et une honteuse défaite, nous a ravi le ciel. Toute cette
« puissante armée est ainsi plongée dans une horrible destruc-
« tion, autant que des dieux et des substances divines peuvent
« périr ; car la pensée et l'esprit demeurent invincibles, et la vi-
« gueur bientôt revient, encore que toute notre gloire soit éteinte
« et notre heureuse condition engouffrée ici dans une infinie
« misère. Mais quoi? Si lui notre vainqueur (force m'est de le
« croire le Tout-Puissant, puisqu'il ne fallait rien moins qu'un
« tel pouvoir pour dompter un pouvoir tel que le nôtre), si ce
« vainqueur nous avait laissé entiers notre esprit et notre vigueur,
« afin que nous puissions endurer et supporter fortement nos
« peines, afin que nous puissions suffire à sa colère vengeresse,
« ou lui rendre un plus rude service comme ses esclaves par le
« droit de la guerre, ici, selon ses besoins, dans le cœur de l'en-
« fer, travailler dans le feu, ou porter ses messages dans le noir
« abîme? Que nous servirait alors de sentir notre force non di-
« minuée ou l'éternité de notre être, pour subir un éternel châ-
« timent? »

Le grand ennemi répliqua par ces paroles rapides :

« Chérubin tombé, être faible et misérable, soit qu'on agisse
« ou qu'on souffre. Mais sois assuré de ceci : faire le bien ne sera
« jamais notre tâche ; faire toujours le mal sera notre seul délice,
« comme étant le contraire de la haute volonté de celui au-
« quel nous résistons. Si donc sa providence cherche à tirer le
« bien de notre mal, nous devons travailler à pervertir cette fin,
« et à trouver encore dans le bien des moyens du mal. En quoi
« souvent nous pourrons réussir de manière peut-être à chagri-
« ner l'ennemi, et, si je ne me trompe, détourner ses plus pro-
« fonds conseils de leur but marqué.

« Mais vois! le vainqueur courroucé a rappelé aux portes du

« ciel ses ministres de poursuite et de vengeance. La grêle de
« soufre lancée sur nous dans la tempête passée, a abattu la va-
« gue brûlante qui du précipice du ciel nous reçut tombants. Le
« tonnerre, avec ses ailes de rouges éclairs, et son impétueuse
« rage, a peut-être épuisé ses traits, et cesse, maintenant, de mu-
« gir à travers l'abîme vaste et sans bornes. Ne laissons pas
« échapper l'occasion que nous cède le dédain ou la fureur rassa-
« siée de notre ennemi. Vois-tu au loin cette plaine sèche, aban-
« donnée et sauvage, séjour de la désolation, vide de lumière,
« hors de celle que la lueur de ces flammes noires et bleues lui
« jette pâle et effrayante? Là, tendons à sortir des ballottements
« de ces vagues de feu ; là, reposons-nous, si le repos peut habi-
« ter là. Rassemblant nos légions affligées, examinons comment
« nous pourrons dorénavant nuire à notre ennemi, comment
« nous pourrons réparer notre perte, surmonter cette affreuse ca-
« lamité ; quel renforcement nous pouvons tirer de l'espérance,
« sinon, quelle résolution du désespoir. »

Ainsi parlait Satan à son compagnon le plus près de lui, la tête
levée au-dessus des vagues, les yeux étincelants ; les autres parties de son corps affaissées sur le lac, étendues longues et larges,
flottaient sur un espace de plusieurs arpents. En grandeur il était
aussi énorme que celui que les fables appellent, de sa taille monstrueuse, Titanien, ou né de la terre, lequel fit la guerre à Jupiter;
Briarée ou Tiphon, dont la caverne s'ouvrait près de l'ancienne
Tarse. Satan égalait encore cette bête de mer, Léviathan, que
Dieu, de toutes ses créatures, fit la plus grande entre celles qui
nagent dans le cours de l'Océan : souvent la bête dort sur l'écume
norwégienne ; le pilote de quelque petite barque égarée au milieu des ténèbres la prend pour une île (ainsi le racontent les
matelots) : il fixe l'ancre de son écorce d'écaille, s'amarre sous le
vent à son côté, tandis que la nuit investit la mer, et retarde l'aurore désirée. Ainsi, énorme en longueur le chef ennemi gisait
enchaîné sur le lac brûlant ; jamais il n'eût pu se lever ou sou-
lever sa tête, si la volonté et la haute permission du régulateur
de tous les cieux ne l'avaient laissé libre dans ses noirs desseins;

afin que par ses crimes réitérés il amassât sur lui la damnation, alors qu'il cherchait le mal des autres; afin qu'il pût voir, furieux, que toute sa malice n'avait servi qu'à faire luire l'infinie bonté, la grâce, la miséricorde sur l'homme par lui séduit; à attirer sur lui-même, Satan, triple confusion, colère et vengeance.

Soudain au-dessus du lac l'archange dresse sa puissante stature: de sa main droite et de sa gauche les flammes repoussées en arrière écartent leurs pointes aiguës, et, roulées en vagues, laissent au milieu une horrible vallée. Alors, ailes déployées, il dirige son vol en haut, pesant sur l'air sombre qui sent un poids inaccoutumé, jusqu'à ce qu'il s'abatte sur la terre aride, si terre était ce qui toujours brûle d'un feu solide, comme le lac brûle d'un liquide feu. Telles apparaissent dans leur couleur (lorsque la violence d'un tourbillon souterrain a transporté une colline arraché du Pelore ou des flancs déchirés du tonnant Etna), telles apparaissent les entrailles combustibles et inflammables qui là concevant le feu, sont lancées au ciel par l'énergie minérale à l'aide des vents, et laissent un fond brûlé, tout enveloppé d'infection et de fumée : pareil fut le sol de repos que toucha Satan de la plante de ses pieds maudits. Béelzébuth, son compagnon le plus proche, le suit, tous deux se glorifiant d'être échappés aux eaux stygiennes comme les dieux par leurs propres forces recouvrées, non par la tolérance du suprême pouvoir.

« Est-ce ici la région, le sol, le climat, dit alors l'archange
« perdu; est-ce ici le séjour que nous devons changer contre le
« ciel, cette morne obscurité contre cette lumière céleste ? Soit!
« puisque celui qui maintenant est souverain, peut disposer et
« décider de ce qui sera justice. Le plus loin de lui est le
« mieux, de lui qui, égalé en raison, s'est élevé au-dessus de
« ses égaux par la force. Adieu, champs fortunés où la joie
« habite pour toujours! salut, horreurs! salut, monde infernal!
« Et toi, profond enfer, reçois ton nouveau possesseur. Il t'ap-
« porte un esprit que ne changeront ni le temps ni le lieu.
« L'esprit est à soi-même sa propre demeure, il peut faire en
« soi un ciel de l'enfer, un enfer du ciel. Qu'importe où je serai,

« si je suis toujours le même et ce que je dois être, tout, quoi-
« que moindre que celui que le tonnerre a fait plus grand ! Ici
« du moins nous serons libres. Le Tout-Puissant n'a pas bâti
« ce lieu pour l'envier; il ne voudra pas nous en chasser. Ici
« nous pourrons régner en sûreté; et, à mon avis, régner est
« digne d'ambition, même en enfer; mieux vaut régner en enfer
« que servir le ciel.

« Mais laisserons-nous donc nos amis fidèles, les associés,
« les copartageants de notre ruine, étendus, étonnés sur le lac
« d'oubli? Ne les appellerons-nous pas à prendre avec nous la
« part de ce manoir malheureux, ou, avec nos armes ralliés, à
« tenter une fois de plus s'il est encore quelque chose à regagner
« au ciel, ou à perdre dans l'enfer. »

Ainsi parla Satan, et Béelzébuth lui répondit :

« Chef de ces brillantes armées, qui par nul autre que le
« Tout-Puissant n'auraient été vaincues, si une fois elles en-
« tendent cette voix, le gage le plus vif de leur espérance au
« milieu des craintes et des dangers; cette voix si souvent re-
« tentissante dans les pires extrémités, au bord périlleux de la
« bataille quand elle rugissait; cette voix, signal le plus rassu-
« rant dans tous les assauts, soudain elles vont reprendre un
« nouveau courage et revivre, quoiqu'elles languissent à pré-
« sent, gémissantes et prosternées sur le lac de feu, comme nous
« tout à l'heure assourdis et stupéfaits : qui s'en étonnerait,
« tombées d'une si pernicieuse hauteur ! »

Béelzébuth avait à peine cessé de parler, et déjà le grand
ennemi s'avançait vers le rivage : son pesant bouclier, de trempe
éthérée, massif, large et rond, était rejeté derrière lui ; la large
circonférence pendait à ses épaules, comme la lune dont l'orbe,
à travers un verre optique, est observé le soir par l'astronome
toscan, du sommet de Fiesole ou dans le Valdarno, pour découvrir de nouvelles terres, des rivières et des montagnes sur son
globe tacheté. La lance de Satan (près de laquelle le plus haut
pin scié sur les collines de Norwége pour être le mât de quelque
grand vaisseau amiral, ne serait qu'un roseau) lui sert à sou-

tenir ses pas mal assurés sur la marne brûlante ; bien différents de ces pas sur l'azur du ciel ! Le climat torride voûté de feu le frappe encore d'autres plaies : néanmoins il endure tout, jusqu'à ce qu'il arrive au bord de la mer enflammée. Là il s'arrête.

Il appelle ses légions, formes d'anges fanées qui gisent aussi épaisses que les feuilles d'automne jonchant les ruisseaux de Vallombreuse, où les ombrages étruriens décrivent l'arche élevée d'un berceau ; ainsi surnagent des varechs dispersés, quand Orion, armé des vents impétueux, a battu les côtes de la mer Rouge ; mer dont les vagues renversèrent Busiris et la cavalerie de Memphis, tandis qu'ils poursuivaient d'une haine perfide les étrangers de Gessen, qui virent sur le rivage les carcasses flottantes, les roues des chariots brisés : ainsi semées, abjectes, perdues, les légions gisaient, couvrant le lac, dans la stupéfaction de leur changement hideux.

Satan élève une si grande voix, que tout le creux de l'enfer en retentit.

« Princes, potentats, guerriers, fleur du ciel jadis à vous,
« maintenant perdu ! une stupeur telle que celle-ci peut-elle
« saisir des esprits éternels, ou avez-vous choisi ce lieu après
« les fatigues de la bataille, pour reposer votre valeur lassée,
« pour la douceur que vous vous trouvez à dormir ici, comme
« dans les vallées du ciel ? ou bien, dans cette abjecte posture,
« avez-vous juré d'adorer le vainqueur ? Il contemple à présent
« chérubins et séraphins, roulant dans le gouffre, armes et en-
« seignes brisées, jusqu'à ce que bientôt ses rapides ministres,
« découvrant des portes du ciel leurs avantages, et descendant,
« nous foulent aux pieds ainsi languissants, ou nous attachent
« à coups de foudre au fond de cet abîme. Eveillez-vous ! levez-
« vous ! ou soyez à jamais tombés ! »

Ils l'entendirent et furent honteux et se levèrent sur l'aile, comme quand des sentinelles accoutumées à veiller au devoir, surprises endormies par le commandant qu'elles craignent, se lèvent, et se remettent elles-mêmes en faction avant d'être bien éveillées. Non que ces esprits ignorent le malheureux état où ils sont réduits, ou qu'ils ne sentent pas leurs affreuses tortures; mais bientôt ils obéissent innombrables à la voix de leur général.

Comme quand la puissante verge du fils d'Amram, au jour mauvais de l'Egypte, passa ondoyante le long du rivage, et appela la noire nuée de sauterelles, touées par le vent d'orient, qui se suspendirent sur le royaume de l'impie Pharaon de même que la nuit, et en ténébrèrent toute la terre du Nil : ainsi, sans nombre furent aperçus ces mauvais anges, planant sous la coupole de l'enfer, entre les inférieures, les supérieures et les environnantes flammes, jusqu'à ce qu'un signal donné, la lance levée droite de leur grand sultan, ondoyant pour diriger leur course, ils s'abattent, d'un égal balancement, sur le soufre affermi, et remplissent la plaine. Ils formaient une multitude telle que le Nord populeux n'en verra jamais de ses flancs glacés pour franchir le Rhin ou le Danube, alors que ses fils barbares tombèrent comme un déluge sur le Midi, et s'étendirent au-dessous de Gibraltar, jusqu'aux sables de la Libye.

Incontinent de chaque escadron, et de chaque bande, les chefs et les conducteurs se hâtèrent là où leur grand général s'était arrêté. Semblables à des dieux par la taille et par la forme, surpassant la nature humaine, royales dignités, puissances, qui siégeaient autrefois dans le ciel, sur les trônes : quoique dans les archives célestes on ne garde point maintenant la mémoire de leurs noms, effacés et rayés par leur rébellion, du livre de vie. Ils n'avaient pas encore acquis leurs noms nouveaux parmi les fils d'Ève; mais lorsque, errant sur la terre, avec la haute permission de Dieu, pour l'épreuve de l'homme, ils eurent, à force d'impostures et de mensonges, corrompu la plus grande partie du genre humain, ils persuadèrent aux créatures d'abandonner Dieu leur créateur, de transporter souvent la gloire invisible de celui qui les avait faits, dans l'image d'une brute ornée de gaies religions pleines de pompes et d'or, d'adorer les démons pour divinités : alors ils furent connus aux hommes sous différents noms et par diverses idoles, dans le monde païen.

Muse, redis-moi ces noms alors connus : qui le premier, qui le dernier se réveilla du sommeil sur ce lit de feu, à l'appel de leur grand empereur; quels chefs, les plus près de lui en mérites, vinrent un à un où il se tenait sur le rivage chauve, tandis que la foule pêle-mêle se tenait encore au loin.

Ces chefs furent ceux qui, sortis du puits de l'enfer, rôdant pour saisir leur proie sur la terre, eurent l'audace, longtemps après, de fixer leurs siéges auprès de celui de Dieu, leurs autels contre son autel, dieux adorés parmi les nations d'alentour; et ils osèrent habiter près de Jehovah, tonnant hors de Sion, ayant son trône au milieu des chérubins : souvent même ils placèrent leurs châsses jusque dans son sanctuaire, abominations et avec des choses maudites, ils profanèrent ses rites sacrés, ses fêtes solennelles, et leurs ténèbres osèrent affronter sa lumière.

D'abord s'avance Moloch, horrible roi, aspergé du sang des sacrifices humains, et des larmes des pères et des mères, bien qu'à cause du bruit des tambours et des timbales retentissantes, le cri de leurs enfants ne fût pas entendu, lorsque, à travers le feu, ils passaient à l'idole grimée. Les Ammonites l'adorèrent dans Rabba et sa plaine humide, dans Argob et dans Basan, jusqu'au courant de l'Arnon le plus reculé : non content d'un si audacieux voisinage, il amena, par fraude, le très-sage cœur de Salomon à lui bâtir un temple droit en face du temple de Dieu, sur cette montagne d'opprobre; et il fit son bois sacré de la riante vallée d'Hinnon, de là nommée Tophet et la noire Géhenne, type de l'enfer.

Après Moloch vient Chamos, l'obscène terreur des fils de Moab, depuis Aroer à Nébo et au désert du plus méridional Abarim; dans Hesébon et Héronaïm, royaume de Séon, au-delà de la retraite fleurie de Sibma, tapissée de vignes, et dans Eléadé, jusqu'au lac Asphaltite. Chamos s'appelait aussi Péor, lorsqu'à Sittim il incita les Israélites dans leur marche du Nil, à lui faire de lubriques oblations qui leur coûtèrent tant de maux. De là il étendit ses lascives orgies jusqu'à la colline du Scandale, près du bois de l'homicide Moloch, l'impudicité tout près de la haine ; le pieux Josias les chassa dans l'enfer.

Avec ces divinités vinrent celles qui du bord des flots de l'antique Euphrate jusqu'au torrent qui sépare l'Egypte de la terre de Syrie, portent les noms généraux de Baal et d'Astaroth ; ceux-là mâles, celles-ci femelles : car les esprits prennent à leur gré l'un ou l'autre sexe, ou tous les deux à la fois ; si ténue et si simple est leur essence pure : elle n'est ni liée ni cadenassée par des jointures et des membres, ni fondée sur la fragile force des os, comme la lourde chair ; mais dans telle forme qu'ils choisissent, dilatée ou condensée, brillante ou obscure, ils peuvent exécuter leurs résolutions aériennes, et accomplir les œuvres de l'amour ou de la haine. Pour ces divinités, les enfants d'Israël abandonnèrent souvent leur force vivante, et laissèrent infréquenté son autel légitime, se prosternant bassement devant des dieux animaux. Ce fut pour cela que leurs têtes inclinées aussi bas dans les batailles, se courbèrent devant la lance du plus méprisable ennemi.

Avec ces divinités en troupe, parut Astoreth, que les Phéniciens nomment Astarté, reine du ciel, ornée d'un croissant ; à sa brillante image nuitamment en présence de la lune, les vierges de Sidon payent le tribut de leurs vœux et de leurs chants. Elle ne fut pas aussi non chantée dans Sion, où son temple s'élevait sur le mont d'Iniquité : temple que bâtit ce roi, ami des épouses, dont le cœur, quoique grand, séduit par de belles idolâtres, tomba devant d'infâmes idoles.

A la suite d'Astarté vient Thammuz, dont l'annuelle blessure dans le Liban attire les jeunes Syriennes, pour gémir sur sa destinée dans de tendres complaintes, pendant tout un jour d'été ; tandis que le tranquille Adonis, échappant de sa roche native, roule à la mer son onde supposée rougie du sang de Thammuz, blessé tous les ans. Cette amoureuse histoire infecta de la même ardeur les filles de Jérusalem, dont les molles voluptés sous le sacré portique furent vues d'Ézéchiel, lorsque, conduit par la vision, ses yeux découvrirent les noires idolâtries de l'infidèle Juda.

Après Thammuz, il en vint un qui pleura amèrement, quand l'Arche captive mutila sa stupide idole, têtes et mains émondées dans son propre sanctuaire, sur le seuil de la porte où elle tomba à plat, et fit honte à ses adorateurs : Dagon est son nom; monstre marin, homme par le haut, poisson par le bas. Et cependant son temple, élevé haut dans Azot, fut redouté le long des côtes de la Palestine, dans Gath et Ascalon, et Accaron, et jusqu'aux bornes de la frontière de Gaza.

Suivait Rimmon, dont la délicieuse demeure était la charmante Damas sur les bords fertiles d'Abana et de Pharphar, courants limpides. Lui aussi fut hardi contre la maison de Dieu : une fois il perdit un lépreux et gagna un roi, Achaz son imbécile conquérant, qu'il engagea à mépriser l'autel du Seigneur et à le déplacer pour un autel à la syrienne, sur lequel Achaz brûla ses odieuses offrandes, et adora les dieux qu'il avait vaincus.

Après ces démons, parut la bande de ceux qui, sous des noms d'antique renommée, Osiris, Iris, Orus et leur train, monstrueux en figures et en sorcelleries, abusèrent la fanatique Egypte et ses prêtres qui cherchèrent leurs divinités errantes, cachées sous des formes de bêtes plutôt que sous des formes humaines.

Point n'échappa Israël à la contagion, quand d'un or emprunté il forma le veau d'Oreb. Le roi rebelle doubla ce péché à Béthel et à Dan, assimilant son Créateur au bœuf puissant; ce Jehovah qui, dans une nuit, lorsqu'il passa dans sa marche à travers l'Egypte, rendit égaux d'un seul coup ses premiers-nés et ses dieux bêlants.

Bélial parut le dernier; plus impur esprit, plus grossièrement épris de l'amour du vice pour le vice même, ne tomba du ciel. Pour Bélial, aucun temple ne s'élevait, aucun autel ne fuma : qui cependant est plus souvent que lui dans les temples et sur les autels, quand le prêtre devient athée comme les fils d'Eli qui remplirent de prostitutions et de violences la maison de Dieu ? Il règne aussi dans les palais et dans les cours, dans les villes dissolues où le bruit de la débauche, de l'injure et de l'outrage, monte au-dessus des plus hautes tours: et quand la nuit obscurcit les rues, alors vagabondent les fils de Bélial gonflés d'insolence et de vin ; témoin les rues de Sodome, et cette nuit dans Gabaa, lorsque la porte hospitalière exposa une matrone pour éviter un rapt plus odieux.

Ces démons étaient les premiers en rang et en puissance; le reste serait long à dire, bien qu'au loin renommé : dieux d'Ionie que la postérité de Javan tint pour dieux, mais confessés dieux plus récents que le Ciel et la Terre, leurs parents vantés; Titan, premier-né du ciel avec son énorme lignée et son droit d'aînesse usurpé par Saturne, plus jeune que lui ; Saturne traité de la même sorte par le plus puissant Jupiter, son propre fils et fils de Rhée; ainsi Jupiter, usurpant, régna. Ces dieux d'abord connus en Crète et sur l'Ida, de là sur le sommet neigeux du froid Olympe, gouvernèrent la moyenne région de l'air, leur plus haut ciel, ou sur le rocher de Delphes, ou dans Dodone, et dans toutes les limites de la terre Dorique. L'un d'eux, avec le vieux Saturne, fuit sur l'Adriatique aux champs de l'Hespérie, et par delà la Celtique, erra dans les îles les plus reculées.

Tous ces dieux, et beaucoup d'autres, vinrent en troupe, mais avec des regards baissés et humides, tels cependant qu'on y voyait une obscure lueur de joie d'avoir trouvé leur chef non désespéré, de s'être trouvés eux-mêmes non perdus dans la perdition même. Ceci refléta sur le visage de Satan comme une couleur douteuse : mais bientôt reprenant son orgueil accoutumé, avec de hautes paroles qui avaient l'apparence, non la réalité de la dignité, il ranime doucement leur défaillant courage et dissipe leur crainte.

Alors sur-le-champ, il ordonne qu'au bruit guerrier des clairons et des trompettes retentissantes, son puissant étendard soit levé. Cet orgueilleux honneur est réclamé comme un droit par Azazel, grand chérubin; il déferle de l'hast brillant l'enseigne impériale, qui haute et pleinement avancée brille comme un météore s'écoulant dans le vent: les perles et le riche éclat de l'or y blasonnaient les armes et les trophées séraphiques. Pendant tout ce temps l'airain sonore souffle des sons belliqueux, auxquels l'universelle armée renvoie un cri qui déchire la concavité de l'enfer, et épouvante au-delà l'empire du Chaos et de la vieille Nuit.

En un moment, à travers les ténèbres, sont vues dix mille bannières qui s'élèvent dans l'air avec des couleurs orientales ondoyantes. Avec ces bannières se dresse une forêt énorme de lances, et les casques pressés apparaissent, et les boucliers se serrent dans une épaisse ligne d'une profondeur incommensurable. Bientôt les guerriers se meuvent en phalange parfaite, au mode dorien des flûtes et des suaves hautbois : un tel mode élevait à la hauteur du plus noble calme les héros antiques s'armant pour le combat; au lieu de la fureur, il inspirait une valeur réglée, ferme, incapable d'être entraînée par la crainte de la mort, à la fuite ou à une retraite honteuse. Cette harmonie ne manque pas de pouvoir pour tempérer et apaiser, avec des accords religieux, les pensées troublées, pour chasser l'angoisse, et le doute et la frayeur, et le chagrin, et la peine des esprits mortels et immortels.

Ainsi respirant la force unie, avec un dessein fixé, marchaient en silence les anges déchus, au son du doux pipeau qui charmait leurs pas douloureux sur le sol brûlant; et alors avancés en vue, ils s'arrêtent; horrible front d'effroyable longueur, étincelant d'armes, à la ressemblance des guerriers de jadis, rangés sous le bouclier et la lance, attendant l'ordre que leur puissant général avait à leur imposer. Satan, dans les files armées, darde son regard expérimenté, et bientôt voit à travers tout le bataillon la tenue exacte de ses guerriers, leurs visages, et leurs statures comme celles des dieux: leur nombre finalement il résume.

Et alors son cœur se dilate d'orgueil, et, s'endurcissant dans sa puissance, il se glorifie. Car depuis que l'homme fut créé, jamais force pareille n'avait été réunie en corps; nommée auprès de celle-ci, elle ne mériterait pas qu'on s'y arrêtât plus qu'à cette petite infanterie combattue par les grues; quand même on y ajouterait la race gigantesque de Phlégra avec la race héroïque qui lutta devant Thèbes et Ilion, où de l'un et de l'autre côté se mêlaient des dieux auxiliaires; quand on y joindrait ce que le roman ou la fable raconte du fils d'Uther entouré de chevaliers bretons et armoricains; quand on rassemblerait tous ceux qui depuis, baptisés ou infidèles, joutèrent dans Aspremont, ou Montauban, ou Damas, ou Maroc, ou Trébisonde, ou ceux que Biserte envoya de la rive africaine, lorsque Charlemagne avec tous ses pairs tomba près de Fontarabie.

Ainsi cette armée des esprits, loin de comparaison avec toute mortelle prouesse, respectait cependant son redoutable chef. Celui-ci au-dessus du reste par sa taille et sa contenance, superbement dominateur, s'élevait comme une tour. Sa forme n'avait pas encore perdu toute sa splendeur originelle; il ne paraissait rien moins qu'un archange tombé, un excès de gloire obscurcie: comme lorsque le soleil nouvellement levé, tondu de ses rayons, regarde à travers l'air horizontal et brumeux; ou tel que cet astre derrière la lune, dans une sombre éclipse, répand un crépuscule funeste sur la moitié des peuples, et par la frayeur des révolutions tourmente les rois; ainsi obscurci, brillait encore au-dessus de tous ses compagnons l'archange. Mais son visage est labouré des profondes cicatrices de la foudre et l'inquiétude est assise sur sa joue fanée; sous les sourcils d'un courage indompté et d'un orgueil patient, veille la vengeance. Cruel était son œil; toutefois il s'en échappait des signes de remords et de compassion, quand Satan regardait ceux qui partagèrent, ou plutôt ceux qui suivirent son crime (il les avait vus autrefois bien différents dans la béatitude), condamnés maintenant pour toujours à avoir leur lot dans la souffrance! millions d'esprits mis pour sa faute à l'amende du ciel, et jetés hors des éternelles splendeurs pour sa révolte, néanmoins demeurés fidèles combien que leur gloire flétrie. Comme quand le feu du ciel a écorché les chênes de la forêt ou les pins de la montagne, avec une tête passée à la flamme, leur tronc majestueux, quoique nu, reste debout sur la lande brûlée.

Satan se prépare à parler; sur quoi les rangs doublés des bataillons se courbent d'une aile à l'autre aile, et l'entourent à demi de tous ses pairs : l'attention les rend muets. Trois fois il essaie de commencer; trois fois, en dépit de sa fierté, des larmes telles que les anges en peuvent pleurer, débordent. Enfin des mots entrecoupés de soupirs forcent le passage.

« O myriades d'esprits immortels! ô puissances, qui n'avez de
« pareils que le Tout-Puissant! il ne fut pas inglorieux, ce
« combat, bien que l'événement fût désastreux, comme l'attestent
« ce séjour et ce terrible changement, odieux à exprimer. Mais
« quelle faculté d'esprit, prévoyant et présageant d'après la pro-
« fondeur de la connaissance du passé ou du présent, aurait
« craint que la force unie de tant de dieux, de dieux tels que
« ceux-ci, fût jamais repoussée? Car qui peut croire, même
« après cette défaite, que toutes ces légions puissantes, dont l'exil
« a rendu le ciel vide, manqueront à se relever, et à reconquérir
« leur séjour natal? Quant à moi, toute l'armée céleste est té-
« moin, si des conseils divers, ou des dangers par moi évités,
« ont ruiné nos espérances. Mais celui qui règne monarque dans
« le ciel était jusqu'alors demeuré en sûreté assis sur son trône,
« maintenu par une ancienne réputation, par le consentement,
« ou l'usage; il nous étalait en plein son faste royal, mais il nous
« cachait sa force, ce qui nous tenta à notre tentative et causa
« notre chute.

« Dorénavant nous connaissons sa puissance et nous con-
« naissons la nôtre, de manière à ne provoquer ni craindre une
« nouvelle guerre provoquée. Le meilleur parti qui nous reste
« est de travailler dans un secret dessein, à obtenir de la ruse
« et de l'artifice ce que la force n'a pas effectué, afin qu'à la
« longue il apprenne du moins ceci de nous : Celui qui a vaincu
« par la force, n'a vaincu qu'à moitié son ennemi.

« L'espace peut produire de nouveaux mondes : à ce sujet
« un bruit courait dans le ciel, qu'avant peu le Tout-Puissant
« avait l'intention de créer, et de placer dans cette création une
« race, que les regards de sa préférence favoriseraient à l'égal

« des fils du ciel. Là, ne fût-ce que pour découvrir, se fera peut-
« être notre première irruption; là ou ailleurs : car ce puits in-
« fernal ne retiendra jamais des esprits célestes en captivité, ni
« l'abîme ne les recouvrira longtemps de ses ténèbres. Mais ces
« projets doivent être mûris en plein conseil. Plus d'espoir de
« paix, car qui songerait à la soumission ? Guerre donc ! guerre
« ouverte ou cachée, doit être résolue. »

Il dit; et pour approuver ses paroles, volèrent en l'air des millions d'épées flamboyantes, tirées de dessus la cuisse des puissants chérubins; la lueur subite au loin à l'entour illumine l'enfer : les démons poussent des cris de rage contre le Très-Haut, et furieux, avec leurs armes saisies, ils sonnent sur leurs boucliers retentissants le glas de guerre, hurlant un défi à la voûte du ciel.

A peu de distance s'élevait une colline dont le sommet terrible rendait, par intervalles, du feu et une roulante fumée ; le reste entier brillait d'une croûte lustrée; indubitable signe que dans les entrailles de cette colline était cachée une substance métallique, œuvre du soufre. Là sur les ailes de la vitesse, une nombreuse brigade se hâte, de même que des bandes de pionniers armés de pics et de bêches devancent le camp royal pour se retrancher en plaine, ou élever un rempart. Mammon les conduit; Mammon, le moins élevé des esprits tombés du ciel, car dans le ciel même ses regards et ses pensées étaient toujours dirigés en bas; admirant plus la richesse du pavé du ciel où les pas foulent l'or, que toute chose divine ou sacrée dont on jouit dans la vision béatifique. Par lui d'abord, les hommes aussi, et par ses suggestions enseignés, saccagèrent le centre de la terre, et avec des mains impies pillèrent les entrailles de leur mère, pour des trésors qu'il vaudrait mieux cacher. Bientôt la bande de Mammon eut ouvert une large blessure dans la montagne, et extrait de ses flancs des côtes d'or. Personne ne doit s'étonner si les richesses croissent dans l'enfer; ce sol est le plus convenable au précieux poison. Et ici que ceux qui se vantent des choses mortelles et qui s'en émerveillant disent Babel et les ouvrages des rois de Memphis; que ceux-là apprennent combien leurs grands monuments de renommée, de force et d'art, sont aisément surpassés par les esprits réprouvés : ils accomplissent en une heure ce que dans un siècle les rois, avec des labeurs incessants et des mains innombrables, achèvent à peine.

Tout auprès, sur la plaine, dans maints fourneaux préparés sous lesquels passe une veine de feu liquide, éclusée du lac, une seconde troupe avec un art prodigieux fait fondre le minerai massif, sépare chaque espèce, et écume les scories des lingots d'or. Une troisième troupe aussi promptement forme dans la terre des moules variés, et de la matière des bouillants creusets, par une dérivation étonnante, remplissent chaque profond recoin : ainsi dans l'orgue, par un seul souffle de vent divisé entre plusieurs rangs de tuyaux, tout le jeu respire.

Soudain un immense édifice s'éleva de la terre, comme une exhalaison, au son d'une symphonie charmante et de douces voix : édifice bâti ainsi qu'un temple, où tout autour étaient placés des pilastres et des colonnes doriques surchargées d'une architrave d'or : il n'y manquait ni corniches ni frises avec des reliefs gravés en bosse. Le plafond était d'or ciselé. Ni Babylone, ni Memphis, dans toute leur gloire n'égalèrent une pareille magnificence pour enchâsser Bélus ou Sérapis, leurs dieux, ou pour introniser leurs rois, lorsque l'Egypte et l'Assyrie rivalisaient de luxe et de richesses.

La masse ascendante arrêta fixe sa majestueuse hauteur : et sur-le-champ les portes ouvrant les battants de bronze, découvrent au large en dedans ses amples espaces sur un pavé nivelé et poli : sous l'arc de la voûte pendent, par une subtile magie, plusieurs files de lampes étoilées et d'étincelants falots qui, nourris de naphte et d'asphalte, émanent la lumière comme un firmament.

La foule empressée entre en admirant, et les uns vantent l'ouvrage, les autres l'ouvrier. La main de cet architecte fut connue dans le ciel par la structure de plusieurs hautes tours où des anges portant le sceptre faisaient leur résidence et siégeaient comme des princes : le Monarque suprême les éleva à un tel pouvoir, et les chargea de gouverner, chacun dans sa hiérarchie, les milices brillantes.

Le même architecte ne fut point ignoré ou sans adorateurs dans l'antique Grèce ; et dans la terre d'Ausonie, les hommes l'appelèrent Mulciber. Et la Fable disait comme il fut précipité du ciel, jeté par Jupiter en courroux par-dessus les créneaux de cristal : du matin jusqu'au midi il roula, du midi jusqu'au soir d'un jour d'été ; et avec le soleil couchant, il s'abattit du zénith, comme une étoile tombante, dans Lemnos, île de l'Ægée : ainsi les hommes le racontaient, en se trompant, car la chute de Mulciber, avec cette bande rebelle, avait eu lieu longtemps auparavant. Il ne lui servit de rien à présent d'avoir élevé de hautes tours dans le ciel ; il ne se sauva point à l'aide de ses machines ; mais il fut envoyé la tête la première, avec sa horde industrieuse, bâtir dans l'enfer.

Cependant les hérauts ailés, par le commandement du souverain pouvoir, avec un appareil redoutable, et au son des trompettes, proclament dans toute l'armée la convocation d'un conseil solennel qui doit se tenir incontinent à Pandæmonium, la grande capitale de Satan et de ses pairs. Leurs sommations appellent de chaque bande et de chaque régiment régulier les plus dignes en rang ou en mérite : ils viennent aussitôt, par troupes de cent et de mille, avec leurs cortéges. Tous les abords sont obstrués ; les portes et les larges parvis s'encombrent, moins surtout l'immense salle (quoique semblable à un champ couvert, où de vaillants champions étaient accoutumés à chevaucher en armes, et devant le siége du soudan, à défier la fleur de la chevalerie païenne, au combat à mort ou au courre d'une lance). L'essaim des esprits fourmille épais, à la fois sur la terre et dans l'air froissé du sifflement de leurs ailes bruyantes. Au printemps, quand le soleil marche avec le Taureau, des abeilles répandent en grappes autour de la ruche leur populeuse jeunesse : elles voltigent çà et là parmi la fraîche rosée et les fleurs, ou sur une planche unie, faubourg de leur citadelle de paille, nouvellement frottée de baume, elles discourent et délibèrent de leurs affaires d'Etat : aussi épaisse la troupe aérienne fourmillait et était serrée, jusqu'au moment du signal donné.

Voyez la merveille ! Ceux qui paraissaient à présent surpasser en grandeur les géants, fils de la Terre, à présent moindres que les plus petits nains, s'entassent sans nombre dans un espace étroit : ils ressemblent à la race des pygmées au-delà de la montagne de l'Inde, ou bien à des fées dans leur orgie de minuit, à la lisière d'une forêt, ou au bord d'une fontaine, que quelque paysan en retard voit ou rêve qu'il voit, tandis que sur sa tête la lune siége arbitre et incline plus près de la terre sa pâle course : appliqués à leurs danses ou à leurs jeux, ces esprits légers charment l'oreille du paysan avec une agréable musique; son cœur bat à la fois de joie et de frayeur.

Ainsi des esprits incorporels réduisirent à la plus petite proportion leur stature immense, et furent au large, quoique toujours sans nombre, dans la salle de cette cour infernale. Mais loin dans l'intérieur, et dans leurs propres dimensions, semblables à eux-mêmes, les grands seigneurs séraphiques et chérubins se réunissent en un lieu retiré, et en secret conclave; mille demi-dieux assis sur des siéges d'or, conseil nombreux et complet ! Après un court silence et la semonce lue, la grande délibération commença.

LIVRE SECOND

ARGUMENT

La délibération commencée, Satan examine si une autre bataille doit être hasardée pour recouvrer le ciel : quelques-uns sont de cet avis, d'autres en dissuadent. Une troisième proposition, suggérée d'abord par Satan, est préférée ; on conclut à éclaircir la vérité de cette prophétie ou de cette tradition du ciel, concernant un autre monde, et une autre espèce de créatures égales ou peu inférieures aux anges, qui devaient être formées à peu près dans ce temps. Embarras pour savoir qui sera envoyé à cette difficile recherche. Satan, leur chef, entreprend seul le voyage ; il est honoré et applaudi. Le conseil ainsi fini, les esprits prennent différents chemins, et s'occupent à différents exercices suivant que leur inclination les y porte, pour passer le temps jusqu'au retour de Satan. Celui-ci, dans son voyage, arrive aux portes de l'enfer ; il les trouve fermées, et qui siégeait là pour les garder. Par qui enfin elles sont ouvertes. Satan découvre l'immense gouffre entre l'enfer et le ciel. Avec quelles difficultés il le traverse : dirigé par le Chaos, puissance de ce lieu, il parvient à la vue du monde nouveau qu'il cherchait.

Haut, sur un trône d'une magnificence royale, qui effaçait de beaucoup en éclat la richesse d'Ormus et de l'Inde, ou des contrées du splendide Orient, dont la main la plus opulente fait pleuvoir sur ses rois barbares les perles et l'or, Satan est assis, porté par le mérite à cette mauvaise prééminence. Du désespoir si haut élevé au-delà de l'espérance, il aspire encore plus haut ; insatiable de poursuivre une vaine guerre contre les cieux, et non instruit par son succès, il déploya de la sorte ses imaginations orgueilleuses :

« Pouvoirs et Dominations ! divinités du ciel ! puisque aucune
« profondeur ne peut retenir dans ses abîmes une vigueur im-
« mortelle, quoique opprimés et tombés, je ne regarde pas le ciel
« comme perdu. De cet abaissement des vertus célestes relevées

« paraîtront plus glorieuses et plus redoutables que s'il n'y avait
« pas eu de chute, et rassurées par elles-mêmes contre la crainte
« d'une seconde catastrophe. Un juste droit et les lois fixées du
« ciel m'ont d'abord créé votre chef, ensuite un choix libre et ce
« qui, en outre, dans le conseil ou dans le combat, a été acheté
« de quelque valeur : cependant notre malheur est du moins
« jusque-là assez bien réparé, puisqu'il m'a établi beaucoup plus
« en sûreté sur un trône non envié, cédé d'un plein consente-
« ment. Dans le ciel, le plus heureux état qu'une dignité accom-
« pagne, peut attirer la jalousie de chaque inférieur : mais ici
« qui envierait celui que la plus haute place expose le plus en
« avant, comme votre boulevard, aux coups du Foudroyant, et
« le condamne à la plus forte part des souffrances sans terme?
« Là où il n'est aucun bien à disputer, là aucune dispute ne
« peut naître des factions, car nul sûrement ne réclamera la
« préséance dans l'enfer; nul dont la portion du présent mal-
« heur est si petite, par un esprit ambitieux n'en convoitera une
« plus grande. Donc avec cet avantage pour l'union, et cette
« constante fidélité, et cet accord plus ferme qu'il ne peut l'être
« dans le ciel, nous venons maintenant réclamer notre juste
« héritage d'autrefois; plus assurés de prospérer que si la pros-
« périté nous en assurait elle-même. Et quelle voie est la meil-
« leure, la guerre ouverte, ou la guerre cachée? C'est ce que
« nous débattrons à présent. Que celui qui peut donner un avis,
« parle. »

Satan se tut; et près de lui Moloch, roi portant le sceptre, se
leva; Moloch, le plus fort, le plus furieux des esprits qui combattirent dans le ciel, à présent plus furieux par le désespoir. Sa
prétention est d'être réputé égal en force à l'Éternel, et, plutôt
que d'être moins, il ne se souciait pas du tout d'exister : délivré
de ce soin d'être, il était délivré de toute crainte. De Dieu ou de
l'enfer, ou de pire que l'enfer il ne tenait compte : et d'après
cela, il prononça ces mots :

« Mon avis est pour la guerre ouverte : aux ruses très-
« inexpert, point ne m'en vante. Que ceux-là qui ont besoin, tra-

« ment, mais quand il en est besoin, non à présent. Car tandis
« qu'ils sont assis complotant, faudra-t-il que des millions d'es-
« prits qui restent debout armés, et soupirant après le signal de
« la marche, languissent ici fugitifs du ciel et acceptent pour
« leur demeure cette sombre et infâme caverne de la honte, pri-
« son d'une tyrannie qui règne par nos retardements! Non :
« plutôt armés de la furie et des flammes de l'enfer, tous à la
« fois, au-dessus des remparts du ciel préférons de nous frayer
« un chemin irrésistible, transformant nos tortures en des armes
« affreuses contre l'auteur de ces tortures : alors pour répondre
« au bruit de son foudre tout-puissant, il entendra le tonnerre
« infernal, et pour éclairs il verra un feu noir et l'horreur lancés
« d'une égale rage parmi ses anges, son trône même enveloppé
« du bitume du Tartare et d'une flamme étrange, tourments par
« lui-même inventés. Mais peut-être la route paraît difficile et
« roide pour escalader à tire d'aile un ennemi plus élevé! Ceux
« qui se l'imaginent peuvent se souvenir (si le breuvage assou-
« pissant de ce lac d'oubli ne les engourdit pas encore) que de
« notre propre mouvement nous nous élevons à notre siége na-
« tif; la descente et la chute nous sont contraires. Dernièrement,
« lorsque le fier ennemi pendait sur notre arrière-garde rompue,
« nous insultant, et qu'il nous poursuivait à travers le gouffre,
« qui n'a senti avec quelle contrainte et quel vol laborieux nous
« nous coulions bas ainsi? L'ascension est donc aisée.

« On craint l'événement : faudra-t-il encore provoquer notre
« plus fort à chercher quel pire moyen sa colère peut trouver à
« notre destruction, s'il est en enfer une crainte d'être détruit
« davantage? Que peut-il y avoir de pis que d'habiter ici, chas-
« sés de la félicité, condamnés dans ce gouffre abhorré à un total
« malheur; dans ce gouffre où les ardeurs d'un feu inextinguible
« doivent nous éprouver sans espérance de finir, nous les vas-
« saux de la colère, quand le fouet inexorable et l'heure de la
« torture nous appellent au châtiment? Plus détruits que nous
« le sommes, nous serions entièrement anéantis; il nous fau-
« drait expirer. Que craignons-nous donc! Pourquoi balance-

« rions-nous à allumer son plus grand courroux qui, monté à
« la plus grande fureur, nous consumerait et annihilerait à la
« fois notre substance ? beaucoup plus heureux que d'être misé-
« rables et éternels! Ou si notre substance est réellement divine
« et ne peut cesser d'être, nous sommes dans la pire condition
« de ce côté-ci du néant, et nous avons la preuve que notre pou-
« voir suffit pour troubler son ciel, et pour alarmer par des in-
« cursions perpétuelles son trône fatal, quoique inaccessible : si
« ce n'est là la victoire, du moins c'est vengeance. »

Il finit en sourcillant : et son regard dénonçait une vengeance désespérée, une dangereuse guerre pour tout ce qui serait moins que des dieux. Du côté opposé se leva Bélial, d'une contenance plus gracieuse et plus humaine.

Les cieux n'ont pas perdu une plus belle créature : il semblait créé pour la dignité et les grands exploits ; mais en lui tout était faux et vide, bien que sa langue distillât la manne, qu'il pût faire passer la plus mauvaise raison pour la meilleure, embrouiller et déconcerter les plus mûrs conseils. Car ses pensées étaient basses ; ingénieux aux vices, mais craintif et lent aux actions plus nobles : toutefois il plaisait à l'oreille, et avec un accent persuasif il commença ainsi :

« Je serais beaucoup pour la guerre ouverte, ô pairs, comme
« ne restant point en arrière en fait de haine, si ce qui a été
« allégué comme principale raison pour nous déterminer à une
« guerre immédiate, n'était pas plus propre à m'en dissuader,
« et ne me semblait être de sinistre augure pour tout le succès :
« celui qui excelle le plus dans les faits d'armes, plein de mé-
« fiance dans ce qu'il conseille et dans la chose en quoi il
« excelle, fonde son courage sur le désespoir et sur un entier
« anéantissement comme le but auquel il vise après quelque
« cruelle revanche.

« Premièrement, quelle revanche? les tours du ciel sont rem-
« plies de gardes armés qui rendent tout accès impossible. Sou-
« vent leurs légions campent au bord de l'abîme ou d'une aile
« obscure fouillent au loin et au large les royaumes de la nuit,

« sans crainte de surprise. Quand nous nous ouvrirons un che-
« min par la force; quand tout l'enfer sur nos pas se lèverait
« dans la plus noire insurrection, pour confondre la plus pure
« lumière du ciel; notre grand ennemi tout incorruptible de-
« meurerait encore sur son trône non souillé, et la substance
« éthérée, incapable de tache, saurait bientôt expulser son mal,
« et purger le ciel du feu intérieur.

« Ainsi repoussés, notre finale espérance est un plat déses-
« poir : il nous faut exciter le Tout-Puissant vainqueur à épuiser
« toute sa rage et à en finir avec nous; nous devons mettre
« notre soin à n'être plus; triste soin! Car qui voudrait perdre,
« quoique remplies de douleur, cette substance intellectuelle,
« ces pensées qui errent à travers l'éternité, pour périr englouti
« et perdu dans les larges entrailles de la nuit incréée, privé de
« sentiment et de mouvement? Et qui sait, même quand cela
« serait bon, si notre ennemi courroucé peut et veut nous donner
« cet anéantissement? Comment il le peut, est douteux; comme
« il ne le voudra jamais, est sûr. Voudra-t-il, lui sage, lâcher à
« fois son ire, apparemment par impuissance et par distraction,
« pour accorder à ses ennemis ce qu'ils désirent et pour anéantir
« dans sa colère ceux que sa colère sauve afin de les punir sans
« fin?

« Qui nous arrête donc, disent ceux qui conseillent la guerre?
« Nous sommes jugés, réservés, destinés à un éternel malheur.
« Quoi que nous fassions, que pouvons-nous souffrir de plus,
« que pouvons-nous souffrir de pis?

« Est-ce donc le pire des états que d'être ainsi siégeant, ainsi
« délibérant, ainsi en armes? Ah! quand nous fuyions vigou-
« reusement, poursuivis et frappés du calamiteux tonnerre du
« ciel, et quand nous suppliions l'abîme de nous abriter, cet
« enfer nous paraissait alors un refuge contre ces blessures; ou
« quand nous demeurions enchaînés sur le lac brûlant, certes
« c'était un pire état! — Que serait-ce si l'haleine qui alluma
« ces pâles feux se réveillait, leur soufflait une septuple rage et
« nous rejetait dans les flammes; ou si là haut la vengeance inter-

« mittente réarmait sa droite rougie pour nous tourmenter ?
« Que serait-ce si tous ses trésors s'ouvraient et si ce firmament
« de l'enfer versait ses cataractes de feu ; horreurs suspendues
« menaçant un jour nos têtes de leur effroyable chute ? Tandis
« que nous projetons ou conseillons une guerre glorieuse, saisis
« peut-être par une tempête brûlante, nous serons lancés et
« chacun sur un roc transfixés jouets et proies des tourbillons
« déchirants ou plongés à jamais, enveloppés de chaînes, dans
« ce bouillant océan. Là nous y converserons avec nos soupirs
« éternels, sans répit, sans miséricorde, sans relâche, pendant
« des siècles dont la fin ne peut être espérée : notre condition
« serait pire.

« Ma voix vous dissuadera donc pareillement de la guerre
« ouverte ou cachée. Car que peut la force ou la ruse contre
« Dieu, ou qui peut tromper l'esprit de celui dont l'œil voit tout
« d'un seul regard ? De la hauteur des cieux il s'aperçoit et se
« rit de nos délibérations vaines, non moins tout-puissant qu'il
« est à résister à nos forces, qu'habile à déjouer nos ruses et nos
« complots.

« Mais vivrons-nous ainsi avilis ? La race du ciel restera-
« t-elle ainsi foulée aux pieds, ainsi bannie, condamnée à sup-
« porter ici ces chaînes et ces tourments ?... Cela vaut mieux
« que quelque chose de pire, selon moi, puisque nous sommes
« subjugués par l'inévitable sort et le décret tout-puissant, la
« volonté du vainqueur. Pour souffrir, comme pour agir, notre
« force est pareille ; la loi qui en a ordonné ainsi n'est pas in-
« juste : ceci dès le commencement aurait été compris, si nous
« avions été sages en combattant un si grand ennemi, et quand
« ce qui pouvait arriver était si douteux.

« Je ris quand ceux qui sont hardis et aventureux à la lance
« se font petits lorsqu'elle vient à leur manquer ; ils craignent
« d'endurer ce qu'ils savent pourtant devoir suivre : l'exil, ou
« l'ignominie, ou les chaînes, ou les châtiments, loi de leur
« vainqueur.

« Tel est à présent notre sort ; lequel, si nous pouvons nous y

« soumettre et le supporter, notre suprême ennemi pourra,
« avec le temps, adoucir beaucoup sa colère ; et peut-être si
« loin de sa présence, ne l'offensant pas, il ne pensera pas à
« nous, satisfait de la punition subie. De là ces feux cuisants se
« ralentiront, si son souffle ne ranime pas leurs flammes. Notre
« substance, pure alors, surmontera la vapeur insupportable, ou
« y étant accoutumée ne la sentira plus, ou bien encore altérée
« à la longue, et devenue conforme aux lieux en tempérament
« et en nature, elle se familiarisera avec la brûlante ardeur qui
« sera vide de peine. Cette horreur deviendra douceur, cette
« obscurité, lumière. Sans parler de l'espérance que le vol sans
« fin des jours à venir peut nous apporter des chances, des
« changements valant la peine d'être attendus : puisque notre
« lot présent peut passer pour heureux, quoiqu'il soit mauvais,
« de mauvais il ne deviendra pas pire, si nous ne nous attirons
« pas nous-mêmes plus de malheurs. »

Ainsi Bélial, par des mots revêtus du manteau de la raison, conseillait un ignoble repos, paisible bassesse, non la paix. Après lui, Mammon parla :

« Nous faisons la guerre (si la guerre est le meilleur parti)
« ou pour détrôner le Roi du ciel, ou pour regagner nos droits
« perdus. Détrôner le Roi du ciel, nous pouvons espérer cela,
« quand le Destin d'éternelle durée cédera à l'inconstant Hasard,
« et quand le Chaos jugera le différend. Le premier but, vain à
« espérer, prouve que le second est aussi vain ; car est-il pour
« nous une place dans l'étendue du ciel, à moins que nous ne
« subjuguions le Monarque suprême du ciel ? Supposons qu'il
« s'adoucisse, qu'il fasse grâce à tous, sur la promesse d'une
« nouvelle soumission, de quel œil pourrions-nous, humiliés,
« demeurer en présence, recevoir l'ordre strictement imposé de
« glorifier son trône en murmurant des hymnes, de chanter à
« sa divinité des *alleluia* forcés, tandis que lui siégera impé-
« rieusement notre souverain envié ; tandis que son autel exha-
« lera des parfums d'ambroisie et des fleurs d'ambroisie, nos
« serviles offrandes ? Telle sera notre tâche dans le ciel, telles

« seront nos délices. Oh! combien ennuyeuse une éternité ainsi
« consumée en adorations offertes à celui qu'on hait!

« N'essayons donc pas de ravir de force ce qui, obtenu par le
« consentement, serait encore inacceptable, même dans le ciel,
« l'honneur d'un splendide vasselage! Mais cherchons plutôt
« notre bien en nous; et vivons de notre fond pour nous-mêmes,
« libres quoique dans ce vaste souterrain, ne devant compte à
« personne, préférant une dure liberté au joug léger d'une
« pompe servile. Notre grandeur sera alors beaucoup plus frap-
« pante, lorsque nous créerons de grandes choses avec de pe-
« tites, lorsque nous ferons sortir l'utile du nuisible, un état
« prospère d'une fortune adverse; lorsque, dans quelque lieu
« que ce soit, nous lutterons contre le mal, et tirerons l'aise de
« la peine, par le travail et la patience.

« Craignons-nous ce monde profond d'obscurité? Combien
« de fois parmi les nuages noirs et épais le souverain Seigneur
« du ciel s'est-il plu à résider, sans obscurcir sa gloire, à cou-
« vrir son trône de la majesté des ténèbres d'où rugissent les
« profonds tonnerres en réunissant leur rage : le ciel alors res-
« semble à l'enfer! De même qu'il imite notre nuit, ne pou-
« vons-nous, quand il nous plaira, imiter sa lumière? Ce sol
« désert ne manque point de trésor caché, diamants et or ; nous
« ne manquons point non plus d'habileté ou d'art pour en étaler
« la magnificence : et qu'est-ce que le ciel peut montrer de
« plus? Nos supplices aussi par longueur de temps peuvent de-
« venir notre élément, ces flammes cuisantes devenir aussi
« bénignes qu'elles sont aujourd'hui cruelles; notre nature se
« peut changer dans la lueur, ce qui doit éloigner de nous néces-
« sairememt le sentiment de la souffrance. Tout nous invite
« donc aux conseils pacifiques et à l'établissement d'un ordre
« stable : nous examinerons comment en sûreté nous pouvons
« le mieux adoucir nos maux présents, eu égard à ce que nous
« sommes et au lieu où nous sommes, renonçant entièrement à
« toute idée de guerre. Vous avez mon avis. »

A peine a-t-il cessé de parler qu'un murmure s'élève dans

l'assemblée, ainsi lorsque les rochers creux retiennent le son des vents tumultueux qui, toute la nuit, ont soulevé la mer, alors leur cadence rauque berce les matelots excédés des veilles, et dont la barque ou la pinasse, par fortune, a jeté l'ancre dans une baie rocailleuse après la tempête : de tels applaudissements furent ouïs quand Mammon finit, et son discours plaisait, conseillant la paix ; car un autre champ de bataille était plus craint des esprits rebelles que l'enfer ; tant la frayeur du tonnerre et de l'épée de Michel agissait encore sur eux. Et ils ne désiraient pas moins de fonder cet empire inférieur qui pourrait s'élever par la politique et le long progrès du temps rival de l'empire opposé du ciel.

Quand Béelzébuth s'en aperçut (nul, Satan excepté, n'occupe un plus haut rang), il se leva avec une contenance sérieuse, et, en se levant, il sembla une colonne d'État. Profondément sur son front sont gravés les soins publics et la réflexion ; le conseil d'un prince brillait encore sur son visage majestueux, bien qu'il ne soit plus qu'une ruine. Sévère, il se tient debout, montrant ses épaules d'Atlas capables de porter le poids des plus puissantes monarchies. Son regard commande à l'auditoire, et tandis qu'il parle, il attire l'attention calme comme la nuit ou comme le midi d'un jour d'été.

« Trônes et puissances impériales, enfants du ciel, vertus
« éthérées, devons-nous maintenant renoncer à ces titres, et,
« changeant de style, nous appeler princes de l'enfer ? Car le
« vote populaire incline à demeurer ici et à fonder ici un crois-
« sant empire : sans doute, tandis que nous rêvons ! nous ne
« savons donc pas que le Roi du ciel nous a assigné ce lieu,
« notre donjon, non comme une retraite sûre (hors de l'atteinte
« de son bras puissant, pour y vivre affranchis de toute juridic-
« tion du ciel dans une nouvelle ligue formée contre son trône),
« mais pour y demeurer dans le plus étroit esclavage, quoique
« si loin de lui, sous le joug inévitable réservé à sa multitude
« captive ? Quant à lui, soyez-en certains, dans la hauteur des
« cieux ou dans la profondeur de l'abîme, il régnera le premier

« et le dernier, seul roi, n'ayant perdu par notre révolte aucune
« partie de son royaume. Mais sur l'enfer il étendra son empire,
« et il nous gouvernera ici avec un sceptre de fer, comme il
« gouverne avec un sceptre d'or les habitants du ciel.

« Que signifie donc de siéger ainsi, délibérant de paix ou de
« guerre? Nous nous étions déterminés à la guerre, et nous
« avons été défaits avec une perte irréparable. Personne n'a
« encore demandé ou imploré des conditions de paix. Car quelle
« paix nous serait accordée à nous esclaves, sinon durs cachots,
« et coups, et châtiments arbitrairement infligés? Et quelle
« paix pouvons-nous donner en retour, sinon celle qui est en
« notre pouvoir, hostilités et haine, répugnance invincible et
« vengeance, quoique tardive; néanmoins complotant toujours
« chercher comment le conquérant peut moins moissonner sa
« conquête, et peut moins se réjouir en faisant ce qu'en souf-
« frant nous sentons le plus, nos tourments? L'occasion ne
« nous manquera pas; nous n'aurons pas besoin, par une
« expédition périlleuse, d'envahir le ciel, dont les hautes mu-
« railles ne redoutent ni siége ni assaut, ni les embûches de
« l'abîme.

« Ne pourrions-nous trouver quelque entreprise plus aisée?
« Si l'ancienne et prophétique tradition du ciel n'est pas men-
« songère, il est un lieu, un autre monde, heureux séjour d'une
« nouvelle créature appelée l'Homme. A peu près dans ce
« temps, elle a dû être créée semblable à nous, bien que moindre
« en pouvoir et en excellence; mais elle est plus favorisée de
« celui qui règle tout là-haut. Telle a été la volonté du Tout-
« Puissant prononcée parmi les dieux, et qu'un serment, dont
« fut ébranlée toute la circonférence du ciel, confirma. Là doi-
« vent tendre toutes nos pensées, afin d'apprendre quelles créa-
« tures habitent ce monde; quelle est leur forme et leur sub-
« stance; comment douées; quelle est leur force et leur
« faiblesse; si elles peuvent le mieux être attaquées par la force
« ou par la ruse. Quoique le ciel soit fermé et que son souve-
« rain arbitre siége en sûreté dans sa propre force, le nouveau

« séjour peut demeurer exposé aux confins les plus reculés du
« royaume de ce Monarque, et abandonné à la défense de ceux
« qui l'habitent : là peut-être pourrions-nous achever quelque
« aventure profitable, par une attaque soudaine ; soit qu'avec le
« feu de l'enfer nous dévastions toute sa création entière, soit
« que nous nous en emparions comme de notre propre bien, et
« que nous en chassions (ainsi que nous avons été chassés) les
« faibles possesseurs. Ou si nous ne les chassons pas, nous pour-
« rons les attirer à notre parti, de manière que leur Dieu de-
« viendra leur ennemi, et d'une main repentante détruira son
« propre ouvrage. Ceci surpasserait une vengeance ordinaire et
« interromprait la joie que le vainqueur éprouve de notre con-
« fusion : notre joie naîtrait de son trouble, alors que ses en-
« fants chéris, précipités pour souffrir avec nous, maudiraient
« leur frêle naissance, leur bonheur flétri, flétri sitôt. Avisez si
« cela vaut la peine d'être tenté, ou si nous devons, accroupis
« ici dans les ténèbres, couver de chimériques empires. »

Ainsi Béelzébuth donna son conseil diabolique, d'abord imaginé et en partie proposé par Satan. Car de qui, si ce n'était de l'auteur de tout mal, pouvait sortir cet avis d'une profonde malice, de frapper la race humaine dans sa racine, de mêler et d'envelopper la terre avec l'enfer, tout cela en dédain du grand Créateur ?

Mais ces mépris des démons ne serviront qu'à augmenter sa gloire.

Le dessein hardi plut hautement à ces états infernaux, et la joie brilla dans tous les yeux ; on vote d'un consentement unanime. Béelzébuth reprend la parole :

« Bien avez-vous jugé, bien fini ce long débat, synode des
« dieux ! Et vous avez résolu une chose grande comme vous
« l'êtes, une chose qui, du plus profond de l'abîme, nous élèvera
« encore une fois, en dépit du sort, plus près de notre ancienne
« demeure. Peut-être à la vue de ces frontières brillantes, avec
« nos armes voisines et une incursion opportune, avons-nous
« des chances de rentrer dans le ciel, ou, du moins, d'habiter

« sûrement une zone tempérée, non sans être visités de la belle
« lumière du ciel : au rayon du brillant orient nous nous déli-
« vrerons de cette obscurité; l'air doux et délicieux, pour guérir
« les escarres de ces deux feux corrosifs, exhalera son baume.

« Mais d'abord qui enverrons-nous à la recherche de ce nou-
« veau monde? Qui jugerons-nous capable de cette entreprise?
« Qui tentera d'un pas errant le sombre abîme, infini, sans
« fond, et, à travers l'obscurité palpable, trouvera son chemin
« sauvage? Ou qui déploiera son vol aérien, soutenu par d'in-
« fatigables ailes sur le précipice abrupt et vaste, avant d'arri-
« river à l'île heureuse? Quelle force, quel art peuvent alors lui
« suffire? Ou quelle fuite secrète le fera passer en sûreté à tra-
« vers les sentinelles serrées et les stations multipliées des anges
« veillants à la ronde? Ici il aura besoin de toute sa circonspec-
« tion; et nous n'avons pas besoin dans ce moment de moins
« de discernement dans notre suffrage; car sur celui que nous
« enverrons, reposera le poids de notre entière et dernière
« espérance. »

Cela dit, il s'assied, et l'expectation tient son regard suspendu, attendant qu'il se présente quelqu'un pour seconder, combattre ou entreprendre la périlleuse aventure : mais tous demeurent assis et muets, pesant le danger dans de profondes pensées; et chacun, étonné, lit son propre découragement dans la contenance des autres. Parmi la fleur et l'élite de ces champions qui combattirent contre le ciel, on ne peut trouver personne assez hardi pour demander ou accepter seul le terrible voyage : jusqu'à ce qu'enfin Satan, qu'une gloire transcendante place à présent au-dessus de ses compagnons, dans un orgueil monarchique plein de la conscience de son haut mérite, parla de la sorte sans émotion :

« Postérité du ciel, Trônes empyrées, c'est avec raison que
« nous sommes saisis d'étonnement et de silence, quoique non
« intimidés! Long et dur est le chemin qui de l'enfer conduit à
« la lumière; notre prison est forte; cette énorme convexité de
« feu, violent pour dévorer, nous entoure neuf fois : et les

« portes d'un diamant brûlant, barricadées contre nous, pro-
« hibent toute sortie. Ces portes-ci passées (si quelqu'un les
« passe), le vide profond d'une nuit informe, large bâillant, le
« reçoit, et menace de la destruction entière de son être celui
« qui se prolongera dans le gouffre avorté. Si de là l'explorateur
« s'échappe dans un monde, quel qu'il soit, ou dans une région
« inconnue, que lui reste-t-il? des périls inconnus, une évasion
« difficile! Mais je conviendrais mal à ce trône, ô pairs, à cette
« souveraineté impériale ornée de splendeur, armée de pouvoir,
« si la difficulté ou le danger d'une chose proposée et jugée d'u-
« tilité publique pouvait me détourner de l'entreprendre. Pour-
« quoi assumerais-je sur moi les dignités royales? Je ne refuserais
« pas de régner et je refuserais d'accepter une aussi grande part
« de périls que d'honneur! part également due à celui qui règne,
« et qui lui est d'autant plus due qu'il siége plus honoré au-
« dessus du reste!

« Allez donc, Trônes puissants, terreur du ciel, quoique tom-
« bés, allez essayer dans notre demeure (tant qu'ici sera notre
« demeure) ce qui peut le mieux adoucir la présente misère et
« rendre l'enfer plus supportable, s'il est des soins, ou un charme
« pour suspendre, ou tromper, ou ralentir les tourments de ce
« malheureux séjour. Ne cessez de veiller contre un ennemi
« qui veille, tandis qu'au loin parcourant les rivages de la noire
« destruction, je chercherai la délivrance de tous. Cette entre-
« prise, personne ne la partagera avec moi. »

Ainsi disant, le monarque se leva et prévint toute réplique :
prudent il a peur que d'autres chefs, enhardis par sa résolution, ne vinssent offrir à présent, certains d'être refusés, ce qu'ils
avaient redouté d'abord ; et ainsi refusés, ils seraient devenus ses
rivaux dans l'opinion ; achetant à bon marché la haute renommée que lui, Satan, doit acquérir au prix de dangers immenses.

Mais les esprits rebelles ne craignaient pas plus l'aventure que
la voix qui la défendait, et avec Satan ils se levèrent ; le bruit
qu'ils firent en se levant tous à la fois fut comme le bruit du

tonnerre, entendu dans le lointain. Ils s'inclinèrent devant leur général avec une vénération respectueuse, et l'exaltèrent comme un dieu égal au Très-Haut qui est le plus élevé dans le ciel. Ils ne manquèrent pas d'exprimer par leurs louanges combien ils prisaient celui qui, pour le salut général, méprisait le sien : car les esprits réprouvés ne perdent pas toute leur vertu, de peur que les méchants ne puissent se vanter sur la terre de leurs actions spécieuses qu'excite une vaine gloire, ou qu'une secrète ambition recouvre d'un vernis de zèle.

Ainsi se terminèrent les sombres et douteuses délibérations des démons se réjouissant dans leur chef incomparable. Comme quand du sommet des montagnes les nues ténébreuses, se répandant tandis que l'aquilon dort, couvrent la face riante du ciel, l'élément sombre verse sur le paysage obscurci la neige ou la pluie; si par hasard le brillant soleil, dans un doux adieu, allonge son rayon du soir, les campagnes revivent, les oiseaux renouvellent leurs chants, et les brebis bêlantes témoignent leur joie qui fait retentir les collines et les vallées. Honte aux hommes! Le démon s'unit au démon damné dans une ferme concorde; les hommes seuls, de toutes les créatures raisonnables, ne peuvent s'entendre, bien qu'ils aient l'espérance de la grâce divine; Dieu proclamant la paix, ils vivent néanmoins entre eux dans la haine, l'inimitié et les querelles; ils se font des guerres cruelles, et dévastent la terre pour se détruire les uns les autres; comme si (ce qui devrait nous réunir) l'homme n'avait pas assez d'ennemis infernaux qui jour et nuit veillent pour sa destruction.

Le concile stygien ainsi dissous, sortirent en ordre les puissants pairs infernaux : au milieu d'eux marchait leur grand souverain, et il semblait seul l'antagoniste du ciel non moins que l'empereur formidable de l'enfer : autour de lui, dans une pompe suprême et une majesté imitée de Dieu, un globe de chérubins de feu l'enferme avec des drapeaux blasonnés et des armes effrayantes. Alors on ordonne de crier au son royal des trompettes le grand résultat de la session finie. Aux quatre vents, quatre rapides chérubins approchent de leur bouche le bruyant métal dont le son est expliqué par la voix du héraut : le profond abîme l'entendit au loin, et tout l'ost de l'enfer renvoya des cris assourdissants et de grandes acclamations.

De là l'esprit plus à l'aise, et en quelque chose relevé par une fausse et présomptueuse espérance, les bataillons formés se débandèrent; chaque démon à l'aventure prend un chemin divers, selon que l'inclination ou un triste choix le conduit irrésolu; il va où il croit plus vraisemblablement faire trêve à ses pensées agitées, et passer les heures ennuyeuses jusqu'au retour du grand chef.

Les uns, dans la plaine ou dans l'air sublime, sur l'aile ou dans une course rapide, se disputent, comme aux jeux Olympiques ou dans les champs pythiens; les autres domptent leur coursier de feu, ou évitent la borne avec les roues rapides, ou alignent le front des brigades. Comme quand, pour avertir des cités orgueilleuses, la guerre semble régner parmi le ciel troublé, des armées se précipitent aux batailles dans les nuages; de chaque avant-garde les cavaliers aériens piquent en avant, lances baissées, jusqu'à ce que les épaisses légions se joignent; par des faits d'armes, d'un bout de l'Empyrée à l'autre, le firmament est en feu.

D'autres esprits plus cruels, avec une immense rage typhéenne, déchirent collines et rochers, et chevauchent sur l'air en tourbillons; l'enfer peut à peine contenir l'horrible tumulte. Tel Alcide revenant d'Œchalie, couronné par la victoire, sentit l'effet de la robe empoisonnée, de douleur il arracha par les racines les pins de la Thessalie, et du sommet de l'Œta il lança Lycas dans la mer d'Eubée.

D'autres esprits plus tranquilles, retirés dans une vallée silencieuse, chantent sur des harpes, avec des sons angéliques, leurs propres héroïques combats et le malheur de leur chute par la sentence des batailles ; ils se plaignaient de ce que le destin soumet le courage indépendant à la force ou à la fortune. Leur concert était en parties : mais l'harmonie (pouvait-elle opérer un moindre effet, quand des esprits immortels chantent?), l'harmonie suspendait l'enfer, et tenait dans le ravissement la foule pressée.

En discours plus doux encore (car l'éloquence charme l'âme, la musique, les sens), d'autres assis à l'écart sur une montagne solitaire s'entretiennent de pensées plus élevées, raisonnent hautement sur la Providence, la prescience, la volonté et le destin : destin fixé, volonté libre, prescience absolue ; ils ne trouvent point d'issue, perdus qu'ils sont dans ces tortueux labyrinthes. Ils argumentent beaucoup du mal et du bien, de la félicité et de la misère finale, de la passion et de l'apathie, de la gloire et de la honte : vaine sagesse ! fausse philosophie ! laquelle cependant peut, par un agréable prestige, charmer un moment leur douleur ou leur angoisse, exciter leur fallacieuse espérance, ou armer leur cœur endurci d'une patience opiniâtre comme d'un triple acier.

D'autres, en escadrons et en grosses troupes, cherchent, par de hardies aventures, à découvrir au loin si dans ce monde sinistre, quelque climat peut-être ne pourrait leur offrir une habitation plus supportable : ils dirigent par quatre chemins leur marche ailée, le long des rivages de quatre rivières infernales qui dégorgent dans le lac brûlant leurs ondes lugubres : le Styx abhorré, fleuve de la haine mortelle ; le triste Achéron, profond et noir fleuve de la douleur ; le Cocyte, ainsi nommé des grandes lamentations entendues sur son onde contristée ; l'ardent Phlégethon, dont les vagues en torrents de feu s'enflamment avec rage.

Loin de ces fleuves, un lent et silencieux courant, le Léthé, fleuve d'oubli, déroule son labyrinthe humide. Qui boit de son eau oublie sur-le-champ son premier état et son existence, oublie à la fois la joie et la douleur, le plaisir et la peine.

Au-delà du Léthé, un continent gelé s'étend sombre et sauvage, battu de tempêtes perpétuelles, d'ouragans, de grêle affreuse qui ne fond point sur la terre ferme, mais s'entasse en monceaux et ressemble aux ruines d'un ancien édifice. Partout ailleurs, neige épaisse et glace, abîme profond semblable au marais Serbonian, entre Damiette et le vieux mont Casius, où des armées entières ont été englouties. L'air desséchant brûle glacé, et le froid accomplit les effets du feu.

Là, traînés à de certaines époques par les furies aux pieds des harpies, tous les anges damnés sont conduits : ils ressentent tour à tour l'amer changement des cruels extrêmes, extrêmes devenus plus cruels par le changement. D'un lit de feu ardent transportés dans la glace où s'épuise leur douce chaleur éthérée, ils transissent quelque temps immobiles, fixés et gelés tout à l'entour; de là ils sont rejetés dans le feu. Ils traversent dans un bac le détroit du Léthé en allant et venant : leur supplice s'en accroît; ils désirent et s'efforcent d'atteindre, lorsqu'ils passent, l'eau tentatrice; ils voudraient, par une seule goutte, perdre dans un doux oubli leurs souffrances et leurs malheurs, le tout en un moment et si près du bord! Mais le destin les en écarte, et pour s'opposer à leur entreprise, Méduse, avec la terreur d'une Gorgone, garde le gué : l'eau se dérobe d'elle-même au palais de toute créature vivante, comme elle fuyait la lèvre de Tantale.

Ainsi errantes dans leur marche confuse et abandonnée, les bandes aventureuses, pâles et frissonnant d'horreur, les yeux hagards, voient pour la première fois leur lamentable lot, et ne trouvent point de repos; elles traversent maintes vallées sombres et désertes, maintes régions douloureuses par-dessus maintes Alpes de glace et maintes Alpes de feu : rocs, grottes, lacs, mares, gouffres, antres et ombres de mort; univers de mort, que Dieu dans sa malédiction créa mauvais, bon pour le mal seulement; univers où toute vie meurt, où toute mort vit; où la nature perverse engendre des choses monstrueuses, des choses prodigieuses, abominables, inexprimables, pires que ce que la Fable inventa ou la frayeur conçut : Gorgones et Hydres et Chimères effroyables.

Cependant l'adversaire de Dieu et de l'homme, Satan, les pensées enflammées des plus hauts desseins, a mis ses ailes rapides, et vers les portes de l'enfer explore sa route solitaire : quelquefois il parcourt la côte à main droite, quelquefois la côte à main gauche; tantôt de ses ailes nivelées il rase la surface de l'abîme, tantôt pointant haut il prend l'essor vers la convexité ardente. Comme quand au loin, à la mer, une flotte découverte est suspendue dans les nuages; serrée par les vents de l'équinoxe, elle fait voile du Bengale ou des îles de Ternate et de Tidor, d'où les marchands apportent les épiceries : ceux-ci, sur les vagues commerçantes, à travers le vaste océan Éthiopien jusqu'au Cap, font route vers le pôle, malgré la marée et la nuit : ainsi se montre au loin le vol de l'ennemi ailé.

Enfin, les bornes de l'enfer s'élèvent jusqu'à l'horrible voûte, et les trois triples portes apparaissent : ces portes sont formées de trois lames d'airain, de trois lames de fer, de trois lames de roc de diamant, impénétrables, palissadées d'un feu qui tourne à l'entour et ne se consume point.

Là devant les portes, de l'un et de l'autre côté, sont assises deux formidables figures : l'une ressemblait jusqu'à la ceinture à une femme et à une femme belle, mais elle finissait sale en replis écailleux, volumineux et vastes, en serpent armé d'un mortel aiguillon. A sa ceinture une meute de chiens de l'enfer, ne cessant jamais d'aboyer avec de larges gueules de Cerbère, faisait retentir un hideux fracas. Cependant si quelque chose troublait le bruit de ces dogues, ils pouvaient à volonté rentrer en rampant aux entrailles du monstre, et y faire leur chenil : toutefois, là même encore ils aboyaient et hurlaient sans être vus. Beaucoup moins abhorrés que ceux-ci étaient les chiens qui tourmentaient Scylla, lorsqu'elle se baignait dans la mer par laquelle la Calabre est séparée du rauque rivage de Trinacrie; un cortége moins laid suit la sorcière de nuit; appelée en secret, chevauchant dans l'air, elle vient, alléchée par l'odeur du sang d'un enfant, danser avec les sorciers de Laponie, tandis que la lune en travail s'éclipse à leurs enchantements.

L'autre figure, si l'on peut appeler figure ce qui n'avait rien de distinct en membres, jointures, articulations, ou si l'on peut nommer substance ce qui semblait une ombre (car chacune semblait l'une et l'autre) ; cette figure était noire comme la nuit, féroce comme dix furies, terrible comme l'enfer; elle brandissait un effroyable dard : ce qui paraissait sa tête portait l'apparence d'une couronne royale.

Déjà Satan approchait, et le monstre se levant de son siége, s'avança aussi vite par d'horribles enjambées : l'enfer trembla à sa marche. L'indomptable ennemi regarda avec étonnement ce que ceci pouvait être ; il s'en étonnait et ne craignait pas : excepté Dieu et son Fils, il n'estime ni ne craint chose créée, et avec un regard de dédain, il prit le premier la parole.

« D'où viens-tu, et qui es-tu, forme exécrable, qui oses, quoi-
« que grimée et terrible, mettre ton front difforme au travers de
« mon chemin à ces portes ? Je prétends les franchir, sois-en
« sûre, sans t'en demander la permission. Retire-toi, ou sois
« payée de ta folie : née de l'enfer, apprends par expérience à
« ne point disputer avec les esprits du ciel. »

A quoi le gobelin plein de colère, répondit :

« Es-tu cet ange traître ? es-tu celui qui le premier rompit la
« paix et la foi du ciel jusqu'alors non rompues, et qui, dans
« l'orgueilleuse rébellion de tes armes, entraîna après lui la
« troisième partie des fils du ciel conjurés contre le Très-Haut ?
« pour lequel fait, toi et eux rejetés de Dieu, êtes ici condamnés
« à consumer des jours éternels dans les tourments et la misère.
« Et tu te comptes parmi les esprits du ciel, proie de l'enfer ! Et
« tu exhales bravade et dédains, ici où je règne en roi, et, ce qui
« doit augmenter ta rage, où je suis ton seigneur et roi ? Arrière !
« à ton châtiment, faux fugitif ! A ta vitesse ajoute des ailes, de
« peur qu'avec un fouet de scorpions je ne hâte ta lenteur, ou
« qu'à un seul coup de ce dard tu ne te sentes saisi d'une étrange
« horreur d'angoisses non encore éprouvées. »

Ainsi dit la pâle Terreur : et ainsi parlant et ainsi menaçant, son aspect devient dix fois plus terrible et plus difforme. D'un autre côté, enflammé d'indignation, Satan demeurait sans épouvante ; il ressemblait à une brûlante comète qui met en feu l'espace de l'énorme Ophiucus dans le ciel arctique, et qui de sa crinière horrible secoue la peste et la guerre. Les deux combattants ajustent à la tête l'un de l'autre un coup mortel, leurs fatales mains ne comptent pas en frapper un second, et ils échangent d'affreux regards : comme quand deux noires nuées, chargées de l'artillerie du ciel, viennent mugissant sur la mer Caspienne, elles s'arrêtent un moment front à front suspendues, jusqu'à ce que le vent leur souffle le signal de se joindre dans leur noire rencontre au milieu des airs. Les puissants champions se regardent d'un œil si sombre, que l'enfer devient plus obscur au froncement de leur sourcil; tant ces rivaux étaient semblables ! car jamais ni l'un ni l'autre ne doivent plus rencontrer qu'une seule fois un si grand ennemi (1). Et maintenant auraient été accomplis des faits terribles dont tout l'enfer eût retenti, si la sorcière à serpents, qui se tenait assise près de la porte infernale et qui gardait la fatale clef, se levant avec un affreux cri, ne se fût jetée entre les combattants.

« O père! que prétend ta main contre ton unique fils? quelle
« fureur, ô fils! te pousse à tourner ton dard mortel contre la
« tête de ton père? Et sais-tu pour qui? Pour celui qui est assis
« là-haut et qui rit de toi, son esclave, destiné à exécuter quoi
« que ce soit que sa colère, qu'il nomme justice, te commande;
« sa colère, qui un jour vous détruira tous les deux. »

Elle dit : à ces mots le fantôme infernal pestiféré s'arrêta. Satan répondit alors par ces paroles :

« Ton cri si étrange et tes paroles si étranges nous ont telle-
« ment séparés que ma main, soudain arrêtée, veut bien ne pas
« encore te dire par des faits ce qu'elle prétend. Je veux aupara-
« vant savoir de toi quelle chose tu es, toi ainsi à double forme,
« et pourquoi, dans cette vallée de l'enfer me rencontrant pour
« la première fois, tu m'appelles ton père, et pourquoi tu appelles
« ce spectre mon fils? Je ne te connais pas; je ne vis jamais jus-
« qu'à présent d'objet plus détestable que lui et toi. »

La portière de l'enfer lui répliqua :

« M'as-tu donc oubliée, et semblé-je à présent à tes yeux si
« horrible, moi jadis réputée si belle dans le ciel? Au milieu

(1) Le Christ.

« de leur assemblée et à la vue de séraphins entrés avec toi
« dans une hardie conspiration contre le Roi du ciel, tout d'un
« coup une douleur cruelle te saisit, tes yeux obscurcis et
« éblouis nagèrent dans les ténèbres, tandis que ta tête jeta des
« flammes épaisses et rapides : elle se fendit largement du côté
« gauche ; semblable à toi en forme et en brillant maintien,
« alors éclatante et divinement belle, je sortis de ta tête, déesse
« armée. L'étonnement saisit tous les guerriers du ciel; ils re-
« culèrent d'abord effrayés et m'appelèrent Péché et me regar-
« dèrent comme un mauvais présage. Mais bientôt familiarisés
« avec moi, je leur plus, et mes grâces séduisantes gagnèrent
« ceux qui m'avaient le plus en aversion, toi principalement.
« Contemplant très-souvent en moi ta parfaite image, tu devins
« amoureux, et tu goûtas en secret avec moi de telles joies, que
« mes entrailles conçurent un croissant fardeau.

« Cependant la guerre éclata et l'on combattit dans les champs
« du ciel. A notre puissant ennemi (pouvait-il en être autre-
« ment?) demeura une victoire éclatante, à notre parti la perte
« et la déroute dans tout l'Empyrée. En bas nos légions tom-
« bèrent, précipitées la tête la première du haut du ciel, en bas,
« dans cet abîme, et moi avec elles dans la chute générale. En
« ce temps-là, cette clef puissante fut remise dans mes mains,
« avec ordre de tenir ces portes à jamais fermées, afin que
« personne ne les passe, si je ne les ouvre.

« Pensive, je m'assis solitaire, mais je ne demeurai pas assise
« longtemps : mes flancs fécondés par toi et maintenant exces-
« sivement grossis éprouvèrent des mouvements prodigieux, et
« les poignantes douleurs de l'enfantement. Enfin, cet odieux
« rejeton que tu vois de toi engendré, se frayant la route avec
« violence, déchira mes entrailles, lesquelles étant tordues par
« la terreur et la souffrance, toute la partie inférieure de mon
« corps devint ainsi déformée. Mais lui, mon ennemi-né, en
« sortit, brandissant son fatal dard, fait pour détruire. Je fuis et
« je criai : Mort! L'enfer trembla à cet horrible nom, soupira
« du fond de toutes ses cavernes, et répéta : Mort! Je fuyais;

« mais le spectre me poursuivit, quoique, à ce qu'il semblait,
« plus enflammé de luxure que de rage : beaucoup plus rapide
« que moi, il m'atteignit, moi, sa mère, tout épouvantée. Dans
« des embrassements forcenés et souillés engendrant avec moi,
« de ce rapt vinrent ces monstres aboyants qui poussant un cri
« continu m'entourent, comme tu le vois, conçus d'heure en
« heure, d'heure en heure enfantés, avec une douleur infinie
« pour moi. Quand ils le veulent, ils rentrent dans le sein qui
« les nourrit; ils hurlent et rongent mes entrailles, leur festin;
« puis sortant derechef, ils m'assiégent de si vives terreurs que
« je ne trouve ni repos ni relâche.

« Devant mes yeux, assise en face de moi, l'effrayante Mort,
« mon fils et mon ennemi, excite ces chiens. Et moi, sa mère,
« elle m'aurait bientôt dévorée, faute d'une autre proie, si elle
« ne savait que sa fin est enveloppée dans la mienne, si elle ne
« savait que je deviendrai pour elle un morceau amer, son poi-
« son, quand jamais cela arrivera : ainsi l'a prononcé le Destin.
« Mais toi, ô mon père, je t'en préviens, évite sa flèche mortelle;
« ne te flatte pas vainement d'être invulnérable sous cette ar-
« mure brillante, quoique de trempe céleste : car à cette pointe
« mortelle, hors celui qui règne là-haut, nul ne peut ré-
« sister. »

Elle dit : et le subtil ennemi profite aussitôt de la leçon; il se
radoucit et répond ainsi avec calme :

« Chère fille, puisque tu me réclames pour ton père et que tu
« me fais voir mon fils si beau (ce cher gage des plaisirs que
« nous avons eus ensemble dans le ciel, de ces joies alors douces,
« aujourd'hui tristes à rappeler à cause du changement cruel
« tombé sur nous d'une manière imprévue, et auquel nous n'a-
« vions pas pensé); chère fille, apprends que je ne viens pas en
« ennemi, mais pour vous délivrer de ce morne et affreux séjour
« des peines, vous deux, mon fils et toi, et toute la troupe des
« esprits célestes qui, pour nos justes prétentions armés, tom-
« bèrent avec nous.

« Envoyé par eux, j'entreprends seul cette rude course, m'ex-

« posant seul pour tous; je vais poser mes pas solitaires sur
« l'abîme sans fond, et dans mon enquête errante, chercher à
« travers l'immense vide, s'il ne serait pas un lieu prédit, lequel,
« à en juger par le concours de plusieurs signes, doit être main-
« tenant créé vaste et rond. C'est un séjour de délices, placé sur
« la lisière du ciel, habité par des êtres de droite stature, destinés
« peut-être à remplir nos places vacantes; mais ils sont tenus
« plus éloignés, de peur que le ciel, surchargé d'une puissante
« multitude, ne vînt à exciter de nouveaux troubles. Que ce soit
« cela, ou quelque chose de plus secret, je cours m'en instruire;
« le secret une fois connu, je reviendrai aussitôt et je vous trans-
« porterai, toi et la Mort, dans un séjour où vous demeurerez
« à l'aise, où en haut et en bas vous volerez silencieusement,
« sans être vus, dans un doux air embaumé de parfums. Là,
« vous serez nourris et repus sans mesure; tout sera votre
« proie. »

Il se tut, car les deux formes parurent hautement satisfaites,
et la Mort grimaça horrible un sourire épouvantable, en appre-
nant que sa faim serait rassasiée; elle bénit ses dents réservées
à cette bonne heure d'abondance. Sa mauvaise mère ne se réjouit pas moins et tint ce discours à son père :

« Je garde la clef de ce puits infernal par mon droit et par
« l'ordre du Roi tout-puissant du ciel : il m'a défendu d'ouvrir
« ces portes adamantines : contre toute violence, la Mort se tient
« prête à interposer son dard, sans crainte d'être vaincue d'aucun
« pouvoir vivant. Mais que dois-je aux ordres d'en haut, au
« commandement de celui qui me hait, et qui m'a poussée ici
« en bas dans ces ombres du profond Tartare, pour y demeurer
« assise dans un emploi odieux, ici confinée moi habitante du
« ciel et née du ciel, ici plongée dans une perpétuelle agonie,
« environnée des terreurs et des clameurs de ma propre géni-
« ture, qui se nourrit de mes entrailles? Tu es mon père, tu es
« mon auteur, tu m'as donné l'être : à qui dois-je obéir si ce
« n'est à toi? qui dois-je suivre? Tu me transporteras bientôt
« dans ce nouveau monde de lumière et de bonheur, parmi les

« dieux qui vivent tranquilles ; où voluptueuse, assise à ta droite,
« comme il convient à ta fille et à ton amour, je régnerai sans
« fin. »

Elle dit, et prit à son côté la clef fatale, triste instrument de tous nos maux, et, traînant vers la porte sa croupe bestiale, elle lève sans délai l'énorme herse qu'elle seule pouvait lever, et que toute la puissance stygienne n'aurait pu ébranler. Ensuite elle tourne dans le trou de la clef les gardes compliquées, et détache sans peine les barres et les verrous de fer massif ou de solide roc. Soudain volent ouvertes, avec un impétueux recul et un son discordant, les portes infernales : leurs gonds firent gronder un rude tonnerre qui ébranla le creux le plus profond de l'Erèbe.

Le Péché les ouvrit, mais les fermer surpassait son pouvoir ; elles demeurent toutes grandes ouvertes : une armée, ailes étendues, marchant enseignes déployées, aurait pu passer à travers avec ses chevaux et ses chars rangés en ordre sans être serrés ; si larges sont ces portes ! comme la bouche d'une fournaise, elles vomissent une surabondante fumée et une flamme rouge.

Aux yeux de Satan et des deux spectres, apparaissent soudain les secrets du vieil abîme : sombre et illimité océan, sans bornes, sans dimensions, où la longueur, la largeur, et la profondeur, le temps, et l'espace, sont perdus ; où la Nuit aînée et le Chaos, aïeux de la Nature, maintiennent une éternelle anarchie au milieu des bruits des éternelles guerres, et se soutiennent par la confusion.

Le chaud, le froid, l'humide, et le sec, quatre fiers champions, se disputent la supériorité, et mènent au combat leurs embryons d'atomes. Ceux-ci, autour de l'enseigne de leurs factions, dans leurs clans divers, pesamment ou légèrement armés, aigus, émoussés, rapides ou lents, essaiment leurs populations aussi innombrables que les sables de Barca ou que l'arène torride de Cyrène, enlevés pour prendre parti dans la lutte des vents, et pour servir de lest à leurs ailes légères. L'atome auquel adhère un plus grand nombre d'atomes gouverne un moment. Le Chaos siège surarbitre, et ses décisions embrouillent de plus en plus le désordre par lequel il règne : après lui, juge suprême, le Hasard gouverne tout.

Dans ce sauvage abîme, berceau de la nature, et peut-être son tombeau ; dans cet abîme qui n'est ni mer, ni terre, ni air, ni feu, mais tous ces éléments qui, confusément mêlés dans leurs causes fécondes, doivent ainsi se combattre toujours, à moins que le tout-puissant Créateur n'arrange ses noirs matériaux pour former de nouveaux mondes ; dans ce sauvage abîme, Satan, le prudent ennemi, arrêté sur le bord de l'enfer, regarde quelque temps : il réfléchit sur son voyage, car ce n'est pas un petit détroit qu'il lui faudra traverser. Son oreille est assourdie de bruits éclatants et destructeurs non moins violents (pour comparer les grandes choses aux petites) que ceux des tempêtes de Bellone quand elle dresse ses foudroyantes machines pour raser quelque grande cité ; ou moins grand serait le fracas si cette structure du ciel s'écroulait, et si les éléments mutinés avaient arraché de son axe la terre immobile. Enfin Satan, pour prendre son vol, déploie ses ailes égales à de larges voiles ; et, enlevé dans la fumée ascendante, il repousse du pied le sol.

Pendant plusieurs lieues porté comme sur une chaire de nuages, il monte audacieux ; mais ce siége lui manquant bientôt, il rencontre un vaste vide : tout surpris, agitant en vain ses ailes, il tombe comme un plomb à dix mille brasses de profondeur. Il serait encore tombant à cette heure, si par un hasard malheureux, la forte explosion de quelque nuée tumultueuse imprégnée de feu et de nitre ne l'eût rejeté d'autant de milles en haut : cet orage s'arrêta, éteint dans une syrte spongieuse qui n'était ni mer, ni terre sèche. Satan, presque englouti, traverse la substance crue, moitié à pied, moitié en volant ; il lui faut alors rames et voiles.

Un griffon, dans le désert, poursuit d'une course ailée sur les montagnes ou les vallées marécageuses, l'Arimaspien qui ravit subtilement à sa garde vigilante l'or conservé ; ainsi l'ennemi continue avec ardeur sa route à travers les marais, les précipices, les détroits, à travers les éléments rudes, denses ou rares ; avec sa tête, ses mains, ses ailes, ses pieds, il nage, plonge, guée, rampe, vole.

Enfin, une étrange et universelle rumeur de sons sourds et de voix confuses, née du creux des ténèbres, assaillit l'oreille de Satan avec la plus grande véhémence. Intrépide, il tourne son vol de ce côté, pour rencontrer le pouvoir quelconque ou l'esprit du profond abîme, qui réside dans ce bruit, afin de lui demander de quel côté se trouve la limite des ténèbres la plus rapprochée confinant à la lumière.

Soudain voici le trône du Chaos et son noir pavillon se déploie immense sur le gouffre de ruines. La Nuit, vêtue d'une zibeline noire, siége sur le trône à côté du Chaos : fille aînée des êtres, elle est la compagne de son règne. Auprès d'eux se tiennent Orcus et Ades, et Démogorgon au nom redouté, ensuite la Rumeur, et le Hasard, et le Tumulte, et la Confusion toute brouillée, et la Discorde aux mille bouches différentes. Satan hardiment va droit au Chaos.

« Vous, pouvoirs et esprits de ce profond abîme, Chaos et
« antique Nuit, je ne viens point à dessein, en espion explorer ou
« troubler les secrets de votre royaume; mais contraint d'errer
« dans ce sombre désert, mon chemin vers la lumière m'a con-
« duit à travers votre vaste empire ; seul et sans guide, à demi
« perdu, je cherche le sentier le plus court qui mène à l'endroit
« où vos obscures frontières touchent au ciel. Ou si quelque
« autre lieu, envahi sur votre domaine, a dernièrement été oc-
« cupé par le Roi éthéré, c'est afin d'arriver là que je voyage dans
« ces profondeurs. Dirigez ma course : bien dirigée elle n'ap-
« portera pas une médiocre récompense à vos intérêts, si de
« cette région perdue toute usurpation étant chassée, je la ra-
« mène à ses ténèbres primitives et à votre sceptre (mon voyage
« actuel n'a pas d'autre but) ; j'y planterai de nouveau l'étendard
« de l'antique Nuit. A vous tous les avantages, à moi la ven-
« geance. »

Ainsi Satan. Ainsi le vieil anarque, avec une voix chevrotante et un visage décomposé, lui répondit :

« Je te connais, étranger; tu es ce chef puissant des anges,
« qui dernièrement fit tête au Roi du ciel et fut renversé. Je vis
« et j'entendis, car une si nombreuse milice ne put fuir en si-
« lence à travers l'abîme effrayé, avec ruine sur ruine, déroute
« sur déroute, confusion pire que la confusion : les portes du
« ciel versèrent par millions ses bandes victorieuses à la pour-
« suite. Je suis venu résider ici sur mes frontières : tout mon
« pouvoir suffit à peine pour sauver le peu qui me reste à dé-
« fendre et sur lequel empiètent encore vos divisions intestines
« qui affaiblissent le sceptre de la vieille Nuit. D'abord l'enfer,
« votre cachot, s'est étendu long et large sous mes pieds; ensuite
« dernièrement, le ciel et la terre, un autre monde, pendent
« au-dessus de mon royaume, attachés par une chaîne d'or à ce
« côté du ciel d'où vos légions tombèrent. Si votre marche doit
« vous faire prendre cette route, vous n'avez pas loin; le danger
« est d'autant plus près. Allez, hâtez-vous : ravages, et dépouilles,
« et ruines sont mon butin. »

Il dit, et Satan ne s'arrête pas à lui répondre : mais plein de joie que son océan trouve un rivage, avec une ardeur nouvelle et une force renouvelée, il s'élance dans l'immense étendue comme une pyramide de feu : à travers le choc des éléments en guerre qui l'entourent de toutes parts, il poursuit sa route, plus assiégé et plus exposé que le navire Argo quand il passa le Bosphore entre les rochers qui s'entre-heurtent; plus en péril qu'Ulysse, lorsque d'un côté évitant Charybde, sa manœuvre le portait dans un autre gouffre.

Ainsi Satan s'avançait avec difficulté et un labeur pénible; il s'avançait avec difficulté et labeur. Mais une fois qu'il eut passé, bientôt après, quand l'homme tomba, quelle étrange altération! le Péché et la Mort suivant de près la trace de l'ennemi (telle fut la volonté du ciel), pavèrent un chemin large et battu sur le sombre abîme dont le gouffre bouillonnant souffrit avec patience qu'un pont d'une étonnante longueur s'étendît de l'enfer à l'orbe extérieur de ce globe fragile. Les esprits pervers, à l'aide de cette communication facile, vont et viennent pour tenter ou punir les mortels, excepté ceux que Dieu et les saints anges gardent par une grâce particulière.

Mais enfin l'influence sacrée de la lumière commence à se faire sentir, et des murailles du ciel, un rayon pousse au loin dans le sein de l'obscure nuit une aube scintillante : ici la nature commence l'extrémité la plus éloignée ; le Chaos se retire, comme de ses ouvrages avancés ; ennemi vaincu, il se retire avec moins de tumulte et moins d'hostile fracas. Satan, avec moins de fatigue, et bientôt avec aisance, guidé par une douteuse lumière, glisse sur les vagues apaisées, et comme un vaisseau battu des tempêtes, haubans et cordages brisés, il entre joyeusement au port. Dans l'espace plus vide ressemblant à l'air, l'archange balance ses ailes déployées, pour contempler de loin et à loisir le ciel empyrée : si grande en est l'étendue qu'il ne peut déterminer si elle est carrée ou ronde. Il découvre les tours d'opale, les créneaux ornés d'un vivant saphir, jadis sa demeure natale ; il aperçoit attaché au bout d'une chaîne d'or ce monde suspendu, égal à une étoile de la plus petite grandeur serrée près de la lune. Là Satan, tout chargé d'une pernicieuse vengeance, maudit et dans une heure maudite, se hâta.

LIVRE TROISIÈME

ARGUMENT

Dieu, siégeant sur son trône, voit Satan qui vole vers ce monde nouvellement créé. Il le montre à son fils assis à sa droite. Il prédit le succès de Satan, qui pervertira l'espèce humaine. L'Eternel justifie sa justice et sa sagesse de toute imputation, ayant créé l'homme libre et capable de résister au tentateur. Cependant il déclare son dessein de faire grâce à l'homme, parce qu'il n'est pas tombé par sa propre méchanceté comme Satan, mais par la séduction de Satan. Le Fils de Dieu glorifie son Père pour la manifestation de sa grâce envers l'homme ; mais Dieu déclare encore que cette grâce ne peut être accordée à l'homme si la justice divine ne reçoit satisfaction : l'homme a offensé la majesté de Dieu en aspirant à la divinité ; et c'est pourquoi, dévoué à la mort avec toute sa postérité, il faut qu'il meure, à moins que quelqu'un ne soit trouvé capable de répondre pour son crime et de subir sa punition. Le Fils de Dieu s'offre volontairement pour rançon de l'homme. Le Père l'accepte, ordonne l'incarnation, et prononce que le Fils soit exalté au-dessus de tous, dans le ciel et sur la terre. Il commande à tous les anges de l'adorer. Ils obéissent, et chantant en chœur sur leurs harpes, ils célèbrent le Fils et le Père. Cependant Satan descend sur la convexité nue de l'orbe le plus extérieur de ce monde, où errant le premier, il trouve un lieu appelé dans la suite le limbe de vanité : quelles personnes et quelles choses volent à ce lieu. De là l'ennemi arrive aux portes du ciel. Les degrés par lesquels on y monte décrits, ainsi que les eaux qui coulent au-dessus du firmament. Passage de Satan à l'orbe du soleil. Il y rencontre Uriel, régent cet orbe, mais il prend auparavant la forme d'un ange inférieur, et prétextant un pieux désir de contempler la nouvelle création et l'homme que Dieu y a placé, il s'informe de la demeure de celui-ci : Uriel l'en instruit. Satan s'abat d'abord sur le sommet du mont Niphates.

Salut, lumière sacrée, fille du ciel, née la première ou de l'Éternel rayon coéternel ! Ne puis-je pas te nommer ainsi sans être blâmé ? Puisque Dieu est la lumière, et que de toute éternité il n'habita jamais que dans une lumière inaccessible, il habita donc en toi, brillante effusion d'une brillante essence increée. Ou préfères-tu t'entendre appeler ruisseau de pur éther? Qui dira ta source? Avant le soleil, avant les cieux, tu étais, et à la voix de Dieu tu couvris, comme d'un manteau, le monde s'élevant des eaux ténébreuses et profondes, conquête faite sur l'infini vide et sans forme.

Maintenant je te visite de nouveau d'une aile plus hardie, échappé du lac Stygien, quoique longtemps retenu dans cet obscur séjour. Lorsque, dans mon vol, j'étais porté à travers les ténèbres extérieures et moyennes, j'ai chanté, avec des accords différents de ceux de la lyre d'Orphée, le Chaos et l'éternelle Nuit. Une muse céleste m'apprit à m'aventurer dans la noire descente et à la remonter; chose rare et pénible. Sauvé, je te visite de nouveau, et je sens ta lampe vitale et souveraine. Mais toi tu ne reviens point visiter des yeux qui roulent en vain pour rencontrer ton rayon perçant, et ne trouvent point d'aurore, tant une goutte sereine a profondément éteint leurs orbites, ou un sombre tissu les a voilés.

Cependant je ne cesse d'errer aux lieux fréquentés des Muses, claires fontaines, bocages ombreux, collines dorées du soleil, épris que je suis de l'amour des chants sacrés. Mais toi surtout, ô Sion, toi et les ruisseaux fleuris qui baignent tes pieds saints et coulent en murmurant, je vous visite pendant la nuit. Je n'oublie pas non plus ces deux mortels, semblables à moi en malheur (puissé-je les égaler en gloire!) l'aveugle Thamyris et l'aveugle Méonides, Tirésias et Phinée, prophètes antiques. Alors je me nourris des pensées qui produisent d'elles-mêmes les nombres harmonieux, comme l'oiseau qui veille chante dans l'obscurité : caché sous le plus épais couvert, il soupire ses nocturnes complaintes.

Ainsi avec l'année reviennent les saisons; mais le jour ne revient pas pour moi; je ne vois plus les douces approches du matin et du soir, ni la fleur du printemps, ni la rose de l'été, ni les troupeaux, ni la face divine de l'homme. Des nuages et des ténèbres qui durent toujours, m'environnent. Retranché des agréables voies des humains, le livre des belles connaissances ne me présente qu'un blanc universel, où les ouvrages de la nature sont effacés et rayés pour moi : la sagesse à l'une de ses entrées m'est entièrement fermée.

Brille d'autant plus intérieurement, ô céleste lumière! que toutes les puissances de mon esprit soient pénétrées de tes rayons! mets tes yeux à mon âme, disperse et dissipe loin d'elle tous les brouillards, afin que je puisse voir et dire des choses invisibles à l'œil mortel.

Déjà le Père tout-puissant, du haut du ciel, du pur Empyrée, où il siége sur un trône au-dessus de toute hauteur, avait abaissé son regard pour contempler à la fois ses ouvrages et les ouvrages de ses ouvrages. Autour de lui les saintetés du ciel se pressaient comme des étoiles et recevaient de sa vue une béatitude qui surpasse toute expression; à sa droite était assise la radieuse image de sa gloire, son Fils unique. Il aperçut d'abord sur la terre nos deux premiers parents, les deux seuls êtres de l'espèce humaine, placés dans le jardin des délices, goûtant d'immortels fruits de joie et d'amour, joie non interrompue, amour sans rival dans une heureuse solitude. Il aperçut aussi l'enfer et le gouffre entre l'enfer et la création; il vit Satan côtoyant le mur du ciel, du côté de la nuit, dans l'air sublime et sombre, et près de s'abattre, avec ses ailes fatiguées et un pied impatient, sur la surface aride de ce monde qui lui semble une terre ferme, arrondie et sans firmament : l'archange est incertain si ce qu'il voit est l'océan ou l'air. Dieu l'observant de ce regard élevé dont il découvre le présent, le passé et l'avenir, parla de la sorte à son Fils unique en prévoyant cet avenir :

« Unique fils que j'ai engendré, vois-tu quelle rage trans-
« porte notre adversaire? Ni les bornes prescrites, ni les bar-
« reaux de l'enfer, ni toutes les chaînes amoncelées sur lui, ni
« même du profond Chaos l'interruption immense, ne l'ont pu
« retenir; tant il semble enclin à une vengeance désespérée qui
« retombera sur sa tête rebelle. Maintenant, après avoir rompu
« tous ses liens, il vole non loin du ciel, sur les limites de la lu-
« mière, directement vers le monde nouvellement créé et vers
« l'homme placé là, dans le dessein d'essayer s'il pourra le dé-

« truire par la force, ou, ce qui serait pis, le pervertir par quel-
« que fallacieux artifice; et il le pervertira : l'homme écoutera
« ses mensonges flatteurs, et transgressera facilement l'unique
« commandement, l'unique gage de son obéissance ; il tombera
« lui et sa race infidèle.

« A qui sera la faute? A qui, si ce n'est à lui seul! In-
« grat! il avait de moi tout ce qu'il pouvait avoir ; je l'avais
« fait juste et droit, capable de se soutenir, quoique libre
« de tomber. Je créai tels tous les pouvoirs éthérés et tous
« les esprits, ceux qui se soutinrent et ceux qui tombèrent :
« librement se sont soutenus ceux qui se sont soutenus, et
« tombés ceux qui sont tombés. N'étant pas libres, quelle
« preuve sincère auraient-ils pu donner d'une vraie obéissance,
« de leur constante foi ou de leur amour? Lorsqu'ils n'auraient
« fait seulement que ce qu'ils auraient été contraints de faire,
« et non ce qu'ils auraient voulu, quelle louange en auraient-ils
« pu recevoir? quel plaisir aurais-je trouvé dans une obéissance
« ainsi rendue, alors que la volonté et la raison (raison est aussi
« choix), inutiles et vaines, toutes deux dépouillées de liberté,
« toutes deux passives, eussent servi la nécessité, non pas
« moi?

« Ainsi créés, comme il appartenait de droit, ils ne peuvent
« donc justement accuser leur créateur, ou leur nature, ou leur
« destinée, comme si la prédestination, dominant leur volonté,
« en disposât par un décret absolu, ou par une prescience su-
« prême. Eux-mêmes ont décrété leur propre révolte ; moi non :
« si je l'ai prévue, ma prescience n'a eu aucune influence sur
« leur faute, qui n'étant pas prévue n'en aurait pas moins été
« certaine. Ainsi sans la moindre impulsion, sans la moindre
« ombre de destinée ou de chose quelconque par moi immuable-
« ment prévue, ils pèchent, auteurs de tout pour eux-mêmes, à
« la fois en ce qu'ils jugent et en ce qu'ils choisissent : car ainsi
« je les ai créées libres, et libres ils doivent demeurer jusqu'à ce
« qu'ils s'enchaînent eux-mêmes. Autrement, il me faudrait
« changer leur nature, révoquer le haut décret irrévocable,

« éternel, par qui fut ordonnée leur liberté ; eux seuls ont or-
« donné leur chute.

« Les premiers coupables tombèrent par leur propre sugges-
« tion, tentés par eux-mêmes, par eux-mêmes dépravés ; l'homme
« tombe déçu par les premiers coupables. L'homme, à cause de
« cela, trouvera grâce ; les autres n'en trouveront point. Par la
« miséricorde et par la justice, dans le ciel et sur la terre, ainsi
« ma gloire triomphera ; mais la miséricorde, la première et la
« dernière, brillera la plus éclatante. »

Tandis que Dieu parlait, un parfum d'ambroisie remplissait tout le ciel, et répandait parmi les bienheureux esprits élus le sentiment d'une nouvelle joie ineffable. Au-dessus de toute comparaison, le Fils de Dieu se montrait dans une très-grande gloire : en lui brillait tout son Père substantiellement exprimé. Une divine compassion apparut visible sur son visage, avec un amour sans fin et une grâce sans mesure ; il les fit connaître à son Père, en lui parlant de la sorte :

« O mon Père, miséricordieuse a été cette parole qui a ter-
« miné ton arrêt suprême : L'HOMME TROUVERA GRACE ! Pour cette
« parole le ciel et la terre publieront tes louanges par les innom-
« brables concerts des hymnes et des sacrés cantiques : de ces
« cantiques ton trône environné retentira de toi à jamais béni.
« Car l'homme serait-il finalement perdu ? l'homme, ta créa-
« ture dernièrement encore si aimée, ton plus jeune fils, tom-
« berait-il circonvenu par la fraude, bien qu'en y mêlant sa
« propre folie ! Que cela soit loin de toi, que cela soit loin de
« toi, ô Père, toi qui juges de toutes les choses faites, et qui seul
« juges équitablement ! Ou l'adversaire obtiendra-t-il ainsi ses
« fins et te frustera-t-il des tiennes ? Satisfera-t-il sa malice, et
« réduira-t-il ta bonté à néant ? ou s'en retournera-t-il plein
« d'orgueil, quoique sous un plus pesant arrêt, et cependant avec
« une vengeance satisfaite, entraînant après lui dans l'enfer la
« race entière des humains, par lui corrompue ? Ou veux-tu toi-
« même abolir ta création, et défaire, pour cet ennemi, ce que tu
« as fait pour ta gloire ? Ta bonté et ta grandeur pourraient être

« mises ainsi en question, et blasphémées sans être défendues. »

Le grand Créateur lui répondit :

« O mon fils! en qui mon âme a ses principales délices, Fils
« de mon sein, Fils qui est seul mon Verbe, ma sagesse et mon
« effectuelle puissance, toutes tes paroles ont été comme sont
« mes pensées, toutes, comme ce que mon éternel dessein a dé-
« crété, l'homme ne périra pas tout entier, mais se sauvera qui
« voudra; non cependant par une volonté de lui-même, mais
« par une grâce de moi, librement accordée. Une fois encore je
« renouvellerai les pouvoirs expirés de l'homme, quoique for-
« faits et assujettis par le péché à d'impurs et exorbitants désirs.
« Relevé par moi, l'homme se tiendra debout une fois encore,
« sur le même terrain que son mortel ennemi; l'homme sera
« par moi relevé, afin qu'il sache combien est débile sa condi-
« tion dégradée, afin qu'il ne rapporte qu'à moi sa délivrance,
« et à nul autre qu'à moi.

« J'en ai choisi quelques-uns, par une grâce particulière élus
« au-dessus des autres : telle est ma volonté. Les autres enten-
« dront mon appel; ils seront souvent avertis de songer à leur
« état criminel, et d'apaiser au plus tôt la Divinité irritée tandis
« que la grâce offerte les y invite. Car j'éclairerai leurs sens
« ténébreux d'une manière suffisante, et j'amollirai leur cœur
« de pierre, afin qu'ils puissent prier, se repentir, et me rendre
« l'obéissance due : à la prière, au repentir, à l'obéissance due
« (quand elle ne serait que cherchée avec une intention sincère),
« mon oreille ne sera point sourde, mon œil fermé. Je mettrai
« dans eux, comme un guide, mon arbitre, la conscience : s'ils
« veulent l'écouter, ils atteindront lumière après lumière;
« celle-ci bien employée, et eux persévérant jusqu'à la fin, ils
« arriveront en sûreté.

« Ma longue tolérance et mon jour de grâce, ceux qui les
« négligeront et les mépriseront ne les goûteront jamais; mais
« l'endurci sera plus endurci, l'aveugle plus aveuglé, afin
« qu'ils trébuchent et tombent plus bas. Et nuls que ceux-ci je
« n'exclus de la miséricorde.

« Mais cependant tout n'est pas fait : l'homme désobéissant
« rompt déloyalement sa foi, et pèche contre la haute supré-
« matie du ciel ; affectant la divinité, et perdant tout ainsi, il ne
« laisse rien pour expier sa trahison : mais consacré et dévoué à
« la destruction, lui et toute sa postérité doivent mourir. Lui ou
« la justice doivent mourir, à moins que pour lui un autre ne
« soit capable, s'offrant volontairement de donner la rigide sa-
« tisfaction : mort pour mort.

« Dites, pouvoirs célestes, où nous trouverons un pareil
« amour? Qui de vous se fera mortel pour racheter le mortel
« crime de l'homme? et quel juste sauvera l'injustice? Une
« charité si tendre habite-t-elle dans tout le ciel? »

Il adressait cette demande, mais tout le chœur divin resta muet, et le silence était dans le ciel. En faveur de l'homme ni patron ni intercesseur ne paraît, ni encore moins qui ose attirer sur sa tête la proscription mortelle, et payer rançon. Et alors, privée de rédemption, la race humaine entière eût été perdue, adjugée, par un arrêt sévère, à la mort et à l'enfer, si le Fils de Dieu, en qui réside la plénitude de l'amour divin, n'eût ainsi renouvelé sa plus chère médiation.

« Mon Père, ta parole est prononcée : L'HOMME TROUVERA GRACE.
« La grâce ne trouvera-t-elle pas quelque moyen de salut, elle
« qui, le plus rapide des messagers ailés, trouve un passage pour
« visiter tes créatures, et venir à toutes, sans être prévue, sans
« être implorée, sans être cherchée? Heureux l'homme si elle le
« prévient ainsi! Il ne l'appellera jamais à son aide, une fois
« perdu et mort dans le péché : endetté et ruiné, il ne peut
« fournir pour lui ni expiation, ni offrande.

« Me voici donc, moi pour lui, vie pour vie; je m'offre : sur
« moi laisse tomber ta colère; compte-moi pour homme. Pour
« l'amour de lui, je quitterai ton sein, et je me dépouillerai vo-
« lontairement de cette gloire que je partage avec toi; pour lui
« je mourrai satisfait. Que la mort exerce sur moi toute sa
« fureur : sous son pouvoir ténébreux je ne demeurerai pas
« longtemps vaincu. Tu m'as donné de posséder la vie en moi-

« même à jamais; par toi je vis, quoiqu'à présent je cède à la
« Mort; je suis son dû en tout ce qui peut mourir en moi.

« Mais cette dette payée, tu ne me laisseras pas sa proie dans
« l'impur tombeau; tu ne souffriras pas que mon âme sans
« tache habite là pour jamais avec la corruption; mais je res-
« susciterai victorieux et je subjuguerai mon vainqueur dé-
« pouillé de ses dépouilles vantées. La Mort recevra alors sa
« blessure de mort et rampera inglorieuse, désarmée de son
« dard mortel. Moi, à travers les airs, dans un grand triomphe,
« j'emmènerai l'enfer captif malgré l'enfer, et je montrerai les
« pouvoirs des ténèbres enchaînés. Toi, charmé à cette vue, tu
« laisseras tomber du ciel un regard, et tu souriras, tandis
« qu'élevé par toi, je confondrai tous mes ennemis, la Mort la
« dernière, et avec sa carcasse je rassasierai le sépulcre. Alors,
« entouré de la multitude par moi rachetée, je rentrerai dans le
« ciel après une longue absence; j'y reviendrai, ô mon Père,
« pour contempler ta face sur laquelle aucun nuage de colère ne
« restera, mais où l'on verra la paix assurée et la réconciliation;
« désormais la colère n'existera plus, mais en ta présence la joie
« sera entière. »

Ici ses paroles cessèrent, mais son tendre aspect silencieux
paraît encore, et respirait un immortel amour pour les hommes
mortels, au-dessus duquel brillait seulement l'obéissance filiale.
Content de s'offrir en sacrifice, il attend la volonté de son Père.
L'admiration saisit tout le ciel, qui s'étonne de la signification de
ces choses, et ne sait où elles tendent. Bientôt le Tout-Puissant
répliqua ainsi :

« O toi sur la terre et dans le ciel, seule paix trouvée pour le
« genre humain sous le coup de la colère ! ô toi, unique objet de
« ma complaisance ! tu sais combien me sont chers tous mes
« ouvrages; l'homme ne me l'est pas moins, quoique le dernier
« créé, puisque pour lui je te séparerai de mon sein et de ma
« droite, afin de sauver (en te perdant quelque temps) toute la
« race perdue. Toi donc qui peux seul la racheter, joins à ta
« nature la nature humaine, et sois toi-même homme parmi les

« hommes sur la terre; fais-toi chair, quand les temps seront
« accomplis, et sors du sein d'une vierge par une naissance mi-
« raculeuse. Sois le chef du genre humain dans la place d'Adam,
« quoique fils d'Adam. Comme en lui périssent tous les hommes,
« en toi, ainsi que d'une seconde racine, seront rétablis tous
« ceux qui doivent l'être; sans toi, personne. Le crime d'Adam
« rend coupables tous ses fils; ton mérite, qui leur sera imputé,
« absoudra ceux qui, renonçant à leurs propres actions, justes
« ou injustes, vivront en toi transplantés, et de toi recevront
« une nouvelle vie. Ainsi l'homme, comme cela est juste, don-
« nera satisfaction pour l'homme; il sera jugé et mourra; et en
« mourant il se relèvera, et en se relevant relèvera avec lui tous
« ses frères rachetés par son sang précieux. Ainsi l'amour cé-
« leste l'emportera sur la haine infernale; en se donnant à la
« mort, et mourant pour racheter si chèrement ce que la haine
« infernale a si aisément détruit, ce qu'elle continuera de dé-
« truire dans ceux qui, lorsqu'ils le peuvent, n'acceptent point
« la grâce.

« O mon Fils! en descendant à l'humaine nature, tu n'amoin-
« dris ni ne dégrades la tienne. Parce que tu es, quoique assis
« sur un trône dans la plus haute béatitude, égal à Dieu, jouis-
« sant également du bonheur divin; parce que tu as tout quitté
« pour sauver un monde d'une entière perdition; parce que ton
« mérite, plus encore que ton droit de naissance, Fils de Dieu,
« t'a rendu plus digne d'être ce Fils, étant beaucoup plus encore
« que grand et puissant; parce que l'amour a abondé en toi plus
« que la gloire, ton humiliation élèvera avec toi à ce trône ton
« humanité. Ici tu t'assiéras incarné, ici tu régneras à la fois
« Dieu et homme, à la fois Fils de Dieu et de l'homme, établis
« par l'onction Roi universel.

« Je te donne tout pouvoir : règne à jamais, et revêts-toi de tes
« mérites : je te soumets, comme chef suprême, les Trônes, les
« Princes, les Pouvoirs, les Dominations : tous les genoux fléchi-
« ront devant toi, les genoux de ceux qui habitent au ciel ou sur
« la terre, ou sous la terre, en enfer. Quand glorieusement en-

« touré d'un cortége céleste, tu apparaîtras sur les nuées, quand
« tu enverras les archanges, tes hérauts, annoncer ton redouta-
« ble jugement, aussitôt des quatre vents les vivants appelés, de
« tous les siècles passés les morts ajournés, se hâteront à la sen-
« tence générale ; si grand sera le bruit qui réveillera leur som-
« meil ! Alors dans l'assemblée des saints, tu jugeras les mé-
« chants, hommes et anges : convaincus, ils s'abîmeront sous
« ton arrêt. L'enfer, rempli de ses multitudes, sera fermé pour
« toujours. Cependant le monde sera consumé ; de ses cendres
« sortira un ciel nouveau, une nouvelle terre où les justes habi-
« teront. Après leurs longues tribulations, ils verront des jours
« d'or, fertiles en actions d'or, avec la joie et le triomphant
« amour et la vérité belle. Alors tu déposeras ton sceptre royal,
« car il n'y aura plus besoin de sceptre royal ; Dieu sera tout en
« tous. Mais vous, anges, adorez celui qui, pour accomplir tout
« cela, meurt ; adorez le Fils et honorez-le comme moi. »

Le Tout-Puissant n'eut pas plutôt cessé de parler, que la foule des anges (avec une acclamation forte comme celle d'une multitude sans nombre, douce comme provenant de voix saintes) fit éclater la joie : le ciel retentit de bénédictions, et d'éclatants *hosanna* remplirent les régions éternelles. Les anges révérencieusement s'inclinèrent devant les deux trônes, et avec une solennelle adoration, ils jetèrent sur le parvis leurs couronnes entremêlées d'or et d'amarante ; immortelle amarante ! Cette fleur commença jadis à s'épanouir près de l'arbre de vie, dans le paradis terrestre ; mais bientôt après le péché de l'homme, elle fut reportée au ciel où elle croissait d'abord : là elle croît encore ; elle fleurit en ombrageant la fontaine de Vie et les bords du fleuve de la Félicité, qui au milieu du ciel roule son onde d'ambre sur des fleurs élysiennes. Avec ces fleurs d'amarante jamais fanées, les esprits élus attachent leur resplendissante chevelure entrelacée de rayons.

Maintenant ces guirlandes détachées sont jetées éparses sur le pavé étincelant qui brillait comme une mer de jaspe, et souriait empourpré des roses célestes. Ensuite couronnés de nouveau, les anges saisissent leurs harpes d'or toujours accordées, et qui, brillantes à leur côté, étaient suspendues comme des carquois. Par le doux prélude d'une charmante symphonie, ils introduisent leur chant sacré et éveillent l'enthousiasme sublime. Aucune voix ne se tait; pas une voix qui ne puisse facilement se joindre à la mélodie, tant l'accord est parfait dans le ciel!

« Toi, ô Père, ils te chantèrent le premier, tout-puissant,
« immuable, immortel, infini, Roi éternel; toi, auteur de tous
« les êtres, fontaine de lumière; toi, invisible dans les glorieuses
« splendeurs où tu es assis sur un trône inaccessible, et même
« lorsque tu ombres la pleine effusion de tes rayons, et qu'à
« travers un nuage arrondi autour de toi comme un radieux
« tabernacle, les bords de tes vêtements, obscurcis par leur
« excessif éclat, apparaissent : cependant encore le ciel est
« ébloui, et les plus brillants séraphins ne s'approchent qu'en
« voilant leurs yeux de leurs deux ailes.

« Ils te chantèrent ensuite, ô toi, le premier de toute la créa-
« tion, Fils engendré, divine ressemblance sur le clair visage de
« qui brille le Père tout-puissant, sans nuage rendu visible, et
« qu'aucune créature ne pourrait autrement regarder ailleurs.
« En toi imprimée la splendeur de sa gloire habite; transfusé
« dans toi son vaste esprit réside. Par toi il créa le ciel des cieux
« et toutes les puissances qu'il renferme, et par toi il précipita
« les ambitieuses Dominations. Ce jour-là, tu n'épargnas point
« le terrible tonnerre de ton Père : tu n'arrêtas pas les roues de
« ton chariot flamboyant, qui ébranlaient la structure éternelle
« du ciel, tandis que tu passais sur le cou des anges rebelles dis-
« persés : revenu de la poursuite, tes saints, par d'immenses
« acclamations, t'exaltèrent, toi, unique Fils de la puisssance de
« ton Père, exécuteur de sa fière vengeance sur ses ennemis!
« Non pas de même sur l'homme!...... Tu ne condamnas pas
« avec tant de rigueur l'homme tombé par la malice des esprits
« rebelles, ô Père de grâce et de miséricorde; mais tu inclines
« beaucoup plus à la pitié. Ton cher et unique Fils n'eut pas
plutôt aperçu ta résolution de ne pas condamner avec tant de

« rigueur l'homme fragile, mais d'incliner beaucoup plus à la
« pitié, que pour apaiser ta colère, pour finir le combat entre la
« miséricorde et la justice, que l'on discernait sur ta face, ton
« Fils, sans égard à la félicité dont il jouissait assis près de toi,
« s'offrit lui-même à la mort, pour l'offense de l'homme. O
« amour sans exemple, amour qui ne pouvait être trouvé que
« dans l'amour divin! Salut, Fils de Dieu, Sauveur des hommes!
« Ton nom dorénavant sera l'ample matière de mon chant!
« Jamais ma harpe n'oubliera ta louange, ni ne la séparera de
« la louange de ton Père. »

Ainsi les anges dans le ciel, au-dessus de la sphère étoilée, passaient leurs heures fortunées dans la joie à chanter des hymnes. Cependant descendu sur le ferme et opaque globe de ce monde sphérique, Satan marche sur la première convexité qui, enveloppant les orbes inférieurs lumineux, les sépare du chaos et de l'invasion de l'antique nuit. De loin, cette convexité semblait un globe; de près elle semble un continent sans bornes, sombre, désolé et sauvage, exposé aux tristesses d'une nuit sans étoiles et aux orages toujours menaçants du chaos qui gronde alentour; ciel inclément, excepté du côté de la muraille du ciel quoique très-éloignée; là quelque petit reflet d'une clarté débile se glisse, moins tourmenté par la tempête mugissante.

Ici marchait à l'aise l'ennemi dans un champ spacieux. Quand un vautour, élevé par l'Immaüs (dont la chaîne neigeuse enferme le Tartare vagabond), quand ce vautour abandonne une région dépourvue de proie, pour se gorger de la chair des agneaux ou des chevreaux d'un an sur les collines qui nourrissent les troupeaux, il vole vers les sources du Gange ou de l'Hydaspe, fleuves de l'Inde; mais, dans son chemin, il s'abat sur les plaines arides de Séricane, où les Chinois conduisent, à l'aide du vent et des voiles, leurs légers chariots de roseaux : ainsi, sur cette mer de terre battue du vent, l'ennemi marchait seul çà et là, cherchant sa proie; seul, car de créature vivante ou sans vie, on n'en trouve aucune dans ce lieu, aucune encore; mais là, dans la suite, montèrent de la terre, comme une vapeur aérienne, toutes les choses vaines et transitoires, lorsque le péché eut rempli de vanité les œuvres des hommes.

Là volèrent à la fois et les choses vaines et ceux qui sur les choses vaines bâtissent leurs confiantes espérances de gloire, de renommée durable, ou de bonheur dans cette vie ou dans l'autre; tous ceux qui sur la terre ont leur récompense, fruit d'une pénible superstition ou d'un zèle aveugle, ne cherchant rien que les louanges des hommes, trouvent ici une rétribution convenable, vide comme leurs actions. Tous les ouvrages imparfaits des mains de la nature, les ouvrages avortés, monstrueux, bizarrement mélangés, après s'être dissous sur la terre, fuient ici, errent ici vainement jusqu'à la dissolution finale. Ils ne vont pas dans la lune voisine, comme quelques-uns l'ont rêvé : les habitants de ces champs d'argent sont plus vraisemblablement des saints transportés ou des esprits tenant le milieu entre l'ange et l'homme.

Ici arrivèrent d'abord de l'ancien monde, les enfants des fils et des filles mal assortis, ces géants avec leurs vains exploits quoique alors renommés : après eux arrivèrent les bâtisseurs de Babel dans la plaine de Sennaar, lesquels toujours remplis de leur vain projet bâtiraient encore s'ils savaient avec quoi de nouvelles Babels. D'autres vinrent un à un : celui qui pour être regardé comme un dieu, sauta de gaieté de cœur dans les flammes de l'Etna, Empédocles; celui qui pour jouir de l'Elysée de Platon, se jeta dans la mer, Cléombrote. Il serait trop long de dire les autres, les embryons, les idiots, les ermites, les moines blancs, noirs, gris, avec toutes leurs tromperies. Ici rôdent les pèlerins qui allèrent si loin chercher mort sur le Golgotha, celui qui vit dans le ciel; ici se retrouvent les hommes qui, pour être sûrs du paradis, mettent en mourant la robe d'un dominicain ou d'un franciscain, et s'imaginent entrer ainsi déguisés. Ils passent les sept planètes; ils passent les étoiles fixes, et cette sphère cristalline dont le balancement produit la trépidation dont on a tant parlé, et ils passent ce ciel qui le premier fut mis en mouvement. Déjà saint Pierre, au guichet du ciel, semble attendre les voyageurs avec ses clefs; maintenant au bas des degrés du ciel, ils lèvent le pied pour monter, mais regardez! Un vent violent et croisé, soufflant en travers de l'un et de l'autre côté, les jette à dix mille lieues à la renverse dans le vague de l'air. Alors vous pourriez voir capuchons, couvre-chefs, robes, avec ceux qui les portent, ballottés et déchirés en lambeaux; reliques, chapelets, indulgences, dispenses, pardons, bulles, jouets des vents. Tout cela pirouette en haut et vole au loin par-dessus le dos du monde, dans le limbe vaste et large, appelé depuis le *paradis des fous;* lieu qui dans la suite des temps a été inconnu à peu de personnes, mais qui alors n'était ni peuplé ni frayé.

L'ennemi, en passant, trouva ce globe ténébreux; il le parcourut longtemps, jusqu'à ce qu'enfin la lueur d'une lumière naissante attira en hâte de ce côté ses pas voyageurs. Il découvre au loin un grand édifice qui par des degrés magnifiques s'élève à la muraille du ciel. Au sommet de ces degrés apparaît, mais beaucoup plus riche, un ouvrage semblable à la porte d'un royal palais embelli d'un frontispice de diamants et d'or. Le portique brillait de perles orientales étincelantes, inimitables sur terre par aucun modèle ou par le pinceau. Les degrés étaient semblables à ceux sur lesquels Jacob vit monter et descendre des anges (cohorte de célestes gardiens), lorsque pour fuir Ésaü, allant à Padan-Aram, il rêva la nuit dans la campagne de Luza, sous le ciel ouvert, et s'écria en s'éveillant : « C'est ici la porte du ciel ! »

Chaque degré renfermait un mystère : cette échelle des degrés n'était pas toujours là; mais elle était quelquefois retirée invisible dans le ciel : au-dessous roulait une brillante mer de jaspe ou de perles liquides, sur laquelle ceux qui, dans la suite, vinrent de la terre, faisaient voile conduits par des anges, ou volaient au-dessus du lac, ravis dans un char que tiraient des coursiers de feu. Les degrés descendaient alors en bas, soit pour tenter l'ennemi par une ascension aisée, soit pour aggraver sa triste exclusion des portes de la béatitude.

Directement en face de ces portes et juste au-dessus de l'heureux séjour du paradis, s'ouvrait un passage à la terre ; passage large, beaucoup plus large que ne le fut dans la suite des temps celui qui, quoique spacieux, descendait sur le mont Sion et sur la terre promise, si chère à Dieu. Par ce chemin pour visiter les tribus heureuses, les anges porteurs des ordres suprêmes passaient et repassaient fréquemment : d'un œil de complaisance le Très-Haut regardait lui-même les tribus depuis Panéas, source des eaux du Jourdain, jusqu'à Bersabée, où la Terre-Sainte confine à l'Égypte et au rivage d'Arabie. Telle paraissait cette vaste ouverture où des limites étaient mises aux ténèbres, semblables aux bornes qui arrêtent le flot de l'océan. De là parvenu au degré inférieur de l'escalier, qui par des marches d'or monte à la porte du ciel, Satan regarde en bas : il est saisi d'étonnement à la vue soudaine de l'univers.

Quand un espion a marché toute une nuit avec péril, à travers des sentiers obscurs et déserts, au réveil de la réjouissante aurore, il gagne enfin le sommet de quelque colline haute et raide : inopinément à ses yeux se découvre l'agréable perspective d'une terre étrangère vue pour la première fois, ou d'une métropole fameuse ornée de pyramides et de tours étincelantes que le soleil levant dore de ses rayons : l'esprit malin fut frappé d'un pareil étonnement, quoiqu'il eût autrefois vu le ciel ; mais il éprouve beaucoup moins d'étonnement que d'envie, à l'aspect de tout ce monde qui paraît si beau.

Il regardait l'espace tout à l'entour (et il le pouvait facilement étant placé si haut au-dessus du pavillon circulaire de l'ombre vaste de la nuit), depuis le point oriental de la Balance jusqu'à l'étoile laineuse qui porte Andromède loin des mers atlantiques au-delà de l'horizon ; ensuite il regarde en largeur d'un pôle à l'autre, et, sans plus tarder, droit en bas dans la première région du monde il jette son vol précipité. Il suit avec aisance, à travers le pur marbré de l'air, sa route oblique parmi d'innombrables étoiles, qui de loin brillaient comme des astres, mais qui de près semblaient d'autres mondes ; ce sont d'autres mondes ou des îles de bonheur, comme ces jardins des Hespérides renommés dans l'antiquité : champs fortunés, bocages, vallées fleuries, îles trois fois heureuses! Mais qui habitait là heureux? Satan ne s'arrêta pas pour s'en enquérir.

Au-dessus de toutes les étoiles, le soleil d'or, égal au ciel en splendeur, attire ses regards : vers cet astre il dirige sa course dans le calme firmament; mais si ce fut par le haut ou par le bas, par le centre ou par l'excentrique ou par la longitude, c'est ce qu'il serait difficile de dire. Il s'avance au lieu d'où le grand luminaire dispense de loin la clarté aux nombreuses et vulgaires contellations, qui se tiennent à une distance convenable de l'œil de leur seigneur. Dans leur marche elles forment leur danse étoilée en nombres qui mesurent les jours, les mois et les ans; elles se pressent d'accomplir leurs mouvements variés vers son vivifiant flambeau, ou bien elles sont tournées par son rayon magnétique qui échauffe doucement l'univers, et qui dans toute partie intérieure avec une bénigne pénétration, quoique non aperçu darde une invisible vertu jusqu'au fond de l'abîme; tant fut merveilleusement placée sa station brillante.

Là aborde l'ennemi : une pareille tache n'a peut-être jamais été aperçue de l'astronome, à l'aide de son verre optique, dans l'orbe luisant du soleil. Satan trouva ce lieu éclatant au-delà de toute expression, comparé à quoi que ce soit sur la terre, métal ou pierre. Toutes les parties n'étaient pas semblables, mais toutes étaient également pénétrées d'une lumière rayonnante, comme le fer ardent l'est du feu : métal, partie semblait d'or, partie d'argent fin; pierre, partie paraissait escarboucle ou chrysolithe, partie rubis ou topaze, tels qu'aux douze pierres qui brillaient sur le pectoral d'Aaron : ou c'est encore la pierre souvent imaginée plutôt que vue; pierre que les philosophes ici-bas ont en vain si longtemps cherchée, quoique par leur art puissant, ils fixent le volatil Hermès, évoquent de la mer sous ses différentes figures le vieux Protée réduit à travers un alambic à sa forme primitive.

Quelle merveille y a-t-il donc si ces champs, si ces régions exhalent un élixir pur, si les rivières roulent l'or potable, quand par la vertu d'un seul toucher le grand alchimiste, le soleil (tant éloigné de nous) produit, mêlées avec les humeurs terrestres, ici dans l'obscurité, tant de précieuses choses de couleurs si vives, et d'effets si rares!

Ici le démon, sans être ébloui, rencontre de nouveaux sujets d'admirer; son œil commande au loin, car la vue ne rencontre ici ni obstacle, ni ombre, mais tout est soleil : ainsi quand à midi ses rayons culminants tombent du haut de l'équateur, comme alors ils sont dardés perpendiculaires, sur aucun lieu à l'entour l'ombre d'un corps opaque ne peut descendre.

Un air qui n'est nulle part aussi limpide, rendait le regard de Satan plus perçant pour les objets éloignés : il découvre bientôt, à portée de la vue, un ange glorieux qui se tenait debout, le même ange que saint Jean vit aussi dans le soleil. Il avait le dos tourné, mais sa gloire n'était point cachée. Une tiare d'or des rayons du soleil couronnait sa tête; non moins brillante, sa chevelure sur ses épaules où s'attachent des ailes, flottait ondoyante : il semblait occupé de quelque grande fonction, ou plongé dans une méditation profonde. L'esprit impur fut joyeux, dans l'espoir de trouver à présent un guide qui pût diriger son vol errant au paradis terrestre; séjour heureux de l'homme, fin du voyage de Satan et où commencèrent nos maux.

Mais d'abord l'ennemi songe à changer sa propre forme qui pourrait autrement lui susciter péril ou retard; soudain il devient un adolescent chérubin, non de ceux du premier ordre, mais cependant tel que sur son visage souriait une céleste jeunesse, et que sur tous ses membres était répandue une grâce convenable, tant il sait bien feindre! Sous une petite couronne ses cheveux roulés en boucles se jouaient sur ses deux joues; il portait des ailes dont les plumes de diverses couleurs étaient semées de paillettes d'or; son habit court était fait pour une marche rapide, et il tenait devant ses pas pleins de décence une baguette d'argent.

Il ne s'approcha pas sans être entendu; comme il avançait,

l'ange brillant, averti par son oreille, tourna son visage radieux : il fut reconnu sur-le-champ pour l'archange Uriel, l'un des sept qui, en présence de Dieu et les plus voisins de son trône, se tiennent prêts à son commandement. Ces sept archanges sont les yeux de l'Éternel; ils parcourent tous les cieux, ou en bas à ce globe ils portent ses prompts messages sur l'humide et sur le sec, sur la terre et sur la mer. Satan aborde Uriel et lui dit :

« Uriel, toi qui, des sept esprits glorieusement brillants qui
« se tiennent debout devant le trône élevé de Dieu, es accou-
« tumé, interprète de sa grande volonté, à la transmettre le pre-
« mier au plus haut ciel où tous ses fils attendent ton ambas-
« sade ! ici sans doute, par décret suprême, tu obtiens le même
« honneur, et comme un des yeux de l'Éternel, tu visites sou-
« vent cette nouvelle création. Un désir indicible de voir et de
« connaître les étonnants ouvrages de Dieu, mais particulière-
« ment l'homme, objet principal de ses délices et de sa faveur,
« l'homme pour qui il a ordonné tous ces ouvrages si merveil-
« leux; ce désir m'a fait quitter les chœurs de chérubins, errant
« seul ici. O le plus brillant des séraphins, dis dans lequel de ces
« deux orbres l'homme a sa résidence fixée, ou si, n'ayant au-
« cune demeure fixe, il peut habiter à son choix tous ces orbes
« éclatants; dis-moi où je puis trouver, où je puis contempler,
« avec un secret étonnement, ou avec une admiration ouverte,
« celui à qui le Créateur a prodigué des mondes, et sur qui il a
« répandu toutes ces grâces. Tous deux ensuite et dans l'homme
« et dans toutes ces choses, nous pourrons, comme il convient,
« louer le Créateur qui a justement précipité au plus profond de
« l'enfer ses ennemis rebelles, et qui, pour réparer cette perte,
« a créé cette nouvelle et heureuse race d'hommes pour le mieux
« servir, sages sont toutes ses voies ! »

Ainsi parla le faux dissimulateur sans être reconnu, car ni l'homme ni l'ange ne peuvent discerner l'hypocrisie : c'est le seul mal qui dans le ciel et sur la terre marche invisible, excepté à Dieu et par la permision de Dieu : souvent, quoique la Sagesse veille, le Soupçon dort à la porte de la Sagesse et résigne sa charge à la Simplicité : la Bonté ne pense point au mal, là où il ne semble pas y avoir de mal. Ce fut cela qui cette fois trompa Uriel, bien que régent du soleil et regardé comme l'esprit des cieux dont la vue est la plus perçante. A l'impur et perfide imposteur, il répondit dans sa sincérité :

« Bel ange, ton désir qui tend à connaître les œuvres de Dieu,
« afin de glorifier par là le grand Ouvrier, ne conduit à aucun
« excès qui encoure le blâme; au contraire, plus ce désir paraît
« excessif, plus il mérite de louanges, puisqu'il t'amène seul ici
« de ta demeure empyrée, pour t'assurer par le témoignage de
« tes yeux de ce que peut-être quelques-uns se sont contentés
« d'entendre seulement raconter dans le ciel. Car merveilleux,
« en vérité, sont les ouvrages du Très-Haut, charmants à con-
« naître, et tous dignes d'être à jamais gardés avec délices dans
« la mémoire ! Quel esprit créé pourrait en calculer le nombre,
« ou comprendre la sagesse infinie qui les enfanta, mais qui en
« cacha les causes profondes ?

« Je le vis, quand, à sa parole, la masse informe, moule maté-
« riel de ce monde, se réunit en monceau, la Confusion entendit
« sa voix, le farouche Tumulte se soumit à des règles, le vaste
« Infini demeura limité.

« A sa seconde parole, les ténèbres fuirent, la lumière brilla,
« l'ordre naquit du désordre. Rapides à leurs différentes places
« se hâtèrent les éléments grossiers, la terre, l'eau, l'air, le feu :
« la quintessence éthérée du ciel s'envola en haut; animée sous
« différentes formes, elle roula orbiculaire et se convertit en
« étoiles sans nombre, comme tu le vois : selon leur motion
« chacune eut sa place assignée, chacune sa course; le reste en
« circuit mure l'univers.

« Regarde en bas ce globe, dont ce côté brille de la lumière
« réfléchie qu'il reçoit d'ici : ce lieu est la terre, séjour de
« l'homme. Cette lumière est le jour de la terre, sans quoi la
« nuit envahirait cette moitié du globe terrestre comme l'autre
« hémisphère. Mais la lune voisine (ainsi est appelée cette belle
« planète opposée) interpose à propos son secours : elle trace

« son cercle d'un mois, toujours finissant, toujours renouvelant
« au milieu du soleil, par une lumière empruntée, sa face tri-
« forme. De cette lumière elle se remplit et elle se vide tour à
« tour pour éclairer la terre ; sa pâle domination arrête la nuit.
« Cette tache que je te montre est le paradis, demeure d'Adam;
« ce grand ombrage est son berceau : tu ne peux manquer ta
« route; la mienne me réclame. »

Il dit et se retourna. Satan s'inclinant profondément devant un esprit supérieur, comme c'est l'usage dans le ciel où personne ne néglige de rendre le respect et les honneurs qui sont dus, prend congé : vers la côte de la terre au-dessous, il se jette en bas de l'écliptique : rendu plus agile par l'espoir du succès, il précipite son vol perpendiculaire en tournant comme une roue aérienne; il ne s'arrêta qu'au moment où sur le sommet du Niphates il s'abattit.

LIVRE QUATRIÈME

ARGUMENT

Satan, à la vue d'Éden et près du lieu où il doit tenter l'entreprise hardie qu'il a seul projetée contre Dieu et contre l'homme, flotte dans le doute et est agité de plusieurs passions, la frayeur, l'envie et le désespoir. Mais enfin il se confirme dans le mal; il s'avance vers le paradis, dont l'aspect extérieur et la situation sont décrits. Il en franchit les limites; il se repose, sous la forme d'un cormoran, sur l'arbre de vie, comme le plus haut du jardin, pour regarder autour de lui. Description du jardin; première vue d'Adam et d'Ève par Satan; son étonnement à l'excellence de leur forme et à leur heureux état; sa résolution de travailler à leur chute. Il entend leurs discours; il apprend qu'il leur est defendu sous peine de mort de manger du fruit de l'arbre de science : il projette de fonder là-dessus sa tentation en leur persuadant de transgresser l'ordre : il les laisse quelque temps pour en apprendre davantage sur leur état par quelque autre moyen. Cependant Uriel descendant sur un rayon de soleil, avertit Gabriel (qui avait sous sa garde la porte du paradis) que quelque mauvais esprit s'est échappé de l'abîme, qu'il a passé à midi par la sphère du soleil sous la forme d'un bon ange, qu'il est descendu au paradis et s'est trahi après par ses gestes furieux sur la montagne : Gabriel promet de le trouver avant le matin. La nuit venant, Adam et Ève parlent d'aller à leur repos. Leur bosquet décrit; leur prière du soir. Gabriel faisant sortir ses escadrons de veilles de nuit pour faire la ronde dans le paradis, détache deux forts anges vers le berceau d'Adam, de peur que le malin esprit ne fût là faisant du mal à Adam et Ève endormis. Là ils trouvent Satan à l'oreille d'Ève, occupé à la tenter dans un songe, et ils l'amènent, quoiqu'il ne le voulût pas, à Gabriel. Questionné par celui-ci, il répond dédaigneusement, se prépare à la résistance; mais empêché par un signe du ciel, il fuit hors du paradis.

Oh! que ne se fit-elle entendre, cette voix admonitrice dont l'apôtre qui vit l'Apocalypse fut frappé quand le dragon, mis dans une seconde déroute, accourut furieux pour se venger sur les hommes; voix qui criait avec force dans le ciel : *Malheur aux habitants de la terre!* Alors, tandis qu'il en était temps, nos premiers parents eussent été avertis de la venue de leur secret ennemi ; ils eussent peut-être ainsi échappé à son piége mortel. Car à présent Satan, à présent enflammé de rage, descendit pour la première fois sur la terre ; tentateur avant d'être accusateur du genre humain, il vint pour faire porter la peine de sa première bataille perdue, et de sa fuite dans l'enfer, à l'homme innocent et fragile. Toutefois, quoique téméraire et sans frayeur, il ne se réjouit pas dans sa vitesse ; il n'a point de sujet de s'enorgueillir en commençant son affreuse entreprise. Son dessein, maintenant près d'éclore, roule et bouillonne dans son sein tumultueux, et comme une machine infernale, il recule sur lui-même.

L'horreur et le doute déchirent les pensées troublées de Satan, et jusqu'au fond soulèvent l'enfer au dedans de lui ; car il porte l'enfer en lui et autour de lui ; il ne peut pas plus fuir lui-même en changeant de place. La conscience éveille le désespoir qui sommeillait, éveille dans l'archange le souvenir amer de ce qu'il fut, de ce qu'il est, et de ce qu'il doit être : de pires actions doivent amener de plus grands supplices. Quelquefois sur Éden, qui maintenant se déploie agréable à sa vue, il attache tristement son regard malheureux ; quelquefois il le fixe sur le ciel et le soleil, resplendissant alors dans sa haute tour du midi. Après avoir tout repassé dans son esprit, il s'exprima de la sorte avec des soupirs :

« O toi qui, couronné d'une gloire incomparable, regardes du
« haut de ton empire solitaire comme le Dieu de ce monde nou-
« veau ! toi, à la vue duquel toutes les étoiles cachent leurs têtes
« amoindries ; je crie vers toi, mais non avec une voix amie ;
« je ne prononce ton nom, ô soleil, que pour te dire combien je
« hais tes rayons ! Ils me rappellent l'état dont je suis tombé et
« combien autrefois je m'élevais glorieux au-dessus de ta sphère.

« L'orgueil et l'ambition m'ont précipité : j'ai fait la guerre
« dans le ciel au Roi du ciel, qui n'a point d'égal. Ah ! pour-
« quoi ? il ne méritait pas de moi un pareil retour, lui qui m'a-
« vait créé ce que j'étais dans un rang éminent ; il ne me repro-
« chait aucun de ses bienfaits ; son service n'avait rien de rude.

« Que pouvais-je faire de moins que de lui offrir des louanges,
« hommage si facile ! que de lui rendre des actions de grâces ?
« combien elles lui étaient dues ! Cependant toute sa bonté n'a
« opéré en moi que le mal, n'a produit que la malice. Élevé si
« haut, j'ai dédaigné la sujétion ; j'ai pensé qu'un degré plus
« haut je deviendrais le Très-Haut ; que dans un moment j'ac-
« quitterais la dette immense d'une reconnaissance éternelle,
« dette si lourde ; toujours payer, toujours devoir. J'oubliai ce
« que je recevais toujours de lui ; je ne compris pas qu'un es-
« prit reconnaissant en devant ne doit pas, mais qu'il paye sans
« cesse, à la fois endetté et acquitté. Était-ce donc là un fardeau ?
« Oh ! que son puissant destin ne me créa-t-il un ange inférieur !
« je serais encore heureux ; une espérance sans bornes n'eût pas
« fait naître l'ambition. Cependant, pourquoi non ? quelque au-
« tre pouvoir aussi grand aurait pu aspirer au trône et m'aurait,
« malgré mon peu de valeur, entraîné dans son parti. Mais d'au-
« tres pouvoirs aussi grands ne sont pas tombés ; ils sont restés
« inébranlables, armés au dedans et au dehors contre toute ten-
« tation. N'avais-tu pas la même volonté libre et la même force
« pour résister ? Tu l'avais ; qui donc et quoi donc pourrais-tu
« accuser, si ce n'est le libre amour du ciel qui agit également
« envers tous ?

« Qu'il soit donc maudit cet amour, puisque l'amour ou la
« haine, pour moi semblables, m'apportent l'éternel malheur !
« Non ! sois maudit toi-même, puisque par ta volonté contraire
« à celle de Dieu, tu as choisi librement ce dont tu te repens si
« justement aujourd'hui !

« Ah ! moi, misérable ! par quel chemin fuir la colère infinie
« et l'infini désespoir ? Par quelque chemin que je fuie, il abou-
« tit à l'enfer ; moi-même je suis l'enfer ; dans l'abîme le plus pro-
« fond est au dedans de moi un plus profond abîme qui, large ou-
« vert, menace sans cesse de me dévorer ; auprès de ce gouffre,
« l'enfer où je souffre semble le ciel.

« Oh ! ralentis tes coups ! n'est-il aucune place laissée au re-
« pentir, aucune à la miséricorde ? aucune, il faut la soumis-

« sion. Ce mot, l'orgueil et ma crainte de la honte aux yeux des
« esprits de dessous me l'interdisent ; je les séduisis avec d'au-
« tres promesses, avec d'autres assurances que des assurances de
« soumission, me vantant de subjuguer le Tout-Puissant ! Ah !
« malheureux que je suis ! ils savent peu combien chèrement je
« paye cette jactance si vaine, sous quels tourments intérieure-
« ment je gémis, tandis qu'ils m'adorent sur le trône de l'enfer !
« Le plus élevé avec le sceptre et le diadème, je suis tombé le
« plus bas, seulement supérieur en misères ! telle est la joie que
« trouve l'ambition.

« Mais supposé qu'il soit possible que je me repente, que j'ob-
« tienne par un acte de grâce mon premier état, ah ! la hauteur
« du rang ferait bientôt renaître la hauteur des pensées : combien
« serait rétracté vite ce qu'une feinte soumission aurait juré !
« L'allégement du mal désavouerait comme nuls, et arrachés
« par la violence, des vœux prononcés dans la douleur. Jamais
« une vraie réconciliation ne peut naître là où les blessures
« d'une haine mortelle ont pénétré si profondément. Cela ne
« me conduirait qu'à une pire infidélité, et à une chute plus
« pesante. J'achèterais cher une courte intermission payée d'un
« double supplice. Il le sait celui qui me punit ; il est aussi loin
« de m'accorder la paix que je suis loin de la mendier. Tout
« espoir exclus, voici qu'au lieu de nous rejetés, exilés, il a créé
« l'homme, son nouveau délice, et pour l'homme ce monde.
« Ainsi, adieu espérance, et avec l'espérance, adieu crainte, adieu
« remords. Tout bien est perdu pour moi. Mal, sois mon bien :
« par toi au moins je tiendrai l'empire divisé entre moi et le
« Roi du ciel ; par toi je régnerai peut-être sur plus d'une moi-
« tié de l'univers, ainsi que l'homme et ce monde nouveau l'ap-
« prendront en peu de temps. »

Tandis qu'il parlait de la sorte, chaque passion obscurcissait
son visage trois fois changé par la pâle colère, l'envie et le désespoir, passions qui défiguraient son visage emprunté, et auraient
trahi son déguisement si quelque œil l'eût aperçu, car les esprits
célestes sont toujours exempts de ces honteux désordres. Satan

s'en ressouvint bientôt et couvrit ses perturbations d'un dehors de calme : artisan de fraude, ce fut lui qui le premier pratiqua la fausseté sous une apparence sainte, afin de cacher sa profonde malice renfermée dans la vengeance. Toutefois il n'est pas encore assez exercé dans son art pour tromper Uriel une fois prévenu : l'œil de cet archange l'avait suivi dans la route qu'il avait prise ; il le vit sur le mont Assyrien plus défiguré qu'il ne pouvait convenir à un esprit bienheureux ; il remarqua ses gestes furieux, sa contenance égarée alors qu'il se croyait seul, non observé, non aperçu.

Satan poursuit sa route et approche de la limite d'Éden. Le délicieux paradis, maintenant plus près, couronne de son vert enclos, comme d'un boulevard champêtre, le sommet applati d'une solitude escarpée ; les flancs hirsutes de ce désert, hérissés d'un buisson épais, capricieux et sauvage, défendent tout abord. Sur sa cime croissaient à une insurmontable hauteur les plus hautes futaies de cèdres, de pins, de sapins, de palmiers, scène sylvaine ; et comme leurs rangs superposent ombrages sur ombrages, ils forment un théâtre de forêts de l'aspect le plus majestueux. Cependant, plus haut encore que leurs cimes, montait la muraille verdoyante du paradis : elle ouvrait à notre premier père une vaste perspective sur les contrées environnantes de son empire.

Et plus haut que cette muraille, qui s'étendait circulairement au-dessous de lui, apparaissait un cercle des arbres les meilleurs et chargés des plus beaux fruits. Les fleurs et les fruits dorés formaient un riche émail de couleurs mêlées : le soleil y imprimait ses rayons avec plus de plaisir que dans un beau nuage du soir, ou dans l'arc humide, lorsque Dieu arrose la terre.

Ainsi charmant était ce paysage. A mesure que Satan s'en approche, il passe d'un air pur dans un air plus pur qui inspire au cœur des délices et des joies printanières, capables de chasser toute tristesse, hors celle du désespoir. De douces brises, secouant leurs ailes odoriférantes, dispensaient des parfums naturels, et révélaient les lieux auxquels elles dérobèrent ces dépouilles embaumées. Comme aux matelots qui ont cinglé au delà du cap de

Bonne-Espérance, et ont déjà passé Mosambique, les vents du nord-est apportent, loin en mer, les parfums de Saba du rivage aromatique de l'Arabie-Heureuse ; charmés du retard, ces navigateurs ralentissent encore leur course ; et, pendant plusieurs lieues, réjoui par la senteur agréable, le vieil Océan sourit : ainsi ces suaves émanations accueillent l'ennemi qui venait les empoisonner. Il en était plus satisfait que ne le fut Asmodée de la fumée du poison qui le chassa, quoique amoureux, d'auprès de l'épouse de Tobie ; la vengeance le força de fuir de la Médie jusqu'en Égypte, où il fut fortement enchaîné.

Pensif et avec lenteur, Satan a gravi le flanc de la colline sauvage et escarpée ; mais bientôt il ne trouve plus de route pour aller plus loin ; tant les épines entrelacées comme une haie continue, et l'exubérance des buissons, ferment toute issue à l'homme ou à la bête qui prend ce chemin. Le paradis n'avait qu'une porte, et elle regardait l'orient du côté opposé ; ce que l'archifélon ayant vu, il dédaigna l'entrée véritable ; par mépris, d'un seul bond léger il franchit toute l'enceinte de la colline et de la plus haute muraille, et tombe en dedans sur ses pieds.

Comme un loup rôdant, contraint par la faim de chercher de nouvelles traces d'une proie, guette le lieu où les pasteurs ont enfermé leurs troupeaux dans des parcs en sûreté, le soir au milieu des champs ; il saute facilement par-dessus les claies, dans la bergerie : ou comme un voleur âpre à débarrasser de son trésor un riche citadin dont les portes épaisses, barrées et verrouillées, ne redoutent aucun assaut, il grimpe aux fenêtres ou sur les toits : ainsi le premier grand voleur escalade le bercail de Dieu, ainsi depuis escaladèrent son Église les impurs mercenaires.

Satan s'envola, et sur l'arbre de vie (l'arbre du milieu et l'arbre le plus haut du paradis) il se posa semblable à un cormoran. Il n'y regagna pas la véritable vie, mais il médita la mort de ceux qui vivaient ; il ne pensa point à la vertu de l'arbre qui donne la vie, et dont le bon usage eût été le gage de l'immortalité ; mais il se servit seulement de cet arbre pour étendre sa vue au loin; tant il est vrai que nul ne connaît, Dieu seul excepté, la juste valeur du bien présent; mais on pervertit les meilleures choses par le plus lâche abus, ou par le plus vil usage.

Au-dessous de lui, avec une nouvelle surprise, dans un étroit espace, il voit renfermée pour les délices des sens de l'homme, toute la richesse de la nature, ou plutôt il voit un ciel sur la terre; car ce bienheureux paradis était le jardin de Dieu, par lui-même planté à l'orient d'Éden. Éden s'étendait à l'est depuis Auran jusqu'aux tours royales de la Grande-Séleucie, bâtie par les rois grecs, ou jusqu'au lieu où les fils d'Eden habitèrent longtemps auparavant, en Telassar. Sur ce sol agréable, Dieu traça son plus charmant jardin; il fit sortir de la terre féconde les arbres de la plus noble espèce pour la vue, l'odorat et le goût. Au milieu d'eux était l'arbre de vie, haut, élevé, épanouissant son fruit d'ambroisie d'or végétal. Tout près de la vie, notre mort, l'arbre de la science, croissait; science du bien acheté cher par la connaissance du mal.

Au midi, à travers Éden passait un large fleuve; il ne changeait point de cours, mais sous la montagne raboteuse il se perdait engouffré : Dieu avait jeté cette montagne comme le sol de son jardin élevé sur le rapide courant. L'onde, à travers les veines de la terre poreuse qui l'attirait en haut par une douce soif, jaillissait fraîche fontaine, et arrosait le jardin d'une multitude de ruisseaux. De là, ces ruisseaux réunis tombaient d'une clairière escarpée et rencontraient au-dessous le fleuve qui ressortait de son obscur passage : alors divisé en quatre branches principales, il prenait des routes diverses, errant par des pays et des royaumes fameux, dont il est inutile ici de parler.

Disons plutôt, si l'art le peut dire, comment de cette fontaine de saphir les ruisseaux tortueux roulent sur des perles orientales et des sables d'or; comment, en sinueuses erreurs sous les ombrages abaissés, ils épandent le nectar, visitent chaque plante, et nourrissent des fleurs dignes du paradis. Un art raffiné n'a point arrangé ces fleurs en couches, ou en bouquet curieux; mais la nature libérale les a versées avec profusion sur la colline, dans le vallon, dans la plaine, là où le soleil du matin échauffe d'abord la campagne ouverte, et là où le feuillage impénétrable rembrunit à midi les bosquets.

Tel était ce lieu; asile heureux et champêtre d'un aspect varié, bosquets dont les arbres riches pleurent des larmes de baumes et de gommes parfumées; bocages dont le fruit, d'une écorce d'or poli, se suspend aimable et d'un goût délicieux; fables vraies de l'Hespérie si elles sont vraies, c'est seulement ici. Entre ces bosquets sont interposés des clairières, des pelouses rases, des troupeaux paissant l'herbe tendre; ou bien des monticules plantés de palmiers s'élèvent; le giron fleuri de quelque vallon arrosé déploie ses trésors; fleurs de toutes couleurs, et la rose sans épines.

D'un autre côté sont des antres et des grottes ombragées qui servent de fraîches retraites; la vigne, les enveloppant de son manteau, étale ses grappes de pourpre, et rampe élégamment opulente. En même temps des eaux sonores tombent de la déclivité des collines; elles se dispersent, ou dans un lac qui étend son miroir de cristal à un rivage dentelé et couronné de myrtes, elles unissent leur cours. Les oiseaux s'appliquent à leur chœur; des brises, de printanières brises, soufflant les parfums des champs et des bocages, accordent à l'unisson les feuilles tremblantes, tandis que l'universel Pan, dansant avec les Grâces et les Heures, conduit un printemps éternel. Ni la charmante campagne d'Enna, où Proserpine cueillant des fleurs, elle-même fleur plus belle, fut cueillie par le sombre Pluton (Cérès, dans sa peine, la chercha par toute la terre); ni l'agréable bois de Daphné, près l'Oronte, ni la source inspirée de Castalie, ne peuvent se comparer au paradis d'Éden; encore moins l'île Nisée qu'entoure le fleuve Triton, où le vieux Cham (appelé Ammon par les Gentils, et Jupiter Lydien) cacha Amalthée et son fils florissant, le jeune Bacchus, des yeux de Rhéa sa marâtre. Le mont Amar où les rois d'Abyssinie gardent leurs enfants (quoique supposé par quelques-uns le véritable paradis); ce mont, sous la ligne Éthiopique, près de la source du Nil, entouré d'un roc brillant que l'on met tout un jour à monter, est loin d'approcher du jardin d'Assyrie, où l'ennemi vit sans plaisir tous les plaisirs, toutes les créatures vivantes, nouvelles et étranges à la vue.

Deux d'entre elles, d'une forme bien plus noble, d'une stature droite et élevée, droite comme celle des dieux, vêtues de leur dignité native dans une majesté nue, paraissent les seigneurs de tout, et semblaient dignes de l'être. Dans leurs regards divins brillait l'image de leur glorieux auteur, avec la raison, la sagesse, la sainteté sévère et pure; sévère, mais placée dans cette véritable liberté filiale qui fait la véritable autorité dans les hommes. Ces deux créatures ne sont pas égales, de même que leurs sexes ne sont pas pareils : Lui formé pour la comtemplation et le courage; Elle pour la mollesse et la grâce séduisante; Lui pour Dieu seulement; Elle pour Dieu en Lui. Le beau et large front de l'homme et son œil sublime annoncent la suprême puissance; ses cheveux d'hyacinthe, partagés sur le devant, pendent en grappe d'une manière mâle, mais non au-dessous de ses fortes épaules. La femme porte comme un voile sa chevelure d'or qui descend éparse et sans ornement jusqu'à sa fine ceinture, se roule en capricieux anneaux, comme la vigne replie ses attaches; symbole de la dépendance, mais d'une dépendance demandée avec une douce autorité, par la femme accordée, par l'homme mieux reçue; accordée avec une soumission contenue, un décent orgueil, une tendre résistance, un amoureux délai. Aucune partie mystérieuse de leurs corps n'était alors cachée; alors la honte coupable n'existait point : honte déshonnête des ouvrages de la nature, honneur déshonorable, enfant du péché, combien avez-vous troublé la race humaine avec des apparences, de pures apparences de pureté! Vous avez banni de la vie de l'homme sa plus heureuse vie, la simplicité et l'innocence sans tache!

Ainsi passait le couple nu; il n'évitait ni la vue de Dieu, ni celle des anges, car il ne songeait point au mal; ainsi passait, en se tenant par la main, le plus beau couple qui depuis s'unit jamais dans les embrassements de l'Amour : Adam le meilleur des hommes qui furent ses fils; Ève, la plus belle des femmes qui naquirent ses filles.

Sous un bouquet d'ombrage, qui murmure doucement sur un gazon vert, ils s'assirent au bord d'une limpide fontaine. Ils ne s'étaient fatigués au labeur de leur riant jardinage, qu'autant qu'il le fallait pour rendre le frais zéphyr plus agréable, le repos plus paisible, la soif et la faim plus salutaires. Ils cueillirent les fruits de leur repas du soir; fruits délectables que cédaient les branches complaisantes, tandis qu'ils reposaient inclinés sur le mol duvet d'une couche damassée de fleurs. Ils suçaient des pulpes savoureuses, et à mesure qu'ils avaient soif, ils buvaient dans l'écorce des fruits l'eau débordante.

A ce festin ne manquaient ni les doux propos, ni les tendres sourires, ni les jeunes caresses naturelles à des époux si beaux, enchaînés par l'heureux lien nuptial, et qui étaient seuls. Autour d'eux folâtraient les animaux de la terre, depuis devenus sauvages, et que l'on chasse dans les bois ou dans les déserts, dans les forêts ou dans les cavernes. Le lion en jouant se cabrait, et dans ses griffes berçait le chevreau; les ours, les tigres, les léopards, les panthères gambadaient devant eux; l'informe éléphant, pour les amuser, employait toute sa puissance, et contournait sa trompe flexible; le serpent rusé, s'insinuant tout auprès, entrelaçait en nœud gordien sa queue repliée, et donnait de sa fatale astuce une preuve non comprise. D'autres animaux couchés sur le gazon et rassasiés de pâture, regardaient au hasard, ou ruminaient à moitié endormis. Le soleil baissé hâtait sa carrière inclinée vers les îles de l'Océan, et dans l'échelle ascendante du ciel, les étoiles qui introduisent la nuit se levaient. Le triste Satan, encore dans l'étonnement où il avait été d'abord, put à peine recouvrer sa parole faillie.

« O enfer! qu'est-ce que mes yeux voient avec douleur? à
« notre place et si haut dans le bonheur sont élevées des créa-
« tures d'une autre substance, nées de la terre peut-être et non

« purs esprits, cependant peu inférieurs aux brillants esprits, cé-
« lestes. Mes pensées s'attachent à elles avec suprise; je pourrais
« les aimer, tant la divine ressemblance éclate vivement en elles,
« et tant la main qui les pétrit a répandu de grâces sur leur forme!
« Ah! couple charmant, vous ne vous doutez guère combien
« votre changement approche; toutes vos délices vont s'éva-
« nouir et vous livrer au malheur : malheur d'autant plus
« grand que vous goûtez maintenant plus de joie! Couple heu-
« reux! mais trop mal gardé pour continuer longtemps d'être
« si heureux : ce séjour élevé, votre ciel est mal fortifié pour
« un ciel, et pour forclore un ennemi tel que celui qui main-
« tenant y est entré : non que je sois votre ennemi décidé; je
« pourrais avoir pitié de vous ainsi abandonnés, bien que de
« moi on n'ait pas eu pitié.

« Je cherche à contracter avec vous une alliance, une amitié
« mutuelle, si étroite, si resserrée, qu'à l'avenir j'habite avec
« vous ou que vous habitiez avec moi. Ma demeure ne plaira
« peut-être pas à vos sens autant que ce beau paradis; cepen-
« dant telle qu'elle est, acceptez-la; c'est l'ouvrage de votre
« Créateur, il me donna ce qu'à mon tour libéralement je
« donne. L'enfer, pour vous recevoir tous les deux, ouvrira ses
« plus larges portes, et enverra au-devant de vous tous ses rois.
« Là vous aurez la place que vous n'auriez pas dans ces en-
« ceintes étroites, pour loger votre nombreuse postérité. Si le
« lieu n'est pas meilleur, remerciez celui qui m'oblige, malgré
« ma répugnance, à me venger sur vous qui ne m'avez fait
« aucun tort, de lui qui m'outragea. Et quand je m'attendri-
« rais à votre inoffensive innocence (comme je le fais), une
« juste raison publique, l'honneur, l'empire que ma vengeance
« agrandira par la conquête de ce nouveau monde, me con-
« traindraient à présent de faire ce que sans cela j'abhorrerais,
« tout damné que je suis. »

Ainsi s'exprima l'ennemi, et par la nécessité (prétexte des ty-
rans) excusa son projet diabolique.

De sa haute station sur le grand arbre, il s'abattit parmi le troupeau folâtre des quadrupèdes : lui-même devenu tantôt l'un d'entre eux, tantôt l'autre, selon que leur forme sert mieux son dessein. Il voit de plus près sa proie ; il épie, sans être découvert, ce qu'il peut apprendre encore de l'état des deux époux par leurs paroles ou par leurs actions. Il marche autour d'eux, lion à l'œil étincelant ; il les suit comme un tigre, lequel a découvert par hasard deux jolis faons, jouant à la lisière d'une forêt : la bête cruelle se rase, se relève, change souvent la couche de son guet : comme un ennemi il choisit le terrain d'où s'élançant, il puisse saisir plus sûrement les deux jeunes faons chacun dans une de ses griffes. Adam, le premier des hommes, adressant ce discours à Ève, la première des femmes, rendit Satan tout oreille, pour entendre couler les paroles d'une langue nouvelle.

« Unique compagne qui seule partages avec moi tous ces plai-
« sirs et qui m'es plus chère que tout, il faut que le pouvoir qui
« nous a faits, et qui a fait pour nous ce vaste monde, soit infi-
« niment bon, et qu'il soit aussi généreux qu'il est bon et aussi
« libre dans sa bonté qu'il est infini. Il nous a tirés de la pous-
« sière et placés ici dans toute cette félicité, nous qui n'avons rien
« mérité de sa main, et qui ne pouvons rien faire dont il ait be-
« soin : il n'exige autre chose de nous que ce seul devoir, que
« cette facile obligation ; de tous les arbres du paradis qui por-
« tent des fruits variés et délicieux, nous ne nous interdirons que
« l'arbre de science, planté près de l'arbre de vie ; si près de la
« vie croît la mort ! Qu'est-ce que la mort ? quelque chose de
« terrible sans doute ; car, tu le sais, Dieu a prononcé que goûter
« à l'arbre de science c'est la mort. Voilà la seule marque d'o-
« béissance qui nous soit imposée, parmi tant de marques de
« pouvoir et d'empire à nous conférées, et après que la domi-
« nation nous a été donnée sur toutes les autres créatures qui pos-
« sèdent la terre, l'air et la mer. Ne trouvons donc pas rude une
« légère prohibition, nous qui avons d'ailleurs le libre et ample
« usage de toutes choses, et le choix illimité de tous les plaisirs.
« Mais louons Dieu à jamais, glorifions sa bonté ; continuons,
« dans notre tâche délicieuse, à élaguer ces plantes croissantes,

« à cultiver ces fleurs ; tâche qui, fût-elle fatigante, serait douce
« avec toi. »

Ève lui répondit :

« O toi, pour qui et de qui j'ai été formée, chair de ta chair,
« et sans qui mon être est sans but! ô mon guide et mon chef,
« ce que tu as dit est juste et raisonnable. Nous devons en vé-
« rité à notre Créateur des louanges et des actions de grâces jour-
« nalières : moi principalement qui jouis de la plus heureuse
« part en possédant, toi supérieur par tant d'imparités et qui ne
« peux trouver un compagnon semblable à toi.

« Souvent je me rappelle ce jour où je m'éveillai du sommeil
« pour la première fois ; je me trouvai posée à l'ombre sous des
« fleurs, ne sachant, étonnée, ce que j'étais, où j'étais, d'où
« et comment j'avais été portée là. Non loin de ce lieu, le son
« murmurant des eaux sortait d'une grotte, et les eaux se dé-
« ployaient en nappe liquide : alors elles demeuraient tranquil-
« les et pures comme l'étendue du ciel. J'allai là avec une pensée
« sans expérience ; je me couchai sur le bord verdoyant, pour
« regarder dans le lac uni et clair qui me semblait un autre fir-
« mament. Comme je me baissais pour me regarder, juste à l'op-
« posé, une forme apparut dans le cristal de l'eau, s'y penchant
« pour me regarder ; je tressaillis en arrière, elle tressaillit en
« arrière ; charmée, je revins bientôt ; charmée, elle revint aussi-
« tôt avec des regards de sympathie et d'amour. Mes yeux se-
« raient encore attachés sur cette image, et je m'y serais consu-
« mée d'un vain désir, si une voix ne m'eût ainsi avertie :

« Ce que tu vois, belle créature, ce que tu vois là, est toi-
« même ; avec toi cet objet vient et s'en va : mais suis-moi, je te
« conduirai là où ce n'est point une ombre qui attend ta venue
« et tes doux embrassements. Celui dont tu es l'image, tu en
« jouiras inséparablement. Tu lui donneras une multitude d'en-
« fants semblables à toi-même, et tu seras appelée la mère du
« genre humain. »

« Que pouvais-je faire, sinon suivre, invisiblement conduite?
« Je t'entrevis, grand et beau en vérité, sous un platane ; cepen-

« dant tu me semblas moins beau, d'une grâce moins attrayante,
« d'une douceur moins aimable que cette molle image des eaux.
« Je retourne sur mes pas, tu me suis et tu t'écries : — Reviens,
« belle Ève ! qui fuis-tu ? De celui que tu fuis, tu es née ; tu es sa
« chair, ses os. Pour te donner l'être, je t'ai prêté de mon propre
« côté, du plus près de mon cœur, la substance et la vie, afin que
« tu sois à jamais à mon côté, consolation inséparable et chérie.
« Partie de mon âme, je te cherche ! je réclame mon autre moi-
« tié. — De ta douce main tu saisis la mienne ; je cédai, et de-
« puis ce moment j'ai vu combien la beauté est surpassée par une
« grâce mâle, et par la sagesse qui seule est vraiment belle. »

Ainsi parla notre commune mère, et avec des regards pleins d'un charme conjugal non repoussé, dans un tendre abandon elle s'appuie embrassant à demi notre premier père ; la moitié de son sein gonflé et nu caché sous l'or flottant de ses tresses éparses, vient rencontrer le sein de son époux. Lui, ravi de sa beauté et de ses charmes soumis, Adam sourit d'un amour supérieur, comme Jupiter sourit à Junon lorsqu'il féconde les nuages qui répandent les fleurs de mai : Adam presse d'un baiser pur les lèvres de la mère des hommes. Le démon détourne la tête d'envie ; toutefois d'un œil méchant et jaloux il les regarde de côté et se plaint ainsi à lui-même :

« Vue odieuse, spectacle torturant ! ainsi ces deux êtres em-
« paradisés dans les bras l'un de l'autre, se formant un plus heu-
« reux Éden, posséderont leur pleine mesure de bonheur sur
« bonheur, tandis que moi je suis jeté dans l'enfer où ne sont ni
« joie, ni amour, mais où brûle un violent désir (de nos tour-
« ments, tourment qui n'est pas le moindre), désir qui n'étant
« jamais satisfait, se consume dans le supplice de la passion !

« Mais que je n'oublie pas ce que j'ai appris de leur propre bou-
« che ; il paraît que tout ne leur appartient pas : un arbre fatal
« s'élève ici et est appelé l'arbre de la science ; il leur est défendu
« d'y goûter. La science défendue ? cela est suspect, déraisonna-
« ble. Pourquoi leur maître leur envierait-il la science ? Est-ce
« un crime de connaître ? Est-ce la mort ? Existent-ils seule-

« ment par ignorance? Est-ce là leur état fortuné, preuve de
« leur obéissance et de leur foi? Quel heureux fondement posé
« pour y bâtir leur ruine ! Par là j'exciterai dans leur esprit un
« plus grand désir de savoir et de rejeter un commandement
« envieux, inventé dans le dessein de tenir abaissés ceux que la
« science élèverait à la hauteur des dieux : aspirant à devenir
« tels ils goûtent et meurent ! Quoi de plus vraisemblable ?
« Mais d'abord, avec de minutieuses recherches, marchons
« autour de ce jardin et ne laissons aucun recoin sans l'avoir
« examiné. Le hasard, mais le hasard seul, peut me con-
« duire là où je rencontrerai quelque esprit du ciel, errant au
« bord d'une fontaine, ou retiré dans l'épaisseur de l'ombre; j'ap-
« prendrai de lui ce que j'ai encore à apprendre. Vivez tandis
« que vous le pouvez encore, couple heureux encore ! jouissez,
« jusqu'à ce que je revienne, de ces courts plaisirs ; de longs
« malheurs vont les suivre ! »

Ainsi disant il tourne dédaigneusement ailleurs ses pas superbes, mais avec une circonspection artificieuse, et il commença sa recherche à travers les bois et les plaines, sur les collines et dans les vallées.

Cependant aux extrémités de l'occident, où le ciel rencontre l'océan et la terre : le soleil couchant descendait avec lenteur, et frappait horizontalement de ses rayons du soir la porte orientale du paradis. C'était un roc d'albâtre montant jusqu'aux nues, et que l'on découvrait de loin. Un sentier tortueux, accessible du côté de la terre, menait à une entrée élevée; le reste était un pic escarpé qui surplombait en s'élevant et qu'on ne pouvait gravir.

Entre les deux piliers du roc, se tenait assis Gabriel, chef des gardes angéliques ; il attendait la nuit. Autour de lui s'exerçait à des jeux héroïques la jeunesse du ciel désarmée; mais près d'elle des armures divines, des boucliers, des casques et des lances suspendues en faisceaux, brillaient du feu du diamant et de l'or.

Là descendit Uriel glissant à travers le soir sur un rayon du soleil, rapide comme une étoile qui tombe en automne à travers la nuit, lorsque des vapeurs enflammées sillonnent l'air; elle apprend au marinier de quel point de la boussole il se doit garder des vents impétueux. Uriel adresse à Gabriel ces paroles hâtées :

« Gabriel, ton rang t'a fait obtenir pour ta part l'emploi de
« veiller avec exactitude à ce qu'aucune chose nuisible ne puisse
« approcher ou entrer dans cet heureux séjour. Aujourd'hui,
« vers le haut du midi, est venu à ma sphère un esprit désireux,
« en apparence, de connaître un plus grand nombre des ou-
« vrages du Tout-Puissant, et surtout l'homme, la dernière
« image de Dieu. Je lui ai tracé sa route toute rapide, et j'ai
« remarqué sa démarche aérienne. Mais sur la montagne qui
« s'élève au nord de l'Éden, et où il s'est d'abord arrêté, j'ai
« bientôt découvert ses regards étrangers au ciel, obscurcis par
« de mauvaises passions. Je l'ai encore suivi des yeux, mais je
« l'ai perdu de vue sous l'ombrage. Quelqu'un de la troupe ban-
« nie, je crains, s'est aventuré hors de l'abîme pour élever de
« nouveaux troubles : ton soin est de le trouver. »

Le guerrier ailé lui répondit :

« Uriel, il n'est pas étonnant qu'assis dans le cercle brillant
« du soleil, ta vue parfaite s'étende au loin et au large. A cette
« porte personne ne passe, la vigilance ici placée, personne qui
« ne soit bien connu comme venant du ciel : depuis l'heure du
« midi, aucune créature du ciel ne s'est présentée : si un esprit
« d'une autre espèce a franchi pour quelque projet ces limites
« de terre, il est difficile, tu le sais, d'arrêter une substance spi-
« rituelle par une barrière matérielle ; mais si dans l'enceinte de
« ces promenades s'est glissé un de ceux que tu dis, sous quel-
« que forme qu'il se soit caché, je le saurai demain au lever du
« jour. »

Ainsi le promit Gabriel, et Uriel retourna à son poste sur ce même rayon lumineux dont la pointe, maintenant élevée, le porte obliquement en bas au soleil tombé au-dessous des Açores; soit que le premier orbe, incroyablement rapide, eût roulé jusque-là dans sa révolution diurne, soit que la terre moins vite, par une fuite plus courte vers l'est, eût laissé là le soleil, peignant de reflets de pourpre et d'or les nuages qui sur son trône occidental lui font cortége.

Maintenant le soir s'avançait tranquille, et le crépuscule grisâtre avait revêtu tous les objets de sa grave livrée ; le silence l'accompagnait, les animaux et les oiseaux étaient retirés, ceuxlà à leurs couches herbeuses, ceux-ci dans leurs nids. Le rossignol seul veillait ; toute la nuit il chanta sa complainte amoureuse, le silence était ravi.

Bientôt le firmament étincela de vivants saphirs. Hespérus, qui conduisait la milice étoilée, marcha le plus brillant, jusqu'à ce que la lune se levant dans une majesté nuageuse, reine manifeste, dévoila sa lumière de perle, et jeta son manteau d'argent sur l'ombre.

Adam s'adressant à Eve :

« Belle compagne, l'heure de la nuit, et toutes choses allées
« au repos, nous invitent à un repos semblable. Dieu a rendu
« le travail et le repos, comme le jour et la nuit, alternatifs pour
« l'homme : la rosée du sommeil tombant à propos avec sa
« douce et assoupissante pesanteur, abaisse nos paupières. Les
« autres créatures tout le long du jour errent oisives, non em-
« ployées, et ont moins besoin de repos : l'homme a son ou-
« vrage quotidien assigné de corps ou d'esprit ; ce qui déclare
« sa dignité et l'attention que le ciel donne à toutes ses voies.
« Les animaux au contraire rôdent à l'aventure désœuvrés, et
« Dieu ne tient pas compte de ce qu'ils font. Demain avant que
« le frais matin annonce dans l'orient la première approche de
« la lumière, il faudra nous lever et retourner à nos agréables
« travaux. Nous avons à émonder là-bas ces berceaux fleuris,
« ces allées vertes, notre promenade à midi, qu'embarrasse
« l'excès des rameaux : ils se rient de notre insuffisante culture
« et demanderaient plus de mains que les nôtres pour élaguer
« leur folle croissance. Ces fleurs aussi, et ces gommes qui
« tombent, restent à terre, raboteuses et désagréables à la vue ;
« elles veulent être enlevées, si nous désirons marcher à l'aise :

« maintenant, selon la volonté de la nature, la nuit nous com-
« mande le repos. »

Ève, ornée d'une parfaite beauté, lui répondit :

« Mon auteur et mon souverain, tu commandes, j'obéis : ainsi
« Dieu l'ordonne; Dieu est ta loi, tu es la mienne. N'en savoir
« pas davantage est la gloire de la femme, et sa plus heureuse
« science. En causant avec toi j'oublie le temps; les heures et
« leurs changements également me plaisent. Doux est le souffle
« du matin; doux le lever du matin avec le charme des oiseaux
« matineux; agréable est le soleil lorsque, dans ce délicieux jar-
« din, il déploie ses premiers rayons sur l'herbe, l'arbre, le
« fruit et la fleur brillante de rosée; parfumée est la terre fertile
« après de molles ondées; charmant est le venir d'un soir pai-
« sible et gracieux, charmante la nuit silencieuse avec son
« oiseau solennel, et cette lune si belle et ces perles du ciel qui
« forment sa cour étoilée : mais ni le souffle du matin quand il
« monte avec le charme des oiseaux matineux, ni le soleil levant
« sur ce délicieux jardin, ni l'herbe, ni le fruit, ni la fleur qui
« brille de rosée, ni le parfum après une ondée, ni le soir pai-
« sible et gracieux, ni la nuit silencieuse avec son oiseau solen-
« nel, ni la promenade aux rayons de la lune ou à la trem-
« blante lumière de l'étoile, n'ont de douceur sans toi.

« Mais pourquoi ces étoiles brillent-elles la nuit entière?
« Pour qui ce glorieux spectacle, quand le sommeil a fermé
« tous les yeux? »

Notre commun ancêtre répliqua :

« Fille de Dieu et de l'homme, Ève accomplie, ces astres ont
« leur course à finir, autour de la terre, du soir au lendemain :
« de contrée en contrée, afin de dispenser la lumière préparée
« pour des nations qui ne sont pas nées encore, ils se couchent
« et se lèvent, car il serait à craindre que des ténèbres totales
« ne regagnassent pendant la nuit leur antique possession, et
« qu'elles n'éteignissent la vie dans la nature et en toutes choses.
« Non-seulement ces feux modérés éclairent, mais, par une
« chaleur amie de diverse influence, ils fomentent, échauffent,

« tempèrent, nourrissent, ou bien ils communiquent une partie
« de leur vertu stellaire à toutes les espèces d'êtres qui croissent
« sur la terre, et les rendent plus aptes à recevoir la perfection
« du plus puissant rayon du soleil. Ces astres, quoique non
« aperçus dans la profondeur de la nuit, ne brillent donc pas
« en vain. Ne pense pas que s'il n'était point d'homme, le ciel
« manquât de spectateurs, et Dieu, de louanges : des millions
« de créatures spirituelles marchent invisibles dans le monde,
« quand nous veillons et quand nous dormons ; par des can-
« tiques sans fin elles louent les ouvrages du Très-Haut qu'elles
« contemplent jour et nuit. Que de fois sur la pente d'une col-
« line à écho, ou dans un bosquet n'avons-nous pas entendu
« des voix célestes à minuit (seules ou se répondant les unes
« aux autres) chanter le grand Créateur! Souvent en troupes
« quand ils sont de veilles, ou pendant leurs rondes nocturnes,
« au son d'instruments divinement touchés, les anges joignent
« leurs chants en pleine harmonie, ces chants divisent la nuit,
« et élèvent nos pensées vers le ciel. »

Ils parlent ainsi, et main en main ils entrent solitaires sous leur fortuné berceau : c'était un lieu choisi par le Planteur souverain, quand il forma toutes choses pour l'usage délicieux de l'homme. La voûte de l'épais couvert était un ombrage entrelacé de laurier et de myrte, et ce qui croissait plus haut était d'un feuillage aromatique et ferme. De l'un et de l'autre côté l'acanthe et des buissons odorants et touffus élevaient un mur de verdure ; de belles fleurs, l'iris de toutes les nuances, les roses, et le jasmin, dressaient leurs tiges épanouies et formaient une mosaïque. Sous les pieds la violette, le safran, l'hyacinthe, en riche marqueterie brodaient la terre, plus colorée qu'une pierre du plus coûteux dessin.

Aucune autre créature, quadrupède, oiseau, insecte ou reptile, n'osait entrer en ce lieu ; tel était leur respect pour l'homme. Jamais, même dans les fictions de la Fable, sous un berceau ombragé plus sacré, et plus écarté ; jamais Pan ou Sylvain ne dormirent, Nymphe ni Faune n'habitèrent. Là, dans un réduit fermé avec des fleurs, des guirlandes et des herbes d'une suave odeur, Ève épousée embellit pour la première fois sa couche nuptiale, et les cœurs célestes chantèrent l'épithalame. Ce jour-là, l'ange de l'hymen amena Ève à notre père dans sa beauté nue, plus ornée, plus charmante que Pandore que les dieux dotèrent de tous leurs dons (oh! trop semblable à elle par le triste événement), alors que conduite par Hermès au fils imprudent de Japhet, elle enlaça l'espèce humaine dans ses beaux regards, afin de venger Jupiter de celui qui avait dérobé le feu authentique.

Ainsi arrivés à leur berceau ombragé, Ève et Adam tous deux s'arrêtèrent, tous deux se retournèrent, et sous le ciel ouvert ils adorèrent le Dieu qui fit à la fois le ciel, l'air, la terre, le ciel qu'ils voyaient, le globe resplendissant de la lune, et le pôle étoilé.

« Tu as aussi fait la nuit, Créateur tout-puissant! et tu as
« fait le jour que nous avons employé et fini dans notre travail
« prescrit, heureux de notre assistance mutuelle, et de notre
« mutuel amour, couronne de toute cette félicité ordonnée par
« toi! Et tu as fait ce lieu délicieux trop vaste pour nous, où
« l'abondance manque de partageants et tombe sur le sol non
« moissonnée. Mais tu nous a promis une race issue de nous
« qui remplira la terre, qui glorifiera avec nous ta bonté infinie,
« et quand nous nous éveillons, et quand nous cherchons,
« comme à cette heure, le sommeil, ton présent. »

Ils dirent ainsi unanimes, n'observant d'autres rites qu'une adoration pure que Dieu aime le mieux. Ils entrèrent en se tenant par la main dans l'endroit le plus secret de leur berceau, et n'ayant point la peine de se débarrasser de ces incommodes déguisements que nous portons, ils se couchèrent l'un près de l'autre. Adam ne se détourna pas, je pense, de sa belle épouse, ni Ève ne refusa pas les rites mystérieux de l'amour conjugal, malgré tout ce que disent austèrement les hypocrites de la pureté, du paradis, de l'innocence, diffamant comme impur ce que Dieu déclare pur, ce qu'il commande à quelques-uns, ce qu'il permet à tous. Notre Créateur ordonne de multiplier : qui ordonne de s'abstenir, si ce n'est notre destructeur, l'ennemi de Dieu et de l'homme ?

Salut, amour conjugal, mystérieuse loi, véritable source de l'humaine postérité, seule propriété dans le paradis où tous les autres biens étaient en commun ! Par toi l'ardeur adultère fut chassée des hommes et reléguée parmi le troupeau des bêtes ; par toi, fondées sur la raison loyale, juste et pure, les relations chéries et toutes les charités du père, du fils et du frère, furent connues pour la première fois. Loin de moi d'écrire que tu sois un péché ou une honte, ou de penser que tu ne conviennes pas au lieu le plus sacré, toi, source perpétuelle des douceurs domestiques, toi, dont le lit a été déclaré chaste et insouillé pour le présent et pour le passé, et dans lequel sont entrés les saints et les patriarches. Ici l'amour emploie ses flèches dorées, ici il allume son flambeau durable et agite ses ailes de pourpre ; ici il règne et se délecte. Il n'est point dans le sourire acheté des prostituées sans passion, sans joie, que rien ne rend chères ; il n'est point dans des jouissances passagères, ni parmi les favorites de cour, ni dans une danse mêlée, ni sous le masque lascif, ni dans le bal de minuit, ni dans la sérénade que chante un amant affamé, à sa fière beauté, qu'il ferait mieux de quitter avec dédain. Bercés par les rossignols, Adam et Ève dormaient en se tenant embrassés ; sur leurs membres nus le dôme fleuri faisait pleuvoir des roses, dont le matin réparait la perte. Dors, couple béni ! Oh ! toujours plus heureux si tu ne cherches pas un plus heureux état, et si tu sais ne pas savoir davantage !

Déjà la nuit de son cône ténébreux avait mesuré la moitié de sa course vers le plus haut de cette vaste voûte sublunaire ; et les chérubins, sortant de leur porte d'ivoire à l'heure accoutumée, étaient armés pour leurs nocturnes dans une tenue de guerre ; lorsque Gabriel dit à celui qui approchait le plus de son pouvoir :

« Uzziel, prends la moitié de ces guerriers et côtoie le midi

« avec la plus stricte surveillance; l'autre moitié tournera au « nord : notre ronde se rencontrera à l'ouest. »

Ils se divisent comme la flamme, la moitié tournant sur le bouclier, l'autre sur la lance. Gabriel appelle deux esprits adroits et forts qui se tenaient près de lui, il leur donne cet ordre :

« Ithuriel et Zéphon, de toute la vitesse de vos ailes, par« courez ce jardin; ne laissez aucun coin sans l'avoir visité, « mais surtout l'endroit où habitent ces deux belles créatures « qui dorment peut-être à présent, se croyant à l'abri du mal. « Ce soir, vers le déclin du soleil, quelqu'un est arrivé; il dit « d'un infernal esprit lequel a été vu dirigeant sa marche vers « ce lieu (qui l'aurait pu penser?), échappé des barrières de « l'enfer et à mauvais dessein sans doute : en quelque endroit « que vous le rencontriez, saisissez-le et amenez-le ici. »

En parlant de la sorte il marchait à la tête de ses files radieuses qui éclipsaient la lune. Ithuriel et Zéphon vont droit au berceau, à la découverte de celui qu'ils cherchaient. Là ils le trouvèrent tapi comme un crapaud, tout près de l'oreille d'Ève, essayant par son art diabolique d'atteindre les organes de son imagination et de forger avec eux des illusions à son gré, de fantômes et songes; ou bien en soufflant son venin, il tâchait d'infecter les esprits vitaux qui s'élèvent du pur sang, comme de douces haleines s'élèvent d'une rivière pure : de là du moins pourraient naître ces pensées déréglées et mécontentes, ces vaines espérances, ces projets vains, ces désirs désordonnés, enflés d'opinions hautaines qui engendrent l'orgueil.

Tandis qu'il était ainsi appliqué, Ithuriel le touche légèrement de sa lance, car aucune imposture ne peut endurer le contact d'une trempe céleste, et elle retourne de force à sa forme naturelle. Découvert et surpris, Satan tressaille : comme quand une étincelle tombe sur un amas de poudre nitreuse préparée pour le tonneau, afin d'approvisionner un magasin sur un bruit de guerre; le grain noir dispersé par une soudaine explosion, embrase l'air : de même éclata dans sa propre forme, l'ennemi. Les deux beaux anges reculèrent d'un pas à demi étonnés de voir si subitement le terrible monarque. Cependant non émus de frayeur, ils l'accostent bientôt :

« Lequel es-tu de ces esprits rebelles adjugés à l'enfer?
« Viens-tu échappé de ta prison? Et pourquoi transformé, te
« tiens-tu comme un ennemi en embuscade, veillant ici au
« chevet de ceux qui dorment? »

« Vous ne me reconnaissez donc pas, reprit Satan plein de
« dédain; vous ne me connaissez pas, moi? vous m'avez pour-
« tant connu autrefois, non votre camarade, mais assis où
« vous n'osiez prendre l'essor. Ne pas me connaître, c'est vous
« avouer vous-mêmes inconnus, et les plus infimes de votre
« bande. Ou si vous me connaissez, pourquoi m'interroger et
« commencer d'une manière superflue votre mission, qui finira
« d'une manière aussi vaine? »

Zéphon lui rendant mépris pour mépris :

« Ne crois pas, esprit révolté, que ta forme restée la même,
« ou que ta splendeur non diminuée, doivent être connues,
« comme lorsque tu te tenais dans le ciel droit et pur. Cette
« gloire, quand tu cessas d'être bon, se sépara de toi. Tu res-
« sembles à présent à ton péché, et à la demeure obscure et
« souillée de ta condamnation. Mais viens; car il faudra, sois-
« en sûr, que tu rendes compte à celui qui nous envoie, et dont
« la charge est de conserver ce lieu inviolable, et de préserver
« ceux-ci de tout mal. »

Ainsi parla le chérubin : sa grave réprimande, sévère dans une beauté pleine de jeunesse, lui donnait une grâce invincible. Le démon resta confus; il sentait combien la droiture est imposante, et il voyait combien dans sa forme, la vertu est aimable; il le voyait, et gémissait de l'avoir perdue, mais surtout de trouver qu'on s'était aperçu de l'altération sensible de son éclat. Toutefois il paraissait encore intrépide.

« Si je dois combattre, dit-il, que ce soit le chef contre le
« chef, contre celui qui envoie, non contre celui qui est envoyé,
« ou contre tous à la fois; plus de gloire sera gagnée, ou moins
« perdue. »

« Ta frayeur, dit le hardi Zéphon, nous épargnera l'épreuve
« de ce que le moindre d'entre nous peut faire seul contre toi,
« méchant, et par conséquent faible. »

L'ennemi ne répliqua point, étouffant de rage; mais, comme un orgueilleux coursier dans ses freins, il marche la tête haute, rongeant son mors de fer : combattre ou fuir lui parut inutile; une crainte d'en haut avait dompté son cœur, non autrement étonné. Maintenant ils approchaient du point occidental où les gardes de demi-ronde s'étaient tout juste rencontrés, et réunis ils formaient un escadron attendant le prochain ordre. Gabriel, leur chef, placé sur le front, leur crie :

« Amis, j'entends le bruit d'un pied agile qui se hâte par ce
« chemin, et à une lueur je discerne maintenant Ithuriel et
« Zéphon à travers l'ombre. Avec eux s'avance un troisième
« personnage d'un port de roi, mais d'une splendeur pâle et
« fanée : à sa démarche, et à sa farouche contenance, il paraît
« être le prince de l'enfer, qui probablement ne partira pas d'ici
« sans conteste : demeurez fermes, car son regard se couvre et
« nous défie. »

A peine a-t-il fini de parler, qu'Ithuriel et Zéphon le joignent, lui racontent brièvement qui ils amènent, où ils l'ont trouvé, comment occupé, sous quelle forme et dans quelle posture il était couché. Gabriel parla de la sorte avec un regard sévère :

« Pourquoi, Satan, as-tu franchi les limites prescrites à tes ré-
« voltes? Pourquoi viens-tu troubler dans leur emploi ceux qui
« ne veulent pas se révolter à ton exemple? Mais ils ont le pou-
« voir et le droit de te questionner sur ton entrée audacieuse
« dans ce lieu, où tu t'occupais, à ce qu'il me semble, à violer le
« sommeil et à inquiéter ceux dont Dieu a placé la demeure ici
« dans la félicité. »

Satan répondit avec un sourire méprisant :

« Gabriel, tu avais dans le ciel la réputation d'être sage, et je
« te tenais pour tel ; mais la question que tu me fais me met en
« doute. Qu'il vive en enfer celui qui aime son supplice! Qui ne
« voudrait, s'il en trouvait le moyen, s'échapper de l'enfer, quoi-

« qu'il y soit condamné ? Toi-même tu le voudrais sans doute ;
« tu t'aventurerais hardiment vers le lieu, quel qu'il fût, le plus
« éloigné de la douleur, où tu pusses espérer changer la peine en
« plaisir, et remplacer le plus tôt possible la souffrance par la
« joie ; c'est ce que j'ai cherché dans ce lieu. Ce ne sera pas là une
« raison pour toi, qui ne connais que le bien, et n'as pas essayé
« le mal. M'objecteras-tu la volonté de celui qui nous enchaîna ?
« Qu'il barricade plus sûrement ses portes de fer, s'il prétend
« nous retenir dans cette sombre géhenne ! En voilà trop pour
« la question. Le reste est vrai : ils m'ont trouvé où ils le disent ;
« mais cela n'implique ni violence ni tort. »

Il dit ainsi avec dédain. L'ange guerrier ému, moitié souriant avec mépris, lui répliqua :

« Ah ! quelle perte a faite le ciel d'un juge pour juger ce qui
« est sage, depuis que Satan est tombé, renversé par sa folie !
« maintenant il revient échappé de sa prison, gravement en
« doute s'il doit tenir pour sages, ou non, ceux qui lui deman-
« dent quelle audace l'a conduit ici sans permission, hors des li-
« mites de l'enfer à lui prescrites ; tant il juge sage de fuir la
« peine, n'importe comment, et de se dérober à son châtiment !
« Présomptueux, juge ainsi jusqu'à ce que la colère que tu as
« encourue en fuyant, rencontre sept fois ta fuite, et qu'à coup
« de fouet elle reconduise à l'enfer cette sagesse qui ne t'a pas
« encore appris qu'aucune peine ne peut égaler la colère infinie
« provoquée. Mais pourquoi es-tu seul ? Pourquoi tout l'enfer
« déchaîné n'est-il pas venu avec toi ? Le supplice est-il moins
« supplice pour tes compagnons ? est-il moins à fuir, ou bien
« es-tu moins ferme qu'eux à l'endurer ? Chef courageux ! le
« premier à te soustraire aux tourments, si tu avais allégué à ton
« armée désertée par toi cette raison de fuite, certainement tu ne
« serais pas venu seul fugitif. »

A quoi l'ennemi répondit sourcillant, terrible :

« Tu sais bien, ange insultant, que je n'ai pas moins de cou-
« rage à supporter la peine, et que je ne recule point devant
« elle : j'ai bravé ta plus grande fureur, quand dans la bataille

LIVRE IV.

« la noire volée du tonnerre vint à ton aide en toute hâte, et
« seconda ta lance autrement non redoutée. Mais tes paroles je-
« tées au hasard, comme toujours, montrent ton inexpérience de
« ce qu'il convient de faire à un chef fidèle, d'après les durs
« essais et les mauvais succès du passé : il ne doit pas tout ris-
« quer dans les chemins du péril, qu'il n'a pas lui-même re-
« connus. Ainsi donc, j'ai entrepris le premier de voler seul à
« travers l'abîme désolé et de découvrir ce monde nouvellement
« créé, sur lequel, dans l'enfer, la renommée n'a pas gardé le
« silence. Ici je suis venu dans l'espoir de trouver un séjour
« meilleur, d'établir sur la terre ou dans le milieu de l'air mes
« puissances affligées ; dussions-nous, pour en prendre posses-
« sion, essayer encore une fois ce que toi et tes élégantes légions
« oseront contre nous. Ce leur est une besogne plus facile de
« servir leur Seigneur au haut du ciel, de chanter des hymnes à
« son trône, de s'incliner à des distances marquées, que de com-
« battre ! »

L'ange guerrier répondit aussitôt :

« Dire et se contredire, prétendre d'abord qu'il est sage de fuir
« la peine, professer ensuite l'espionnage, montre non un chef,
« mais un menteur avéré, Satan. Et oses-tu te donner le titre de
« fidélité ? O nom, nom sacré de fidélité profanée ! Fidèle à qui ?
« à ta bande rebelle, armée de pervers, digne corps d'une digne
« tête ! Etait-ce là votre discipline et votre foi jurée, votre obéis-
« sance militaire, de rompre notre serment d'allégeance au Pou-
« voir suprême reconnu ? Et toi, rusé hypocrite, aujourd'hui
« champion de la liberté, qui jadis plus que toi flatta, s'inclina,
« et servilement adora le redoutable Monarque du ciel ? Pour-
« quoi, sinon dans l'espoir de le déposséder et de régner toi-
« même ? Mais écoute à présent ce que je te conseille : Loin
« d'ici ! fuis là d'où tu as fui : si à compter de cette heure tu te
« montres dans ces limites sacrées, je te traîne enchaîné au puits
« infernal, je t'y scellerai de manière que désormais tu ne mé-
« priseras plus les faciles portes de l'enfer, trop légèrement bar-
« rées. »

Ainsi il menaçait : mais Satan ne fait aucune attention à ces menaces, et sa rage croissant, il répliqua :

« Alors que je serai ton captif, parle de chaînes, fier chérubin
« de frontière ; mais avant cela, attends-toi toi-même à sentir
« le poids de mon bras vainqueur, bien que le Roi du ciel che-
« vauche sur tes ailes, et qu'avec tes compères, façonnés au
« joug, tu tires ses roues triomphantes dans sa marche sur le
« chemin du ciel pavé d'étoiles. »

Tandis qu'il parle, les angéliques escadrons devinrent rouges de feu ; aiguisant en croissant les pointes de leur phalange, ils commencent à l'entourer de leurs lances en arrêt : telle, dans un champ de Cérès mûr pour la moisson, une forêt barbelée d'épis ondoie et s'incline de quelque côté que le vent la balaye ; le laboureur inquiet regarde ; il craint que, sur l'aire, les gerbes, son espérance, ne laissent que du chaume. De son côté, Satan, alarmé, rassemblant toute sa force, s'élève dilaté, inébranlable comme le Ténériffe ou l'Atlas. Sa tête atteint le ciel, et sur son casque l'horreur siége comme un panache ; sa main ne manquait point de ce qui semblait une lance et un bouclier.

Des faits terribles se fussent accomplis ; non-seulement le paradis dans cette commotion, mais peut-être la voûte étoilée du ciel, ou au moins tous les éléments, seraient allés en débris, confondus et déchirés par la violence de ce combat, si l'Éternel, pour prévenir cet horrible tumulte, n'eût aussitôt suspendu ses balances d'or, que l'on voit encore entre Astrée et le signe du Scorpion. Dans ses balances, le Créateur pesa d'abord toutes les choses créées, la terre ronde et suspendue avec l'air pour contre-poids ; maintenant, il y pèse les événements, les batailles et les royaumes : il mit deux poids dans les bassins, dans l'un le départ, dans l'autre le combat ; le dernier bassin monta rapidement et frappa le fléau. Gabriel s'en apercevant, dit à l'ennemi :

« Satan, je connais ta force et tu connais la mienne ; ni l'une
« ni l'autre ne nous est propre, mais elles nous ont été données.
« Quelle folie donc de vanter ce que les armes peuvent faire, puis-

« que ni ta force, ni la mienne ne sont que ce que permet le ciel,
« quoique la mienne soit à présent doublée, afin que je te foule
« aux pieds comme la fange ! Pour preuve regarde en haut; lis
« ton destin dans ce signe céleste où tu es pesé, et vois combien
« tu es léger, combien faible si tu résistes. »

L'ennemi leva les yeux, et reconnut que son bassin était monté en haut. C'en était fait; il fuit en murmurant, et avec lui fuient les ombres de la nuit.

LIVRE CINQUIÈME

ARGUMENT

Le matin approchait; Ève raconte à Adam son rêve fâcheux. Il n'aime pas ce rêve, cependant il la console. Ils sortent pour leurs travaux du jour : leur hymne du matin à la porte de leur berceau. Dieu, afin de rendre l'homme inexcusable, envoie Raphaël pour l'exhorter à l'obéissance, lui rappeler son état libre, le mettre en garde contre son ennemi qui est proche, lui apprendre quel est cet ennemi, pourquoi il est son ennemi, et tout ce qu'il est utile en outre à Adam de connaître. Raphaël descend au paradis; sa figure décrite; sa venue découverte au loin par Adam assis à la porte de son berceau. Adam va à la rencontre de l'ange, l'amène à sa demeure et lui offre les fruits les plus choisis cueillis par Ève; leurs discours à table. Raphaël accomplit son message, fait souvenir Adam de son état et de son ennemi; à la demande d'Adam il raconte quel est cet ennemi, comment il l'est devenu : en commençant son récit à la première révolte de Satan dans le ciel, il dit la cause de cette révolte; comment l'esprit rebelle entraîna ses légions après lui dans les parties du Nord; comment il les incita à se révolter avec lui, les persuada tous, excepté Abdiel, le séraphin, qui combat ses raisons, s'oppose à lui et l'abandonne.

Déjà le Matin avançant ses pas de rose dans les régions de l'est, semait la terre de perles orientales, lorsque Adam s'éveilla, telle était sa coutume; car son sommeil léger comme l'air, entretenu par une digestion pure et des vapeurs douces et tempérées, était légèrement dispersé par le seul bruit des ruisseaux fumants, des feuilles agitées (éventail de l'Aurore), et par le chant matinal et animé des oiseaux sur toutes les branches : il est d'autant plus étonné de trouver Ève non éveillée, la chevelure en désordre et les joues rouges comme dans un repos inquiet. Il se soulève à demi, appuyé sur le coude; penché amoureusement sur elle, il contemple avec des regards d'un cordial amour la beauté qui, éveillée ou endormie, brille de grâces particulières. Alors d'une voix douce, comme quand Zéphire souffle sur Flore, touchant doucement la main d'Ève, il murmure ces mots :

« Éveille-toi, ma très-belle, mon épouse, mon dernier bien
« trouvé, le meilleur et le dernier présent du ciel, mon délice
« toujours nouveau! Éveille-toi! Le matin brille et la fraîche
« campagne nous appelle; nous perdons les prémices du jour,
« le moment de remarquer comment poussent nos plantes soi-
« gnées, comment fleurit le bocage de citronnier, d'où coule la
« myrrhe, et ce que distille le balsamique roseau, comment la
« nature peint ses couleurs, comment l'abeille se pose sur la
« fleur pour en extraire la douceur liquide. »

Ainsi murmurant, il l'éveille; mais jetant sur Adam un œil effrayé, et l'embrassant, elle parla ainsi :

« O toi, le seul en qui mes pensées trouvent tout repos, ma
« gloire, ma perfection! que j'ai de joie de voir ton visage et le
« matin revenu! Cette nuit (jusqu'à présent je n'ai jamais
« passé une nuit pareille), je rêvais (si je rêvais), non de toi
« comme je fais souvent, non des ouvrages du jour passé, ou
« du projet du lendemain, mais d'offense et de trouble que mon
« esprit ne connut jamais avant cette nuit accablante. Il m'a
« semblé que quelqu'un, attaché à mon oreille, m'appelait
« avec une voix douce, pour me promener; je crus que c'était la
« tienne; elle disait : « Pourquoi dors-tu, Ève? Voici l'heure
« charmante, fraîche, silencieuse, sauf où le silence cède à
« l'oiseau harmonieux de la nuit, qui maintenant éveillé sou-
« pire sa plus douce chanson, enseignée par l'amour. La lune,
« remplissant tout son orbe, règne, et avec une plus agréa-
« ble clarté fait ressortir sur l'ombre la face des choses;
« c'est en vain si personne ne regarde. Le ciel veille avec tous
« ses yeux, pour qui contempler, si ce n'est toi, ô désir de la
« nature? A ta vue, toutes les choses se réjouissent, attirées par
« ta beauté pour l'admirer toujours avec ravissement.

« Je me suis levée à ton appel, mais je ne t'ai point trouvé.

« Pour te chercher, j'ai dirigé alors ma promenade; il m'a
« semblé que je passais seule des chemins qui m'ont conduite
« tout à coup à l'arbre de la science défendue ; il paraissait
« beau, beaucoup plus beau à mon imagination que pendant
« le jour. Et comme je le regardais en m'étonnant, une figure
« se tenait auprès, semblable par la forme et les ailes à l'un
« de ceux-là du ciel que nous avons vus souvent : ses cheveux
« humides de rosée exhalaient l'ambroisie; il contemplait
« l'arbre aussi ;

« Et il disait : « O belle plante, de fruit surchargée, per-
« sonne ne daigne-t-il te soulager de ton poids et goûter de ta
« douceur, ni Dieu, ni homme? La science est-elle si méprisée?
« L'envie, ou quelque réserve, défend-elle de goûter? Le dé-
« fende qui voudra, nul ne me privera plus longtemps de ton
« bien offert : pourquoi autrement est-il ici ? »

« Il dit et ne s'arrêta pas, mais d'une main téméraire il
« arrache, il goûte. Moi je fus glacée d'une froide horreur à des
« paroles si hardies, confirmées par une si hardie action. Mais
« lui, transporté de joie :

« O fruit divin, doux par toi-même, mais beaucoup plus
« doux ainsi cueilli; defendu ici ce semble, comme ne conve-
« nant qu'à des dieux; et cependant capable de faire dieux des
« hommes! Et pourquoi pas, puisque plus le bien est commu-
« niqué, plus il croît abondant, puisque l'auteur de ce bien
« n'est pas offensé, mais honoré davantage ? Ici, créature heu-
« reuse! Ève, bel ange, partage avec moi : quoique tu sois heu-
« reuse, tu peux être plus heureuse encore, bien que tu ne
« puisses être plus digne du bonheur. Goûte ceci et sois désor-
« mais parmi les dieux, toi-même déesse, non plus à la terre
« confinée, mais comme nous tantôt tu seras dans l'air, tantôt
« tu monteras au ciel par ton propre mérite, et tu verras de
« quelle vie vivent là des dieux, et tu vivras d'une pareille vie. »

« Parlant ainsi il approche, et me porte jusqu'à la bouche la
« partie de ce même fruit qu'il tenait, et qu'il avait arraché :
« l'odeur agréable et savoureuse éveilla si fort l'appétit, qu'il me

« parut impossible de ne pas goûter. Aussitôt je m'envole avec
« l'esprit du haut des nues, et au-dessous de moi je vois la terre
« se déployer immense, perspective étendue et variée. Dans
« cette extrême élévation, m'étonnant de mon vol et de mon
« changement, mon guide disparaît tout à coup ; et moi, ce me
« semble, je suis précipitée en bas, et je tombe endormie. Mais,
« oh ! que je fus heureuse lorsque je me réveillai, de trouver
« que cela n'était qu'un songe ! »

Ainsi Ève raconta sa nuit, et ainsi Adam lui répondit attristé :

« Image la plus parfaite de moi-même, et ma plus chère
« moitié, le trouble de tes pensées cette nuit dans le sommeil
« m'affecte comme toi ; je ne puis aimer ce songe décousu pro-
« venu du mal ; je le crains : cependant le mal, d'où viendrait-
« il ? Aucun mal ne peut habiter en toi, créature si pure. Mais
« sache que dans l'âme il existe plusieurs facultés inférieures
« qui servent la raison comme leur souveraine. Entre celles-ci,
« l'imagination exerce le principal office : de toutes les choses
« extérieures que représentent les cinq sens éveillés, elle se crée
« des fantaisies, des formes aériennes, que la raison assemble
« ou sépare, et dont elle compose tout ce que nous affirmons,
« ou ce que nous nions, et ce que nous appelons notre science
« ou notre opinion. La raison se retire dans sa cellule secrète,
« quand la nature repose : souvent pendant son absence l'ima-
« gination, qui se plaît à contrefaire, veille pour l'imiter ; mais
« joignant confusément les formes, elle produit souvent un
« ouvrage bizarre, surtout dans les songes, assortissant mal des
« paroles et des actions récentes, ou depuis longtemps passées.

« Je trouve ainsi, à ce qu'il me paraît, quelques traces de
« notre dernière conversation du soir dans ton rêve, mais avec
« une addition étrange. Cependant ne sois pas triste ; le mal
« peut aller et venir dans l'esprit de Dieu ou de l'homme sans
« leur aveu, et n'y laisser ni tache ni blâme ; ce qui me donne
« l'espoir que ce que tu abhorrais de rêver dans le sommeil,
« éveillée tu ne consentirais jamais à le faire. N'aie donc pas le

« cœur abattu ; ne couvre pas de nuages ces regards qui ont
« coutume d'être plus radieux et plus sereins que ne l'est à
« la terre le sourire d'un beau matin. Levons-nous pour nos
« fraîches occupations parmi les bocages, les fontaines et les
« fleurs, qui entr'ouvrent à présent leur sein rempli des par-
« fums les plus choisis, réservés de la nuit, et gardés pour toi. »

Il ranimait ainsi sa belle épouse, et elle était ranimée; mais silencieusement ses yeux laissèrent tomber un doux pleur; elle les essuya avec ses cheveux ; deux autres précieuses larmes se montraient déjà à leur source de cristal ; Adam les cueillit dans un baiser avant leur chute, comme les signes gracieux d'un tendre remords et d'une timidité pieuse qui craignait d'avoir offensé.

Ainsi tout fut éclairci, et ils se hâtèrent vers la campagne. Mais au moment où ils sortirent de dessous la voûte de leur berceau d'arbres, ils se trouvèrent d'abord en pleine vue du jour naissant et du soleil, à peine levé, qui effleurait encore des roues de son char l'extrémité de l'océan, lançait parallèles à la terre ses rayons remplis de rosée, découvrant dans un paysage immense tout l'orient du paradis et les plaines heureuses d'É-den : ils s'inclinèrent profondément, adorèrent, et commencèrent leurs prières, chaque matin dûment offertes en différent style; car ni le style varié, ni le saint enthousiasme, ne leur manquait pour louer leur Créateur en justes accords prononcés ou chantés, sans préparation aucune. Une éloquence rapide coulait de leurs lèvres, en prose ou en vers nombreux, si remplis d'harmonie qu'ils n'avaient besoin ni du luth ni de la harpe pour ajouter à leur douceur.

« Ce sont là tes glorieux ouvrages, Père du bien, ô Tout-
« Puissant. Elle est tienne cette structure de l'univers, si mer-
« veilleusement belle ! Quelle merveille es-tu donc toi-même.
« Être inénarrable, toi qui, assis au-dessus des cieux, es pour
« nous ou invisible, ou obscurément entrevu dans tes ouvrages
« les plus inférieurs, lesquels pourtant font éclater au-delà de
« toute pensée ta bonté et ton pouvoir divin !

« Parlez, vous qui pouvez mieux dire, vous, fils de la lu-
« mière, anges! car vous le contemplez, et avec des cantiques
« et des chœurs de symphonies, dans un jour sans nuit, plein
« de joie, vous entourez son trône, vous dans le ciel!

« Sur la terre, que toutes les créatures le glorifient, lui le
« premier, lui le dernier, lui le milieu, lui sans fin!

« O la plus belle des étoiles, la dernière du cortége de la nuit,
« si plutôt tu n'appartiens pas à l'aurore, gage assuré du jour,
« toi dont le cercle brillant couronne le riant matin, célèbre le
« Seigneur dans ta sphère, quand l'aube se lève, à cette char-
« mante peemière heure!

« Toi, soleil, à la fois l'œil et l'âme de ce grand univers, re-
« connais-le plus grand que toi, fais retentir sa louange dans ta
« course éternelle, et quand tu gravis le ciel, et quand tu atteins
« la hauteur du midi, et lorsque tu tombes!

« Lune, qui tantôt rencontres le soleil dans l'orient, qui tan-
« tôt fuis avec les étoiles fixes, fixées dans leur orbe qui fuit; et
« vous, autres feux errants, qui tous cinq figurez une danse
« mystérieuse, non sans harmonie, chantez la louange de celui
« qui des ténèbres appela la lumière!

« Air, et vous, éléments, les premiers-nés des entrailles de la
« nature, vous qui dans un quaternaire parcourez un cercle
« perpétuel; vous qui, multiformes, mélangez et nourrissez
« toutes choses, que vos changements sans fin varient de notre
« grand Créateur la nouvelle louange!

« Vous, brouillards et exhalaisons qui en ce moment,
« gris ou ternes, vous élevez de la colline ou du lac fumeux,
« jusqu'à ce que le soleil peigne d'or vos franges laineuses,
« levez-vous en l'honneur du grand Créateur du monde!
« et soit que vous tendiez de nuages le ciel décoloré, soit
« que vous abreuviez le sol altéré avec des pluies tom-
« bantes, en montant ou en descendant, répandez toujours sa
« louange!

« Sa louange, vous, ô vents qui soufflez des quatre parties
« de la terre, soupirez-la avec douceur ou force! Inclinez vos

« têtes, vous pins. Vous, plantes de chaque espèce, en signe
« d'adoration, balancez-vous !

« Fontaines, et vous qui gazouillez tandis que vous coulez,
« mélodieux murmures, en gazouillant dites sa louange !

« Unissez vos voix, vous toutes, âmes vivantes : oiseaux qui
« montez en chantant à la porte du ciel, sur vos ailes et dans
« vos hymnes, élevez sa louange !

« Vous qui glissez dans les eaux et vous qui vous promenez
« sur la terre, qui la foulez avec majesté, ou qui rampez hum-
« blement, soyez témoins que je ne garde le silence ni le matin,
« ni le soir ; je prête ma voix à la colline ou à la vallée, à la
« fontaine ou au frais ombrage, et mon chant les instruit de
« sa louange.

« Salut, universel Seigneur ! sois toujours libéral pour ne
« nous donner que le bien. Et si la nuit a recueilli ou caché
« quelque chose de mal, disperse-le, comme la lumière chasse
« maintenant les ténèbres. »

Innocents ils prièrent, et leurs pensées recouvrèrent promptement une paix ferme et le calme accoutumé. Ils s'empressèrent à leur ouvrage champêtre du matin, parmi la rosée et les fleurs, là où quelques rangs d'arbres fruitiers, surchargés de bois, étalaient trop leurs branches touffues, et avaient besoin qu'une main réprimât leurs embrassements inféconds ; ils amènent la vigne pour la marier à son ormeau ; elle, épousée, entrelace autour de lui ses bras nubiles, et lui apporte en dot ses grappes adoptées, afin d'orner son feuillage stérile. Le puissant Roi du ciel vit avec pitié nos premiers parents occupés de la sorte ; il appelle à lui Raphaël, esprit sociable qui daigna voyager avec Tobie et assura son mariage avec la vierge sept fois mariée.

« Raphaël, dit-il, tu sais quel désordre sur la terre Satan,
« échappé de l'enfer à travers le gouffre ténébreux, a élevé dans
« le paradis ; tu sais comment il a troublé cette nuit le couple
« humain, et comment il projette de perdre en lui du même
« coup la race humaine. Va donc ; cause la moitié de ce jour

« avec Adam comme un ami avec un ami ; tu le trouveras dans
« quelque berceau ou sous quelque ombrage, retiré à l'abri de
« la chaleur du midi pour se débarrasser un moment de son tra-
« vail quotidien, par la nourriture ou par le repos. Tiens-lui des
« discours tels qu'ils lui rappellent son heureux état, le bonheur
« qu'il possède laissé libre à volonté, laissé à sa propre volonté
« libre, à sa volonté qui, quoique libre, est changeante ; avertis-
« le de prendre garde de s'égarer par trop de sécurité. Dis-lui
« surtout son danger et de qui il vient ; dis-lui quel ennemi, lui-
« même récemment tombé du ciel, complote à présent de faire
« tomber les autres d'un pareil état de félicité : par la violence ?
« non, car elle serait repoussée ; mais par la fraude et les men-
« songes. Fais-lui connaître tout cela, de peur qu'ayant volon-
« tairement transgressé, il n'allègue la surprise, n'ayant été ni
« averti ni prévenu. »

Ainsi parla l'éternel Père, et il accomplit toute justice. Le saint ailé ne diffère pas après avoir reçu sa mission ; mais du milieu de mille célestes ardeurs où il se tenait voilé de ses magnifiques ailes, il s'élève léger et vole à travers le ciel. Les chœurs angéliques, s'écartant des deux côtés, livrent un passage à sa rapidité à travers toutes les routes de l'empyrée, jusqu'à ce qu'arrivé aux portes du ciel, elles s'ouvrent largement d'elles-mêmes, tournant sur leurs gonds d'or : ouvrages divin du souverain Architecte. Aucun nuage, aucune étoile interposés n'obscurcissant sa vue, il aperçoit la terre, toute petite qu'elle est, et ressemblant assez aux autres globes lumineux ; il découvre le jardin de Dieu couronné de cèdres au-dessus de toutes les collines : ainsi, mais moins sûrement, pendant la nuit le verre de Galilée observe dans la lune des terres et des régions imaginaires ; ainsi le pilote parmi les Cyclades voyant d'abord apparaître Délos ou Samos, les prend pour une tache de nuage. Là en bas Raphaël hâte son vol précipité, et, à travers le vaste firmament éthéré, vogue entre des mondes et des mondes. Tantôt l'aile immobile, il est porté sur les vents polaires ; tantôt son aile, éventail vivant, frappe l'air élastique, jusqu'à ce que parvenu à la hauteur de l'essor des aigles, il semble à tous les volatiles un phénix, regardé par tous avec admiration comme cet oiseau unique, alors que pour enchasser ses reliques dans le temple brillant du Soleil, il vole vers la Thèbes d'Égypte.

Tout à coup, sur le sommet oriental du paradis, l'ange s'abat et reprend sa propre forme, séraphin ailé. Pour ombrager ses membres divins il porte six ailes ; la paire qui revêt chacune de ses larges épaules revient, ornement royal, comme un manteau sur sa poitrine ; la paire du milieu entoure sa taille ainsi qu'une zone étoilée, borde ses reins et ses cuisses d'un duvet d'or, et de couleurs trempées dans le ciel ; la dernière ombrage ses pieds, et s'attache à ses talons en plume maillée, couleur du firmament : semblable au fils de Maïa, il se tient debout et secoue ses plumes qui remplissent d'un parfum céleste la vaste enceinte d'alentour.

Incontinent toutes les troupes d'anges de garde le reconnurent et se levèrent en honneur de son rang et de son message suprême, car elles pressentirent qu'il était chargé de quelque haut message. Il passe leurs tentes brillantes et il entre dans le champ fortuné au travers des bocages de myrrhe, des odeurs florissantes de la cassie, du nard et du baume ; désert de parfums. Ici la nature folâtrait dans son enfance et se jouait à volonté dans ses fantaisies virginales, versant abondamment sa douceur, beauté sauvage au-dessus de la règle de l'art ; ô énormité de bonheur !

Raphaël s'avançait dans la forêt aromatique ; Adam l'aperçut ; il était assis à la porte de son frais berceau, tandis que le soleil à son midi dardait à plomb ses rayons brûlants pour échauffer la terre dans ses plus profondes entrailles (chaleur plus forte qu'Adam n'avait besoin) : Ève dans l'intérieur du berceau, attentive à son heure, préparait pour le dîner des fruits savoureux, d'un goût à plaire au véritable appétit et à ne pas ôter, par intervalles, la soif d'un breuvage de nectar que fournissent le lait, la baie ou la grappe. Adam appelle Ève.

« Accours ici, Ève ; contemple quelque chose digne de ta vue :

« à l'orient, entre ces arbres, quelle forme glorieuse s'avance par
« ce chemin ! elle semble une aurore levée à midi. Ce messager
« nous apporte peut-être quelque grand commandement du ciel
« et daignera ce jour être notre hôte. Mais va vite, et ce que
« contiennent tes réserves apporte-le ; prodigue l'abondance
« convenable pour honorer et recevoir notre divin étranger. Nous
« pouvons bien offrir leurs propres dons à ceux qui nous les don-
« nent, et répandre largement ce qui nous est largement accordé,
« ici où la nature multiplie sa fertile production et en s'en dé-
« barrassant devient plus féconde ; ce qui nous enseigne à ne
« point épargner. »

Ève lui répond :

« Adam, moule sanctifié d'une terre inspirée de Dieu, peu de
« provisions sont nécessaires, là où ces provisions en toutes les
« saisons mûrissent pour l'usage suspendues à la branche, excepté
« des fruits qui, dans une réserve frugale, acquièrent de la con-
« sistance pour nourrir et perdent une humidité superflue. Mais
« je me hâterai, et de chaque rameau et de chaque tige, de
« chaque plante et de chaque courge succulente, j'arracherai un
« tel choix pour traiter notre hôte angélique, qu'en le voyant
« il avouera qu'ici sur la terre Dieu a répandu ses bontés comme
« dans le ciel. »

Elle dit et part à la hâte avec des regards empressés, préoccupée de pensées hospitalières. Comment choisir ce qu'il y a de plus délicat ? quel ordre pour ne pas mêler les goûts, pour ne pas les assortir inélégants, mais pour qu'une saveur succède à une saveur relevée par le changement le plus agréable ? Ève court, et de chaque tendre tige elle cueille ce que la terre, cette mère qui porte tout, donne à l'Inde orientale et occidentale, aux rivages du milieu, dans le Pont, sur la côte punique, ou sur les bords qui virent régner Alcinoüs ; fruits de toute espèce, d'une écorce raboteuse ou d'une peau unie, renfermés dans une bogue ou dans une coquille ; large tribut qu'Ève recueille et qu'elle amoncelle sur la table d'une main prodigue. Pour boisson elle exprime de la grappe un vin doux inoffensif ; elle écrase différentes baies, et des douces amandes pressées, elle mélange une crême onctueuse : elle ne manque point de vases convenables et purs pour contenir ces breuvages. Puis elle sème la terre de roses, et des parfums de l'arbrisseau qui n'ont point été exhalés par le feu.

Cependant notre premier père pour aller à la rencontre de de son hôte céleste s'avance hors du bercean, sans autre suite que celle de ses propres perfections : en lui était toute sa cour ; cour plus solennelle que l'ennuyeuse pompe que traînent les princes, alors que leur riche et long cortége de pages chamarrés d'or, de chevaux conduits en main, éblouit les spectateurs et laisse la bouche béante. Dès qu'il fut en présence de l'archange, Adam, quoique non intimidé, toutefois avec un abord soumis et une douceur respectueuse, s'inclinant profondément comme devant une nature supérieure, lui dit :

« Natif du ciel (car aucun autre lieu que le ciel ne peut ren-
« fermer une si glorieuse forme), puisque en descendant des trô-
« nes d'en haut tu as consenti à te priver un moment de ces de-
« meures fortunées, et à honorer celles-ci, daigne avec nous,
« qui ne sommes ici que deux, et qui cependant, par un don
« souverain, possédons cette terre spacieuse, daigne te reposer
« sous l'ombrage de ce berceau : viens t'asseoir pour goûter ce
« que ce jardin offre de plus choisi, jusqu'à ce que la chaleur du
« midi soit passée, et que le soleil plus refroidi décline. »

L'angélique vertu lui répondit avec douceur :

« Adam, c'est pour cela même que je viens ici : tu es créé
« tel, ou tu as ici un tel séjour pour demeure, que cela peut sou-
« vent inviter les esprits mêmes du ciel à te visiter. Conduis-
« moi donc où ton berceau surombrage ; car de ces heures du
« milieu du jour jusqu'à ce que le soir se lève, je puis dispo-
« ser. »

Ils arrivèrent à la demeure sylvaine qui, semblable à la retraite de Pomone, souriait parée de fleurs et de senteurs charmantes. Mais Ève, non parée, excepté d'elle-même (plus aimablement belle qu'une nymphe des bois, ou que la plus belle des trois déesses fabuleuses qui luttèrent nues sur le mont Ida), Ève se tenait debout pour servir son hôte du ciel : couverte de sa vertu, elle n'avait pas besoin de voile ; aucune pensée infirme n'altérait sa joue. L'ange lui donna le salut, la sainte salutation employée longtemps après pour bénir Marie, seconde Ève.

« Salut, mère des hommes, dont les entrailles fécondes rem-
« pliront le monde de tes fils, plus nombreux que ces fruits va-
« riés dont les arbres de Dieu ont chargé cette table ! »

Leur table était un gazon élevé et touffu, entouré de siéges de mousse. Sur son ample surface carrée, d'un bout à l'autre, tout l'automne était entassé, quoique alors le printemps et l'automne dansassent ici main en main. Adam et l'ange discoururent quelque temps (ils ne craignaient pas que les mets refroidissent). Notre père commença de la sorte :

« Céleste étranger, qu'il te plaise goûter ces bontés que notre
« nourricier, de qui tout bien parfait descend sans mesure, a
« ordonné à la terre de nous céder pour aliment et pour délice ;
« nourriture peut-être insipide pour des natures spirituelles. Je
« sais seulement ceci : un Père céleste donne à tous. »

L'Ange répondit :

« Ainsi ce qu'il donne (sa louange soit à jamais chantée) à
« l'homme en partie spirituel, peut n'être pas trouvé une in-
« grate nourriture par les plus purs esprits. Les substances in-
« tellectuelles demandent la nourriture comme vos substances
« rationnelles ; les unes et les autres ont en elles la faculté in-
« férieure des sens au moyen desquels ells écoutent, voient, sen-
« tent, touchent et goûtent : le goût raffine, digère, assimile, et
« transforme le corporel en incorporel.

« Sache que tout ce qui a été créé a besoin d'être soutenu et
« nourri : parmi les éléments, le plus grossier alimente le plus
« pur : la terre et la mer nourrissent l'air, l'air nourrit ces feux
« éthérés, et d'abord la lune, comme le plus abaissé : de là sur
« sa face ronde ces taches, vapeurs non purifiées qui ne sont
« point encore converties en sa substance. La lune, de son
« continent humide, exhale aussi l'aliment aux orbes supérieurs,

« Le soleil, qui dispense la lumière à tous, reçoit de tous en hu-
« mides exhalaisons ses récompenses alimentaires, et le soir il
« fait son repas avec l'Océan. Quoique dans le ciel les arbres de
« vie portent un fruitage d'ambroisie et que les vignes donnent
« le nectar ; quoique chaque matin nous enlevions sur les ra-
« meaux des rosées de miel, que nous trouvions le sol couvert
« d'un grain perlé ; cependant ici Dieu a varié sa bonté avec tant
« de nouvelles délices, qu'on peut comparer ce jardin au ciel ; et
« pour ne pas goûter à ces dons, ne pense pas que je sois assez
« difficile. »

Ainsi l'Ange et Adam s'assirent et tombèrent sur leurs mets.
L'Ange mangea non pas en apparence, en fumée, le dire commun des théologiens, mais avec la vive hâte d'une faim réelle et la chaleur digestive pour transubstancier : ce qui surabonde transpire facilement à travers les esprits. Il ne faut pas s'en étonner, si, par le feu du noir charbon, l'empirique alchimiste peut transmuer, ou croit qu'il est possible de transmuer les métaux les plus grossiers en or aussi parfait que celui de la mine.

Cependant à table Ève servait nue, et couronnait d'agréable liqueur leurs coupes à mesure qu'elle se vidaient. Oh! innocence digne du paradis ! Si jamais les fils de Dieu eussent pu avoir une excuse pour aimer, c'eût été alors, c'eût été à cette vue ! Mais dans ces cœurs, l'amour pudique régnait, et ils ignoraient la jalousie, l'enfer de l'amant outragé.

Quand ils furent rassasiés de mets et de breuvages, sans surcharger la nature, soudain il vint à la pensée d'Adam de ne pas laisser passer l'occasion que lui donnait ce grand entretien, de s'instruire des choses au-dessus de sa sphère, de s'enquérir des êtres qui habitent dans le ciel, dont il voyait l'excellence l'emporter de si loin sur la sienne, et dont les formes radieuses (splendeur divine), dont la haute puissance, surpassaient de si loin les formes et la puissance humaines. Il adresse ainsi ce discours circonspect au ministre de l'empyrée :

« Toi qui habites avec Dieu, je connais bien à présent ta bonté
« dans cet honneur fait à l'homme, sous l'humble toit duquel tu

« as daigné entrer et goûter ces fruits de la terre qui, n'étant pas
« nourriture d'anges, sont néanmoins acceptés par toi, de sorte
« que tu sembles ne pas avoir été nourri aux grands festins du
« ciel : cependant quelle comparaison ! »

Le hiérarque ailé répliqua :

« O Adam, il est un seul Tout-Puissant, de qui toutes choses
« procèdent et à qui elles retournent, si leur bonté n'a pas été
« dépravée : toutes ont été créées semblables en perfection ; tou-
« tes formées d'une seule matière première, douées de diverses
« formes, de différents degrés de substance, et de vie dans les
« choses qui vivent. Mais ces substances sont plus raffinées,
« plus spiritualisées et plus pures, à mesure qu'elles sont plus
« rapprochées de Dieu, ou qu'elles tendent à s'en rapprocher
« plus, chacune dans leurs diverses sphères actives assignées,
« jusqu'à ce que le corps s'élève à l'esprit dans les bornes pro-
« portionnées à chaque espèce.

« Ainsi de la racine s'élance plus légère la verte tige ; de celle-
« ci sortent les feuilles plus aériennes, enfin la fleur parfaite
« exhale ses esprits odorants. Les fleurs et leur fruit, nourriture
« de l'homme, volatilisés dans une échelle graduelle, aspirent
« aux esprits vitaux, animaux, intellectuels ; ils donnent à la fois
« la vie et le sentiment, l'imagination et l'entendement, d'où
« l'âme reçoit la raison.

« La raison discursive ou intuitive est l'essence de l'âme :
« la raison discursive vous appartient le plus souvent, l'intui-
« tive appartient surtout à nous ; ne différant qu'en degrés, en
« espèce elles sont les mêmes.

« Ne vous étonnez donc pas que ce que Dieu a vu bon pour
« vous, je ne le refuse pas, mais que je le convertisse, comme
« vous, en ma propre substance. Un temps peut venir où les
« hommes participeront à la nature des anges, où ils ne trouve-
« ront ni diète incommode, ni nourriture trop légère. Peut-être
« nourris de ces aliments corporels, vos corps pourront à la lon-
« gue devenir tout esprits, perfectionnés par le laps de temps,
« et sur des ailes s'envoler comme nous dans l'éther ; ou bien

« ils pourront habiter, à leur choix, ici ou dans le paradis cé-
« leste, si vous êtes trouvés obéissants, si vous gardez inaltérable
« un amour entier et constant à celui dont vous êtes la progé-
« niture. En attendant, jouissez de toute la félicité que cet heu-
« reux état comporte, incapable qu'il est d'une plus grande. »

Le patriarche du genre humain répliqua :

« O esprit favorable, hôte prospice, tu nous as bien enseigné
« le chemin qui peut diriger notre savoir, et l'échelle de nature
« qui va du centre à la circonférence; de là en contemplation
« des choses créées nous pouvons monter par degrés jusqu'à
« Dieu. Mais dis-moi ce que signifie cet avertissement ajouté :
« Si vous êtes trouvés obéissants? Pouvons-nous donc lui man-
« quer d'obéisance, ou nous serait-il possible de déserter l'a-
« mour de celui qui nous forma de la poussière, et nous plaça
« ici, comblés au-delà de toute mesure d'un bonheur au-delà de
« celui que les désirs humains peuvent chercher ou concevoir. »

L'Ange :

« Fils du ciel et de la terre, écoute ! Que tu sois heureux, tu
« le dois à Dieu ; que tu continues de l'être, tu le devras à toi-
« même, c'est-à-dire à ton obéissance : reste dans cette obéis-
« sance. C'est là l'avertissement que je t'ai donné : retiens-le.
« Dieu t'a fait parfait, non immuable ; il t'a fait bon, mais il t'a
« laissé maître de persévérer ; il a ordonné que ta volonté fût
« libre par nature, qu'elle ne fût pas réglée par le destin iné-
« vitable, ou par l'inflexible nécessité. Il demande notre service
« volontaire, non pas notre service forcé : un tel service n'est
« et ne peut être accepté par lui : car comment s'assurer que
« des cœurs non libres agissent volontairement ou non, eux qui
« ne veulent que ce que la destinée les force de vouloir, et qui ne
« peuvent faire un autre choix ? Moi-même et toute l'armée des
« anges qui restons debout en présence du trône de Dieu, notre
« heureux état ne dure, comme vous le vôtre, qu'autant que
« dure notre obéissance : nous n'avons point d'autre sûreté.

« Librement nous servons parce que nous aimons librement,
« selon qu'il est dans notre volonté d'aimer ou de ne pas aimer ;

« par ceci nous nous maintenons ou nous tombons. Quelques-uns
« sont tombés parce qu'ils sont tombés dans la désobéissance ;
« et ainsi du haut du ciel ils ont été précipités dans le plus pro-
« fond enfer : ô chute ! de quel haut état de béatitude dans quel
« malheur ? »

Notre grand ancêtre :

« Attentif à tes paroles, divin instructeur, je les ai écoutées
« d'une oreille plus ravie que du chant des chérubins, quand
« la nuit, des coteaux voisins, ils envoient une musique aérienne.
« Je n'ignorais pas avoir été créé libre de volonté et d'action ;
« nous n'oublierons jamais d'aimer notre Créateur, d'obéir à
« celui dont l'unique commandement est toutefois si juste : mes
« constantes pensées m'en ont toujours assuré, et m'en assure-
« ront toujours. Cependant ce que tu dis de ce qui s'est passé
« dans le ciel, fait naître en moi quelque doute, mais un
« plus vif désir encore, si tu y consens, d'en entendre le récit
« entier ; il doit être étrange et digne d'être écouté dans un re-
« ligieux silence. Nous avons encore beaucoup de temps, car à
« peine le soleil achève la moitié de sa course, et commence à
« peine l'autre moitié dans la grande zone du ciel. »

Telle fut la demande d'Adam : Raphaël, consentant après
une courte pause, parla de la sorte :

« Quel grand sujet tu m'imposes, ô premier des hommes !
« tâche difficile et triste ! car comment retracerai-je aux sens
« humains les invisibles exploits d'esprits combattant ? com-
« ment, sans en être affligé, raconter la ruine d'un si grand
« nombre d'anges autrefois glorieux et parfaits, tant qu'ils res-
« tèrent fidèles ? Comment enfin dévoiler les secrets d'un autre
« monde, qu'il n'est peut-être pas permis de révéler ? Cepen-
« dant pour ton bien toute dispense est accordée. Ce qui est
« au-dessus de la portée du sens humain, je le décrirai de ma-
« nière à l'exprimer le mieux possible, en comparant les formes
« spirituelles aux formes corporelles : si la terre est l'ombre du
« ciel, les choses, dans l'une et l'autre, ne peuvent-elles se res-
« sembler plus qu'on ne le croit sur la terre ?

« Alors que ce monde n'était pas encore, le chaos informe
« régnait où roulent à présent les cieux, où la terre demeure à
« présent en équilibre sur son centre : un jour (car le temps,
« quoique dans l'éternité, appliqué au mouvement, mesure
« toutes les choses qui ont une durée par le présent, le passé et
« l'avenir), un de ces jours qu'amène la grande année du ciel,
« les armées célestes des anges, appelées de toutes les extré-
« mités du ciel par une convocation souveraine, s'assemblèrent
« innombrables devant le trône du Tout-Puissant, sous leurs
« hiérarques, en ordre brillant. Dix mille bannières levées
« s'avancèrent; étendards et gonfalons entre l'arrière et l'avant-
« garde flottaient en l'air et servaient à distinguer les hiérar-
« chies, les rangs et les degrés, ou dans leurs tissus étincelants
« portaient blasonnés de saints mémoriaux, des actes éminents
« de zèle et d'amour, recordés. Lorsque dans des cercles d'une
« circonférence indicible, les légions se tinrent immobiles,
« orbes dans orbes, le Père infini, près duquel était assis le Fils
« dans le sein de la béatitude, parla, comme du haut d'un
« mont flamboyant dont l'éclat avait rendu le sommet invi-
« sible :

« — Écoutez tous, vous, anges, race de la lumière, Trônes,
« Dominations, Principautés, Vertus, Puissances, écoutez mon
« décret qui demeurera irrévocable : ce jour j'ai engendré celui
« que je déclare mon Fils unique, et sur cette sainte montagne
« j'ai sacré celui que vous voyez maintenant à ma droite. Je l'ai
« établi votre chef et j'ai juré par moi-même que tous les ge-
« noux dans les cieux fléchiraient devant lui, et le confesse-
« raient Seigneur. Sous le règne de ce grand vice-gérant de-
« meurez unis, comme une seule âme indivisible, à jamais
« heureux. Qui lui désobéit me désobéit, rompt l'union : ce jour-
« là, rejeté de Dieu et de la vision béatifique, il tombe profon-
« dément abîmé dans les ténèbres extérieures, sa place ordonnée
« sans rédemption, sans fin. » —

« Ainsi dit le Tout-Puissant. Tous parurent satisfaits de ces
« paroles ; tous le parurent, mais tous ne l'étaient pas.

« Ce jour, comme les autres jours solennels, ils l'employèrent
« en chants et en danses autour de la colline sacrée (danses
« mystiques que la sphère étoilée des planètes et des étoiles
« fixes, dans toutes ses révolutions, imite de plus près par ses
« labyrinthes tortueux, excentriques, entrelacés, jamais plus
« réguliers que quand ils paraissent le plus irréguliers); dans
« leurs mouvements l'harmonie divine adoucit si bien ses
« tons enchanteurs, que l'oreille de Dieu même écoute char-
« mée.

« Le soir approchait (car nous avons aussi notre soir et notre
« matin, non par nécessité, mais pour variété délectable) : après
« les danses, les esprits furent désireux d'un doux repas.
« Comme ils se tenaient tous en cercle, des tables s'élevèrent et
« furent soudain chargées de la nourriture des anges. Le nec-
« tar couleur de rubis, fruit des vignes délicieuses qui croissent
« dans le ciel, coule dans des coupes de perles, de diamants et
« d'or massif. Couchés sur les fleurs et couronnés de fraîches
« guirlandes, ils mangent, ils se désaltèrent, et dans une aima-
« ble communion, boivent à longs traits l'immortalité et la joie.
« Aucune surabondance n'est à craindre là où une pleine me-
« sure est la seule limite à l'excès, en présence du Dieu de toute
« bonté, qui leur versait d'une main prodigue, se réjouissant de
« leur plaisir.

« Cependant la nuit d'ambroisie, exhalée avec les nuages de
« cette haute montagne de Dieu, d'où sortent la lumière et
« l'ombre, avait changé la face brillante du ciel en un gracieux
« crépuscule (car la nuit ne vient point là sous un plus sombre
« voile), et une rose parfumée de rose disposa tout au repos,
« hors les yeux de Dieu qui ne dorment jamais. Dans une vaste
« plaine, beaucoup plus vaste que ne le serait le globe de la
« terre déployé en plaine (tels sont les parvis de Dieu), l'armée
« angélique, dispersée par bandes et par files, étendit son camp
« le long des ruisseaux vivants, parmi les arbres de vie ; pavil-
« lons sans nombre soudain dressés ; célestes tabernacles où les
« anges sommeillent caressés de fraîches brises, excepté ceux

« qui, dans leur course, alternent toute la nuit, autour du trône
« suprême, des hymnes mélodieux.

« Mais il ne veillait pas de la sorte, Satan (ainsi l'appelle-t-on
« maintenant, son premier nom n'est plus prononcé dans le
« ciel). Lui parmi les premiers, sinon le premier des archanges,
« grand en pouvoir, en faveur, en prééminence, lui cependant
« saisi d'envie contre le Fils de Dieu, honoré ce jour-là de son
« Père, et proclamé Messie Roi consacré, ne put par orgueil
« supporter cette vue, et il se crut dégradé. De là concevant un
« dépit et une malice profonde, aussitôt que minuit eut amené
« l'heure obscure la plus amie du sommeil et du silence, il ré-
« solut de se retirer avec toutes ses légions, et, contempteur du
« trône suprême, à le laisser désobéi et inadoré. Il éveilla son
« premier subordonné, et lui parla ainsi à voix basse :

« — Dors-tu, compagnon cher ? quel sommeil peut clore tes
« paupières ? ne te souvient-il plus du décret d'hier, échappé si
« tard aux lèvres du Souverain du ciel ? Tu es accoutumé à me
« communiquer tes pensées; je suis habitué à te faire part des
« miennes : éveillés nous ne faisons qu'un ; comment donc ton
« sommeil pourrait-il à présent nous rendre dissidents ? De
« nouvelles lois, tu le vois, nous sont imposées : de nouvelles
« lois de celui qui règne peuvent faire naître, en nous qui ser-
« vons, de nouveaux sentiments et de nouveaux conseils pour
« débattre les chances qui peuvent suivre : dans ce lieu il ne
« serait pas sûr d'en dire davantage. Assemble les chefs de
« toutes ces myriades que nous conduisons; disons-leur que par
« ordre, avant que la nuit obscure ait retiré son ombrageux
« nuage, je dois me hâter, avec tous ceux qui sous moi font
« flotter leurs bannières, de revoler promptement vers le lieu
« où nous possédons les quartiers du nord, pour faire les prépa-
« ratifs convenables à la réception de notre Roi, le grand Messie,
« et de ses nouveaux commandements; son intention est de
« passer promptement en triomphe au milieu de toutes hiérar-
« chies et de leur dicter des lois. —

« Ainsi parla le perfide archange, et il versa une maligne in-

« fluence dans le sein inconsidéré de son compagnon ; celui-ci
« appelle ensemble, ou l'un après l'autre, les chefs qui com-
« mandent, sous lui-même commandant. Il leur dit, comme il
« en était chargé, que par ordre du Très-Haut, avant que la
« nuit, avant que la sombre nuit ait abandonné le ciel, le grand
« étendard hiérarchique doit marcher en avant; il leur en dit
« la cause suggérée, et jette parmi eux des mots ambigus et ja-
« loux, afin de sonder ou de corrompre leur intégrité. Tous
« obéirent au signal accoutumé, et à la voix supérieure de leur
« grand potentat ; car grand en vérité était son nom, et haut son
« rang dans le ciel : son air, pareil à celui de l'étoile du matin
« qui guide le troupeau étoilé, les séduisit, et ses impostures
« entraînèrent à sa suite la troisième partie de l'ost du ciel. »

« Cependant l'œil éternel dont le regard découvre les plus se-
« crètes pensées, du haut de sa montagne sainte et du milieu
« des lampes d'or qui brûlent nuitamment devant lui, vit, sans
« leur lumière, la rébellion naissante ; il vit en qui elle se for-
« mait, comment elle se répandait parmi les fils du matin, quelles
« multitudes se liguaient pour s'opposer à son auguste décret.
« Et souriant, il dit à son Fils unique :

« — Fils, en qui je vois ma gloire dans toute sa splendeur,
« héritier de tout mon pouvoir ! une chose maintenant nous tou-
« che de près ; il s'agit de notre omnipotence, des armes que
« nous prétendons employer pour maintenir ce que de toute an-
« cienneté nous prétendons de divinité et d'empire. Un ennemi
« s'élève avec l'intention d'ériger son trône égal aux nôtres, dans
« tout le vaste septentrion. Non content de cela, il a en pensée
« d'éprouver dans une bataille ce qu'est notre force ou notre
« droit. Songeons-y donc, et dans ce danger, rassemblons prom-
« ptement les forces qui nous restent ; servons-nous-en dans
« notre défense, de crainte de perdre par mégarde notre haute
« place, notre sanctuaire, notre montagne. »

« Le Fils lui répondit d'un air calme et pur, ineffable, serein
« et brillant de divinité :

« — Père tout-puissant, tu as justement tes ennemis en déri-

« sion ; dans ta sécurité tu ris de leurs vains projets, de leurs
« vains tumultes, sujet de gloire pour moi, qu'illustre leur haine,
« quand ils verront toute la puissance royale à moi donnée pour
« dompter leur orgueil, et pour leur apprendre par l'événement
« si je suis habile à réprimer les rebelles, ou si je dois être re-
« gardé comme le dernier dans le ciel. » —

« Ainsi parla le Fils.

« Mais Satan avec ses forces était déjà avancé dans sa course
« ailée : armée innombrable comme les astres de la nuit, ou
« comme ces gouttes de rosée, étoiles du matin, que le soleil
« convertit en perles sur chaque feuille et sur chaque fleur. Ils
« passèrent des régions, puissantes régences de séraphins, de
« potentats et de Trônes dans leurs triples degrés ; régions aux-
« quelles ton empire, Adam, n'est pas plus que ce jardin n'est
« à toute la terre et à toute la mer, au globe entier étendu en lon-
« gueur.

« Ces région passées, ils arrivèrent enfin aux limites du nord,
« et Satan à son royal séjour, placé haut sur une colline, étin-
« celant au loin comme une montagne élevée sur une montagne
« avec des pyramides et des tours taillées dans des carrières de
« diamants et dans des rochers d'or ; palais du grand Lucifer
« (ainsi cette structure est appelée dans la langue des hommes),
« que peu de temps après affectant l'égalité avec Dieu, en imita-
« tion de la montagne où le Messie fut proclamé à la vue du
« ciel, Satan nomma la *montagne d'Alliance* ; car ce fut là
« qu'il assembla toute sa suite, prétendant qu'il en avait reçu
« l'ordre, pour délibérer sur la grande réception à faire à leur
« Roi, prêt à venir. Avec cet art calomnieux qui contrefait la vé-
« rité, il captiva ainsi leurs oreilles :

« — Trônes, Dominations, Principautés, Vertus, Puissances,
« si ces titres magnifiques restent encore, et ne sont pas pu-
« rement de vains noms, depuis que par décret un autre s'est
« enflé de tout pouvoir, et nous a éclipsés par son titre de Roi
« consacré ! pour lui nous avons fait en toute hâte cette marche
« de minuit, nous nous sommes assemblés ici en désordre, uni-

« quement pour délibérer avec quels nouveaux honneurs nous
« pouvons le mieux recevoir celui qui vient recevoir de nous le
« tribut du genou, non encore payé, vile prosternation ! A un
« seul, c'était déjà trop ; mais le payer double, comment l'en-
« durer ? le payer au premier et à son image maintenant pro-
« clamée ! Mais qu'importe si de meilleurs conseils élèvent nos
« esprits, et nous apprennent à rejeter ce joug ?

« Voulez-vous tendre le cou ? Préférez-vous fléchir un genou
« assoupli ? Vous ne le voudrez pas, si je me flatte de vous bien
« connaître, ou si vous vous connaissez vous-mêmes pour
« natifs et fils du ciel que personne ne posséda avant nous. Si
« nous ne sommes pas tous égaux, nous sommes tous libres,
« également libres : car les rangs et les degrés ne jurent pas
« avec la liberté, mais s'accordent avec elle. Qui donc, en droit
« ou en raison, peut s'arroger la monarchie parmi ceux qui, de
« droit, vivent ses égaux, sinon en pouvoir et en éclat, du moins
« en liberté ?

« Qui peut introduire des lois et des édits parmi nous, nous
« qui, même sans loi, n'errons jamais ? Beaucoup moins celui-ci
« peut-il être notre maître, et prétendre à notre adoration au
« détriment de ces titres impériaux, qui attestent que notre être
« est fait pour gouverner, non pour servir ! » —

« Jusque-là ce hardi discours avait été écouté sans contrôle,
« lorsque parmi les séraphins-Abdiel (personne avec plus de
« ferveur n'adorait Dieu et n'obéissait aux divins commande-
« ments), se leva et dans le feu d'un zèle sévère s'opposa ainsi
« au torrent de la furie de Satan :

« — O argument blasphématoire, faux et orgueilleux ! paroles
« qu'aucune oreille ne pouvait s'attendre à écouter dans le ciel,
« moins encore de toi que de tous les autres, ingrat, élevé si
« haut toi-même au-dessus de tes pairs ?

« Peux-tu, avec une obliquité impie, condamner ce juste dé-
« cret de Dieu, prononcé et juré : que devant son Fils unique,
« investi par droit du sceptre royal, toute âme dans le ciel ploiera
« le genou, et par cet honneur dû le confessera Roi légitime ?

« Il est injuste, dis-tu, tout net injuste de lier par des lois celui
« qui est libre, et de laisser l'égal régner sur des égaux, un sur
« sur tous avec un pouvoir auquel nul autre ne succédera.

« Donneras-tu des lois à Dieu? Prétends-tu discuter des points
« de liberté avec celui qui t'a fait ce que tu es, qui a formé les
« puissances du ciel comme il lui a plu, et qui a circonscrit leur
« être? Cependant, enseignés par l'expérience, nous savons com-
« bien il est bon, combien il est attentif à notre bien et à notre
« dignité, combien il est loin de sa pensée de nous amoindrir,
« incliné qu'il est plutôt à exalter notre heureux état, en nous
« unissant plus étroitement sous un chef. Mais, quand on t'ac-
« corderait qu'il est injuste que l'égal règne monarque sur des
« égaux, toi-même, quoique grand et glorieux, penses-tu que
« toi ou toutes les natures angéliques réunies en une seule, éga-
« lent son Fils engendré? Par lui comme par sa parole, le Père
« tout-puissant a fait toutes choses, même toi et tous les esprits
« du ciel, créés par lui dans leurs ordres brillants ; il les a cou-
« ronnés de gloire, et à leur gloire les a nommés Trônes, Domi-
« nations, Principautés, Vertus, Puissances ; essentielles Puis-
« sances! non par son règne obscurcies, mais rendues plus il-
« lustres, puisque lui, notre chef, ainsi réduit, devient un de
« nous. Ses lois sont nos lois; tous les honneurs qu'on lui rend
« nous reviennent.

« Cesse donc cette rage impie et ne tente pas ceux-ci ; hâte-
« toi d'apaiser le Père irrité et le Fils irrité, tandis que le par-
« don, imploré à temps, peut être obtenu. »

« Ainsi parla l'ange fervent, mais son zèle non secondé fut
« jugé hors de saison ou singulier et téméraire. L'apostat s'en
« réjouit et lui répliqua avec plus de hauteur :

« — Nous avons donc été formés, dis-tu, et, œuvre de seconde
« main, transférés par tâche du Père à son Fils? Assertion
« étrange et nouvelle! Nous voudrions bien savoir où tu as ap-
« pris cette doctrine : qui a vu cette création lorsqu'elle eut
« lieu? Te souviens-tu d'avoir été fait, et quand le Créateur te
« donna l'être? Nous ne connaissons point de temps où nous

« nous n'étions pas comme à présent ; nous ne connaissons per-
« sonne avant nous : engendrés de nous-mêmes, sortis de nous-
« mêmes par notre propre force vive, lorsque le cours de la fa-
« talité eut décrit son plein orbite, et que notre naissance fut
« mûre, nous naquîmes de notre ciel natal, fils éthérés. Notre
« puissance est de nous ; notre droite nous enseignera les faits
« les plus éclatants, pour éprouver celui qui est notre égal. Tu
« verras alors si nous prétendons nous adresser à lui par sup-
« plications et environner le trône suprême en le suppliant ou
« en l'assiégeant. Ce rapport, ces nouvelles, porte-les à l'Oint du
« Seigneur, et fuis avant que quelque malheur n'interrompe ta
« fuite. »

« Il dit : et comme le bruit des eaux profondes un murmure
« rauque répondit à ces paroles applaudies de l'ost innombrable.
« Le flamboyant séraphin n'en fut pas moins sans crainte, quoi-
« que seul et entouré d'ennemis ; intrépide, il réplique :

« — O abandonné de Dieu, ô esprit maudit, dépouillé de tout
« bien ! je vois ta chute certaine : et ta bande malheureuse,
« enveloppée dans cette perfidie, est atteinte de la contagion de
« ton crime et de ton châtiment.

« Désormais ne t'agite plus pour savoir comment tu secoue-
« ras le joug du Messie de Dieu ; ces indulgentes lois ne seront plus
« désormais invoquées : d'autres décrets sont déjà lancés contre
« toi sans appel. Ce sceptre d'or, que tu repousses, est mainte-
« nant une verge de fer pour meurtrir et briser ta désobéis-
« sance. Tu m'as bien conseillé : je fuis, non toutefois par ton
« conseil et devant tes menaces ; je fuis ces tentes criminelles et
« réprouvées, dans la crainte que l'imminente colère éclatant
« dans une flamme soudaine, ne fasse aucune distinction. At-
« tends-toi à sentir bientôt sur ta tête son tonnerre, feu qui dé-
« vore. Alors tu apprendras, en gémissant, à connaître celui qui
« t'a créé quand tu connaîtras celui qui peut t'anéantir. » —

« Ainsi parle le séraphin Abdiel, trouvé fidèle parmi les infi-
« dèles, fidèle seul. Chez d'innombrables imposteurs, immuable,
« inébranlé, non séduit, non terrifié, il garda sa loyauté, son

« amour et son zèle. Ni le nombre ni l'exemple ne purent le
« contraindre à s'écarter de la vérité, ou à altérer, quoique seul,
« la constance de son esprit. Il se retira du milieu de cette ar-
« mée ; pendant un long chemin, il passa à travers les dédains
« ennemis ; il les soutint, supérieur à l'injure, ne craignant rien
« de la violence ; avec un mépris rendu, il tourna le dos à ces
« orgueilleuses tours vouées à une prompte destruction. »

LIVRE SIXIÈME

ARGUMENT

Raphaël continue à raconter comment Michel et Gabriel furent envoyés pour combattre contre Satan et ses anges. La première bataille décrite. Satan, avec ses Puissances, se retire pendant la nuit : il convoque un conseil, invente des machines diaboliques qui, au second jour de la bataille, mirent en désordre Michel et ses anges. Mais à la fin, arrachant les montagnes, ils ensevelirent les forces et les machines de Satan. Cependant le tumulte ne cessant pas, Dieu, le troisième jour, envoya son fils le Messie, auquel il avait réservé la gloire de cette victoire. Le Fils, dont la puissance de son Père, venant au lieu du combat, ordonnant à tous ses légions de rester tranquilles des deux côtés, se précipitant avec son char et son tonnerre au milieu des ennemis, les poursuit, incapables qu'ils étaient de résister, vers la muraille du ciel. Le ciel s'ouvrant, ils tombent en bas avec horreur et confusion, au lieu du châtiment préparé pour eux dans l'abîme : le Messie retourne triomphant à son Père.

« Toute la nuit, l'ange intrépide, non poursuivi, continua sa
« route à travers la vaste plaine du ciel, jusqu'à ce que le Matin,
« éveillé par les Heures qui marchent en cercle, ouvrit sa main
« de rose les portes de la lumière. Il est sous le mont de Dieu et
« tout près de son trône, une grotte qu'habitent et déshabitent
« tour à tour la lumière et les ténèbres en perpétuelle succession,
« ce qui produit dans le ciel une agréable vicissitude pareille
« au jour et à la nuit. La lumière sort, et par l'autre porte
« entrent les ténèbres obéissantes, attendant l'heure de voiler
« les cieux, bien que là les ténèbres ressemblent au crépus-
« cule ici.

« Maintenant l'aurore se levait telle qu'elle est dans le plus
« haut ciel, vêtue de l'or de l'empyrée ; devant elle s'évanouis-

« sait la nuit percée des rayons de l'orient : soudain toute la
« campagne, couverte d'épais et brillants escadrons rangés en
« bataille, de chariots, d'armes flamboyantes, de chevaux de feu,
« réfléchissant éclairs sur éclairs, frappe la vue d'Abdiel; il
« aperçut la guerre, la guerre dans son appareil, et il trouva déjà
« connue la nouvelle qu'il croyait apporter. Il se mêla, plein de
« joie, à ces puissances amies, qui reçurent avec allégresse et
« avec d'immenses acclamations le seul qui, de tant de myriades
« perdues, le seul qui revenait sauvé. Elles le conduisent haute-
« ment applaudi à la montagne sacrée et le présentent au trône
« suprême. Une voix, du milieu d'un nuage d'or, fut douce-
« ment entendue.

« — Serviteur de Dieu, tu as bien fait; tu as bien combattu
« dans le meilleur combat, toi, qui seul as soutenu contre des
« multitudes révoltées la cause de la vérité, plus puissant en pa-
« roles qu'elles ne le sont en armes. Et pour rendre témoignage
« à la vérité, tu as bravé le reproche universel, pire à supporter
« que la violence; car ton unique soin était de demeurer ap-
« prouvé du regard de Dieu, quoique des mondes te jugeassent
« pervers. Un triomphe plus facile maintenant te reste, aidé
« d'une armée d'amis : c'est de retourner chez tes ennemis
« plus glorieux que tu n'en fus méprisé quand tu les quittas, de
« soumettre par la force ceux qui refusent la raison pour leur
« loi, la droite raison pour leur loi, et pour leur roi le Messie,
« régnant par droit de mérite.

« Va, Michel, prince des armées célestes, et toi immédiate-
« ment après lui en achèvements militaires, Gabriel : conduisez
« au combat ceux-ci, mes invincibles enfants; conduisez mes
« saints armés, rangés par milliers et millions pour la bataille,
« égaux en nombre à cette foule rebelle et sans dieu. Assaillez-
« les sans crainte avec le feu et les armes hostiles, en les pour-
« suivant jusqu'au bord du ciel, chassez-les de Dieu et du
« bonheur vers le lieu de leur châtiment, le gouffre du Tartare,
« qui déjà ouvre large son brûlant chaos pour recevoir leur
« chute. » —

« Ainsi parla la voix souveraine, et les nuages commencèrent
« à obscurcir toute la montagne, et la fumée à rouler en noirs
« torses, en flammes retenues, signal du réveil de la colère.
« Avec non moins de terreur, l'éclatante trompette éthérée
« commence à souffler d'en haut; à ce commandement les puis-
« sances militantes qui tenaient pour le ciel (formées en puis-
« sant carré dans une union irrésistible) avancèrent en silence
« leurs brillantes légions, au son de l'instrumentale harmonie
« qui inspire l'héroïque ardeur des actions aventureuses, sous
« des chefs immortels, pour la cause de Dieu et de son Messie.
« Elles avancent fermes et sans se rompre : ni haute colline, ni
« vallée rétrécie, ni bois, ni ruisseau, ne divisent leurs rangs
« parfaits, car elles marchent élevées au-dessus du sol, et l'air
« obéissant soutient leur pas agile : comme l'espèce entière des
« oiseaux rangés en ordre sur leur aile, furent appelés dans
« Éden pour recevoir leurs noms de toi, ô Adam, ainsi les lé-
« gions parcoururent maints espaces dans le ciel, maintes pro-
« vinces dix fois grandes comme la longueur de la terre.

« Enfin loin à l'horizon du nord se montra, d'une extrémité à
« l'autre, une région de feu, étendue sous la forme d'une armée.
« Bientôt en approchant apparurent les puissances liguées de
« Satan, hérissées des rayons innombrables des lances droites et
« inflexibles; partout casques pressés, boucliers variés peints
« d'insolents emblèmes : ces troupes se hâtaient avec une pré-
« cipitation furieuse, car elles se flattaient d'emporter ce jour-là
« même, par combat ou surprise, le mont de Dieu, et d'asseoir
« sur son trône le superbe aspirant, envieux de son empire;
« mais au milieu du chemin leurs pensées furent reconnues
« folles et vaines. Il nous sembla d'abord extraordinaire que
« l'ange fît la guerre à l'ange, qu'ils se rencontrassent dans une
« furieuse hostilité ceux-là accoutumés à se rencontrer si sou-
« vent unis aux fêtes de la joie et de l'amour comme fils d'un
« seul maître, et chantant l'éternel Père; mais le cri de la ba-
« taille s'éleva, et le bruit rugissant de la charge mit fin à toute
« pensée plus douce.

« Au milieu des siens, l'apostat, élevé comme un dieu, était
« assis sur son char de soleil, idole d'une majesté divine, entouré
« de chérubins flamboyants et de boucliers d'or. Bientôt il des-
« cendit de ce trône pompeux, car il ne resta déjà plus entre les
« deux armées qu'un espace étroit (intervalle effrayant!) et front
« contre front elles présentaient arrêtées une terrible ligne
« d'une affreuse longueur. A la sombre avant-garde, sur le rude
« bord des bataillons, avant qu'ils se joignissent, Satan à pas
« immenses et superbes, couvert d'une armure d'or et de dia-
« mant, s'avançait comme une tour, Abdiel ne put supporter
« cette vue; il se tenait parmi les plus braves, et se préparait
« aux plus grands exploits; il sonde ainsi son cœur résolu :

« — O ciel! une telle ressemblance avec le Très-Haut peut-
« elle rester où la foi et la réalité ne restent plus? Pourquoi la
« puissance ne défaut-elle pas là où la vertu a failli, ou pour-
« quoi le plus présomptueux n'est-il pas le plus faible? Quoique
« à le voir Satan semble invincible, me confiant au secours du
« Tout-Puissant, je prétends éprouver la force de celui dont j'ai
« déjà éprouvé la raison fausse et corrompue : n'est-il pas juste
« que celui qui l'a emporté dans la lutte de la vérité l'emporte
« dans les armes, vainqueur pareillement dans les deux com-
« bats? Si le combat est brutal et honteux quand la raison se
« mesure avec la force, encore il est d'autant plus juste que la
« raison triomphe. » —

« Ainsi réfléchissant il sort à l'opposite du milieu de ses pairs
« armés; il rencontre à mi-voie son audacieux ennemi, qui se
« voyant prévenu en devient plus furieux; il le défie ainsi avec
« assurance :

« — Superbe, vient-on au-devant de toi? Ton espérance était
« d'atteindre inopposé la hauteur où tu aspires, d'atteindre le
« trône de Dieu non gardé et son côté abandonné par la terreur
« de ton pouvoir ou de ta langue puissante. Insensé! tu ne son-
« geais pas combien il est vain de se lever en armes contre le
« Tout-Puissant, contre celui qui des plus petites choses aurait
« pu lever sans fin d'incessantes armées pour écraser ta folie ;

« ou, de sa main solitaire atteignant au-delà de toute limite, il
« pourrait d'un seul coup, sans assistance, te finir, et ensevelir
« tes légions sous les ténèbres. Mais t'en aperçois-tu? tous ne
« sont pas à ta suite; il en est qui préfèrent la foi et pitié envers
« Dieu, bien qu'ils te fussent invisibles alors qu'à ton monde je
« semblais être dans l'erreur, en différant seul de l'avis de tous.
« Tu la vois, ma secte maintenant : apprends trop tard que
« quelques-uns peuvent savoir, quand des milliers se trom-
« pent. » —

« Le grand ennemi le regardant de travers d'un œil de dé-
« dain :

« — A la male heure pour toi, mais à l'heure désirée de ma
« vengeance, toi que je cherchais le premier, tu reviens de ta
« fuite, ange séditieux, pour recevoir ta récompense méritée,
« pour faire le premier essai de ma droite provoquée, puisque
« ta langue inspirée de la contradiction osa la première s'oppo-
« ser à la troisième partie des dieux réunis en synode pour
« assurer leurs divinités. Ceux qui sentent en eux une vigueur
« divine, ne peuvent accorder l'omnipotence à personne. Mais
« tu te portes en avant de tes compagnons, ambitieux que tu es
« de m'enlever quelques plumes, pour que ton succès puisse
« annoncer la destruction du reste : je m'arrête un moment, de
« peur que tu ne te vantes qu'on n'ait pu te répondre : je veux
« t'apprendre ceci : je crus d'abord que liberté et ciel ne fai-
« saient qu'un pour les âmes célestes; mais je vois à présent que
« plusieurs, par bassesse, préfèrent servir; esprits domestiqués
« traînés dans les fêtes et les chansons! Tels sont ceux que tu as
« armés, les ménétriers du ciel, l'esclavage pour combattre la
« liberté : ce que sont leurs actions comparées, ce jour le
« prouvera. » —

« Le sévère Abdiel répond brièvement :

« — Apostat, tu te trompes encore : éloigné de la voie de la
« vérité, tu ne cesseras plus d'errer. Injustement tu flétris du
« nom de servitude l'obéissance que Dieu ou la nature ordonne.
« Dieu et la nature commandent la même chose, lorsque celui

« qui gouverne est le plus digne, et qu'il excelle sur ceux qu'il
« gouverne. La servitude est de servir l'insensé ou celui qui
« s'est révolté contre un plus digne que lui, comme les tiens te
« servent à présent, toi non libre, mais esclave de toi-même.
« Et tu oses effrontément insulter à notre devoir ! Règne dans
« l'enfer, ton royaume; laisse-moi servir dans le ciel Dieu à
« jamais béni, obéir à son divin commandement qui mérite le
« plus d'être obéi ; toutefois attends dans l'enfer, non des
« royaumes, mais des chaînes. Cependant revenu de ma fuite,
« comme tu le disais tout à l'heure, reçois ce salut sur ta crête
« impie. » —

« A ces mots, il lève un noble coup qui ne resta point sus-
« pendu, mais tomba comme la tempête sur la crête orgueilleuse
« de Satan : ni la vue, ni le mouvement de la rapide pensée,
« moins encore le bouclier, ne purent prévenir la ruine. Dix
« pas énormes il recule; au dixième, sur son genou fléchi il est
« soutenu par sa lance massive, comme si, sur la terre, des vents
« sous le sol ou des eaux forçant leur passage eussent poussé
« obliquement hors de sa place une montagne, à moitié abîmée
« avec tous ses pins. L'étonnement saisit les Trônes rebelles,
« mais une rage plus grande encore, quand ils virent ainsi abattu
« le plus puissant d'entre eux. Les nôtres, remplis de joie et de
« l'ardent désir de combattre, poussèrent un cri, présage de la
« victoire. Michel ordonne de sonner l'archangélique trompette ;
« elle retentit dans le vaste du ciel, et les anges fidèles chantent
« Hosanna au Très-Haut. De leur côté, les légions adverses ne
« restèrent pas à nous contempler ; non moins terribles, elles se
« joignirent dans l'horrible choc.

« Alors s'élevèrent une orageuse furie et des clameurs telles
« qu'on n'en avait jamais jusqu'alors entendu dans le ciel. Les
« armes heurtant l'armure crient en horrible désaccord; les
« roues furieuses des chariots d'airain rugissent avec rage : ter-
« rible est le bruit de la bataille! Sur nos têtes les sifflements
« aigus des dards embrasés volent en flamboyantes volées, et en
« volant voûtent de feu les deux osts. Sous cette coupole ar-

« dente, se précipitaient au combat les corps d'armée dans un
« assaut funeste et une fureur inextinguible; tout le ciel reten-
« tissait; si la terre eût été alors, toute la terre eût tremblé
« jusqu'à son centre.

« Faut-il s'en étonner quand de l'un et de l'autre côté, fiers
« adversaires, combattaient des millions d'anges dont le plus
« faible pourrait manier les éléments, et s'armer de la force de
« toutes leurs régions? Combien donc deux armées combattant
« l'une contre l'autre avaient-elles plus de pouvoir pour allumer
« l'épouvantable combustion de la guerre, pour bouleverser,
« sinon pour détruire leur fortuné séjour natal, si le Roi tout-
« puissant et éternel, tenant le ciel d'une main ferme, n'eût
« dominé et limité leur force! En nombre, chaque légion res-
« semblait à une nombreuse armée; en force, chaque main
« armée valait une légion. Conduit au combat, chaque soldat
« paraissait un chef, chaque chef, un soldat; ils savaient quand
« avancer ou s'arrêter, quand détourner le fort de la bataille,
« quand ouvrir et quand fermer les rangs de la hideuse guerre.
« Ni pensée de fuite, ni pensée de retraite, ni action malséante
« qui marquât la peur : chacun comptait sur soi, comme si de
« son bras seul dépendait le moment de la victoire.

« Des faits d'une éternelle renommée furent accomplis, mais
« sans nombre; car immense et variée se déployait cette guerre;
« tantôt combat maintenu sur un terrain solide; tantôt prenant
« l'essor sur une aile puissante, et tourmentant tout l'air : alors
« tout l'air semblait un feu militant. La bataille en balance
« égale fut longtemps suspendue, jusqu'à ce que Satan, qui ce
« jour-là avait montré une force prodigieuse, et ne rencontrait
« point d'égal dans les armes; jusqu'à ce que Satan, courant de
« rang en rang à travers l'affreuse mêlée des séraphins en dé-
« sordre, vit enfin le lieu où l'épée de Michel fauchait et abattait
« des escadrons entiers.

« Michel tenait à deux mains avec une force énorme cette
« épée qu'il brandissait en l'air : l'horrible tranchant tombait,
« dévastant au large. Pour arrêter une telle destruction, Satan

« se hâte et oppose au fer de Michel l'orbe impénétrable de dix
« feuilles de diamant, son ample bouclier, vaste circonférence.
« A son approche, le grand archange sursit à son travail guer-
« rier; ravi, dans l'espoir de terminer ici la guerre intestine du
« ciel (le grand ennemi étant vaincu ou traîné captif dans les
« chaînes), il fronce un sourcil redoutable, et, le visage en-
« flammé, il parle ainsi le premier :

« — Auteur du mal, inconnu et sans nom dans le ciel jus-
« qu'à ta révolte, aujourd'hui abondant comme tu le vois, à ces
« actes d'une lutte odieuse, odieuse à tous, quoique par une
« juste mesure elle pèse le plus sur toi et sur tes adhérents. Com-
« ment as-tu troublé l'heureuse paix du ciel et apporté dans la
« nature la misère, incréée avant le crime de ta rébellion ! com-
« bien as-tu empoisonné de ta malice des milliers d'anges, jadis
« droits et fidèles, maintenant devenus traîtres ! Mais ne crois
« pas bannir d'ici le saint repos ; le ciel te rejette de toutes ses
« limites ; le ciel, séjour de la félicité, n'endure point les œuvres
« de la violence et de la guerre. Hors d'ici donc ! Que le mal,
« ton fils, aille avec toi au séjour du mal, l'enfer, avec toi et ta
« bande perverse ! Là fomente des troubles ; mais n'attends pas
« que cette épée vengeresse commence ta sentence, ou que
« quelque vengeance plus soudaine à qui Dieu donnera des ailes,
« ne te précipite avec des douleurs redoublées. » —

« Ainsi parle le prince des anges. Son adversaire ré-
« pliqua :

« Ne pense pas, par le vent de tes menaces, imposer à celui
« à qui tu ne peux imposer par tes actions. Du moindre de ceux-ci
« as-tu causé la fuite ? ou si tu les forças à la chute, ne se sont-
« ils pas relevés invaincus ? Espérerais-tu réussir plus aisément
« avec moi, arrogant, et avec tes menaces me chasser d'ici ?
« Ne t'y trompe pas : il ne finira pas ainsi le combat que tu ap-
« pelles mal, mais que nous appelons combat de gloire. Nous
« prétendons le gagner, ou transformer ce ciel dans l'enfer, dont
« tu dis des fables. Ici du moins nous habiterons libres, si nous
« ne régnons. Toutefois, je ne fuirais pas ta plus grande force,

« quand celui qu'on nomme le Tout-Puissant viendrait à ton
« aide : de près comme de loin je t'ai cherché. » —

« Ils cessèrent de parler, et tous deux se préparèrent à un
« combat inexprimable : qui pourrait le raconter, même avec la
« langue des anges ? à quelles choses pourrait-on le comparer
« sur la terre, qui fussent assez remarquables pour élever l'ima-
« gination humaine à la hauteur d'un pouvoir semblable à celui
« d'un Dieu ? Car ces deux chefs, soit qu'ils marchassent, ou
« demeurassent immobiles, ressemblaient à des dieux par la
« taille, le mouvement, les armes, faits qu'ils étaient pour déci-
« der de l'empire du grand ciel. Maintenant leurs flamboyantes
« épées ondoient et décrivent dans l'air des cercles affreux ; leurs
« boucliers, deux larges soleils, resplendissent opposés, tandis
« que l'attente reste dans l'horreur. De chaque côté la foule des
« anges se retira précipitamment du lieu où la mêlée était aupa-
« ravant la plus épaisse, et laissa un vaste champ où il n'y avait
« pas sûreté dans le vent d'une pareille commotion.

« Telles, pour faire comprendre les grandes choses par les
« petites, si la concorde de la nature se rompait, si parmi les con-
« stellations la guerre était déclarée, telles deux planètes, préci-
« pitées sous l'influence maligne de l'opposition la plus violente,
« combattraient au milieu du firmament, et confondraient leurs
« sphères ennemies.

« Les deux chefs lèvent ensemble leurs menaçants bras qui
« approchent en pouvoir de celui du Tout-Puissant ; ils ajustent
« un coup capable de tout terminer, et qui, n'ayant pas besoin
« d'être répété, ne laisse pas le pouvoir indécis. En vigueur ou
« en agilité, ils ne paraissent pas inégaux ; mais l'épée de Mi-
« chel, tirée de l'arsenal de Dieu, lui avait été donnée trempée
« de sorte que nulle autre, par la pointe ou la lame, ne pouvait
« résister à ce tranchant. Elle rencontre l'épée de Satan ; et,
« descendant pour frapper avec une force précipitée, la coupe
« net par la moitié : elle ne s'arrête pas ; mais d'un rapide revers,
« entrant profondément, elle fend tout le côté droit de l'ar-
« change.

« Alors pour la première fois Satan connut la douleur, et se
« tordit çà et là convulsé ; tant la tranchante épée, dans une
« blessure continue, passa cruelle à travers lui ! Mais la substance
« éthérée, non longtemps divisible, se réunit : un ruisseau de
« nectar sortit de la blessure, se répandit couleur de sang (de ce
« sang tel que les esprits célestes peuvent en répandre) et souilla
« son armure, jusqu'alors si brillante. Aussitôt à son aide ac-
« coururent de tous côtés un grand nombre d'anges vigoureux
« qui interposèrent leur défense ; tandis que d'autres l'empor-
« tent sur leurs boucliers à son char, où il demeura retiré loin
« des rangs de la guerre. Là, ils le déposèrent grinçant des dents
« de douleur, de dépit et de honte, de trouver qu'il n'était pas sans
« égal : son orgueil était humilié d'un pareil échec, si fort au-
« dessous de sa prétention d'égaler Dieu en pouvoir.

« Toutefois il guérit vite ; car les esprits qui vivent en totalité,
« vivant entiers dans chaque partie (non comme l'homme frêle,
« dans les entrailles, le cœur ou la tête, le foie ou les reins), ne
« sauraient mourir que par l'anéantissement : ils ne peuvent
« recevoir de blessure mortelle dans leur tissu liquide, pas plus
« que n'en peut recevoir l'air fluide ; ils vivent tout cœur, tout
« tête, tout œil, tout oreille, tout intellect, tout sens ; ils se don-
« nent à leur gré des membres, et ils prennent la couleur, la
« forme et la grosseur qu'ils aiment le mieux, dense ou rare.

« Cependant des faits semblables, et qui méritaient d'être re-
« mémorés, se passaient ailleurs, là où la puissance de Gabriel
« combattait : avec de fières enseignes, il perçait les bataillons
« profonds de Moloch, roi furieux qui le défiait, et qui menaçait
« de le traîner attaché aux roues de son char ; la langue blasphé-
« matrice de cet ange n'épargnait pas même l'unité sacrée du
« ciel. Mais tout à l'heure fendu jusqu'à la ceinture, ses armes
« brisées, et dans une affreuse douleur, il fuit en mugissant.

« A chaque aile, Uriel et Raphaël vainquirent d'insolents en-
« nemis, Adramaleck et Asmodée, quoique énormes et ar-
« més de rochers de diamant, deux puissants Trônes qui dédai-
« gnaient d'être moins que des dieux ; leur fuite leur enseigna

« des pensées plus humbles, broyés qu'ils furent par des blessures
« effroyables, malgré la cuirasse et la cotte de mailles. Abdiel
« n'oublia pas de fatiguer la troupe athée ; à coups redoublés il
« renversa Ariel, Arioc, et la violence de Ramiel, écorché et
« brûlé.

« Je pourrais parler de mille autres et éterniser leurs noms
« ici sur la terre ; mais ces anges élus, contents de leur renom-
« mée dans le ciel, ne cherchent pas l'approbation des hommes.
« Quant aux autres, bien qu'étonnants en puissance, en actions
« de guerre, et avides de renommée, comme ils sont par arrêt
« effacés du ciel et de la mémoire sacrée, laissons-les habiter
« sans nom le noir oubli. La force séparée de la vérité et de la
« justice, indigne de louange, ne mérite que reproche et ignomi-
« nie : toutefois, vaine et arrogante, elle aspire à la gloire, et
« cherche à devenir fameuse par l'infamie : que l'éternel silence
« soit son partage !

« Et maintenant, leurs plus puissants chefs abattus, l'armée
« plia, par plusieurs charges enfoncée : la déroute informe et le
« honteux désordre y entrèrent ; le champ de bataille était semé
« d'armes brisées ; les chars et leurs conducteurs, les coursiers
« de flammes écumants, étaient renversés en monceaux. Ce qui
« reste debout recule et accablé de fatigue dans l'ost satanique
« exténué qui se défend à peine ; surpris par la pâle frayeur et
« par le sentiment de la douleur, ces anges fuient ignominieuse-
« ment, amenés à ce mal par le péché de la désobéissance : jus-
« qu'à cette heure, ils n'avaient été assujettis ni à la crainte, ni
« à la fuite, ni à la douleur.

« Il en était tout autrement des inviolables saints ; d'un pas
« assuré, en phalange carrée, ils avançaient entiers, invulnéra-
« bles, impénétrablement armés ; tel était l'immense avantage
« que leur donnait leur innocence sur leurs ennemis ; pour n'a-
« voir pas péché, pour n'avoir pas désobéi, au combat ils de-
« meuraient sans fatigue, inexposés à souffrir des blessures, bien
« que de leur rang par la violence écartés.

« La nuit à présent commençait sa course ; répandant dans

« le ciel l'obscurité, elle imposa le silence, et une agréable trêve
« à l'odieux fracas de la guerre ; sous son abri nébuleux se re-
« tirèrent le vainqueur et le vaincu. Michel et ses anges, restés
« les maîtres, campent sur le champ de bataille, posent leurs
« sentinelles à l'entour, chérubins agitant des flammes. De l'au-
« tre part, Satan avec ses rebelles disparut, au loin retiré dans
« l'ombre. Privé de repos, il appelle de nuit ses potentats au
« conseil ; au milieu d'eux et non découragé, il leur parle
« ainsi :

« — O vous, à présent par le danger éprouvés, à présent con-
« nus dans les armes pour ne pouvoir être dominés, chers com-
« pagnons, trouvés non-seulement dignes de la liberté (trop
« mince prétention), mais, ce qui nous touche davantage, dignes
« d'honneur, d'empire, de gloire et de renommée ! vous avez sou-
« tenu pendant un jour dans un combat douteux (si pendant un
« jour, pourquoi pas pendant des jours éternels ?), vous avez sou-
« tenu l'attaque de ce que le Seigneur du ciel, d'autour de son
« trône, avait à envoyer de plus puissant contre nous, ce qu'il
« avait jugé suffisant pour nous soumettre à sa volonté : il n'en
« est pas ainsi arrivé !... Donc, ce me semble, nous pouvons le
« regarder comme faillible lorsqu'il s'agit de l'avenir, bien que
« jusqu'ici on avait cru à son omniscience. Il est vrai, moins
« fortement armés, nous avons eu quelques désavantages, nous
« avons enduré quelques souffrances jusqu'alors inconnues ;
« mais aussitôt qu'elles ont été connues, elles ont été méprisées,
« puisque nous savons maintenant que notre forme empyrée, ne
« pouvant recevoir d'atteinte mortelle, est impérissable ; quoi-
« que percée de blessures, elle se referme bientôt, guérie par
« sa vigueur native. A un mal si léger regardez donc le remède
« comme facile. Peut-être des armes plus valides, des armes
« plus impétueuses, serviront dans la prochaine rencontre à
« améliorer notre position, à rendre pire celle de nos ennemis,
« ou à égaliser ce qui fait entre nous l'imparité, qui n'existe pas
« dans la nature. Si quelque autre cause cachée les a laissés su-
« périeurs, tant que nous conservons notre esprit entier et notre

« entendement sain, une délibération et une active recherche
« découvriront cette cause. » —

« Il s'assit, et dans l'assemblée se leva Nisroc, le chef des
« principautés ; il se leva comme un guerrier échappé d'un com-
« bat cruel : travaillé de blessures, ses armes fendues et hachées
« jusqu'à destruction ; d'un air sombre il parla en répondant
« ainsi :

« — Libérateur, toi qui nous délivras des nouveaux maîtres,
« guide à la libre jouissance de nos droits comme dieux, il est
« dur cependant pour des dieux, nous la trouvons trop inégale
« la tâche de combattre dans la douleur contre des armes iné-
« gales, contre des ennemis exempts de douleur et impassibles.
« De ce mal, notre ruine doit nécessairement advenir ; car que
« sert la valeur ou la force, quoique sans pareilles, lorsqu'on est
« dompté par la douleur qui subjugue tout et fait lâcher les
« mains aux plus puissants ? Peut-être pourrions-nous retran-
« cher de la vie le sentiment du plaisir et ne pas nous plaindre,
« mais vivre contents, ce qui est la vie la plus calme ; mais la
« douleur est la parfaite misère, le pire des maux, et si elle est
« excessive, elle surmonte toute patience. Celui qui pourra donc
« inventer quelque chose de plus efficace, pour porter des bles-
« sures à nos ennemis encore invulnérables, ou qui saura nous
« armer d'une défense pareille à la leur, ne méritera pas moins
« de moi que celui auquel nous devons notre délivrance. » —

« Satan, avec un visage composé, répliqua :

« — Ce secours, non encore inventé, que tu crois justement
« si essentiel à nos succès, je te l'apporte. Qui de nous contemple
« la brillante surface de ce terrain céleste sur lequel nous vivons,
« ce spacieux continent du ciel, orné de plante, de fruit, de fleur
« d'ambroisie, de perles et d'or ; qui de nous regarde assez su-
« perficiellement ces choses pour ne pas comprendre d'où elles
« germent profondément sous la terre, matériaux noirs et crus
« d'une écume spiritueuse et ignée, jusqu'à ce que, touchées et
« pénétrées d'un rayon des cieux, elles poussent si belles et s'é-
« panouissent à la lumière ambiante ?

« Ces semences, dans leur noire nativité, l'abîme nous les
« cédera, fécondées d'une flamme infernale. Foulées dans des
« machines creuses, longues et rondes, à l'autre ouverture dila-
« tées et embrasées par le toucher du feu, avec le bruit du ton-
« nerre, elles enverront de loin à notre ennemi de tels instru-
« ments de désastre, qu'ils abîmeront, mettront en pièces tout ce
« qui s'élèvera à l'opposé; nos adversaires craindront que nous
« n'ayons désarmé le Dieu tonnant de son seul trait redoutable.
« Notre travail ne sera pas long; avant le lever du jour l'effet
« remplira notre attente. Cependant revivons! Quittons la
« frayeur : à la force et à l'habileté réunies songeons que rien
« n'est difficile, encore moins désespéré. » —

« Il dit : ses paroles firent briller leur visage abattu et ravi-
« vèrent leur languissante espérance. Tous admirent l'inven-
« tion; chacun s'étonne de n'avoir pas été l'inventeur; tant
« paraît aisée, une fois trouvée, la chose qui non trouvée aurait
« été crue impossible! Par hasard, dans les jours futurs (si la
« malice doit abonder), quelqu'un de ta race, ô Adam, appli-
« qué à la perversité, ou inspiré par une machination diabo-
« lique, pourrait inventer un pareil instrument pour désoler
« les fils des hommes entraînés par le péché à la guerre et au
« meurtre.

« Les démons, sans délai, volent du conseil à l'ouvrage; nul
« ne demeura discourant; d'innombrables mains sont prêtes;
« en un moment ils retournent largement le sol céleste, et ils
« aperçoivent dessous les rudiments de la nature dans leur
« conception brute; ils rencontrent des écumes sulfureuses
« et nitreuses, les marient, et par un art subtil les rédui-
« sent, adustes et cuites, en grains noirs, et les mettent en
« réserve.

« Les uns fouillent les veines cachées des métaux et des
« pierres (cette terre a des entrailles assez semblables) pour y
« trouver leurs machines et leurs balles, messagères de ruine;
« les autres se pourvoient de roseaux allumés, pernicieux par
« le seul toucher du feu. Ainsi avant le point du jour ils finirent

« tout en secret, la nuit le sachant, et se rangèrent en ordre
« avec une silencieuse circonspection, sans être aperçus.

« Dès que le bel et matinal orient apparut dans le ciel, les
« anges victorieux se levèrent, et la trompette du matin chanta :
« Aux armes! Ils prirent leurs rangs en panoplie d'or; troupe
« resplendissante, bientôt réunie. Quelques-uns du haut des
« collines de l'aurore, regardent à l'entour; et des éclaireurs
« légèrement armés rôdent de tous côtés dans chaque quartier,
« pour découvrir le distant ennemi, pour savoir dans quel lieu
« il a campé ou fui, si pour combattre il est en mouvement, ou
« fait halte. Bientôt ils le rencontrèrent bannières déployées,
« s'approchant en bataillon lent, mais serré. En arrière, d'une
« vitesse extrême, Zophiel, des chérubins l'aile la plus rapide,
« vient volant et crie du milieu des airs :

« — Aux armes, guerriers, aux armes pour le combat! l'en-
« nemi est près; ceux que nous croyions en fuite nous épargne-
« ront, ce jour, une longue poursuite : ne craignez pas qu'ils
« fuient; ils viennent aussi épais qu'une nuée, et je voix fixée
« sur leur visage la morne résolution et la confiance. Que cha-
« cun endosse bien sa cuirasse de diamant, que chacun enfonce
« bien son casque, que chacun embrasse fortement son large
« bouclier, baissé ou levé; car ce jour, si j'en crois mes conjec-
« tures, ne répandra pas une bruine, mais un orage retentissant
« de flèches barbelées de feu. » —

« Ainsi Zophiel avertissait ceux qui d'eux-mêmes étaient sur
« leurs gardes. En ordre, libres de toutes entraves, s'empressant
« sans trouble, ils vont au cri d'alarme, et s'avancent en ba-
« taille. Quand voici venir à peu de distance, à pas pesants,
« l'ennemi s'approchant épais et vaste, traînant dans un carré
« creux ses machines diaboliques enfermées de tous côtés par
« des escadrons profonds qui voilaient la fraude. Les deux ar-
« mées s'apercevant, s'arrêtent quelque temps; mais soudain
« Satan parut à la tête de la sienne, et fut entendu commandant
« ainsi à haute voix :

« — Avant-garde! à droite et à gauche, déployez votre front,

« afin que tous ceux qui nous haïssent puissent voir combien
« nous cherchons la paix et la conciliation, combien nous
« sommes prêts à les recevoir à cœur ouvert, s'ils accueillent nos
« ouvertures, et s'ils ne nous tournent pas le dos méchamment;
« mais je le crains. Cependant témoin le ciel! ô ciel, sois té-
« moin à cette heure, que nous déchargeons franchement notre
« cœur! Vous qui, désignés, vous tenez debout, acquittez-vous
« de votre charge; touchez brièvement ce que nous proposons,
« et haut, que tous puissent entendre. » —

« Ainsi se ralliant en termes ambigus, à peine a-t-il fini de
« parler, qu'à droite et à gauche le front se divise, et sur l'un et
« l'autre flanc se retire : à nos yeux se découvre, chose nouvelle
« et étrange! un triple rang de colonnes de bronze, de fer, de
« pierre, posées sur des roues, car elles auraient ressemblé
« beaucoup à des colonnes ou à des corps creux faits de chêne
« ou de sapin émondé dans le bois, ou abattu sur la montagne,
« si le hideux orifice de leur bouche n'eût bâillé largement de-
« vant nous, pronostiquant une fausse trêve. Derrière chaque
« pièce se tenait un séraphin; dans sa main se balançait un
« roseau allumé, tandis que nous demeurions en suspens, réunis
« et préoccupés dans nos pensées.

« Ce ne fut pas long : car soudain tous à la fois les séraphins
« étendent leurs roseaux, et les appliquent à une ouverture
« étroite qu'ils touchent légèrement. A l'instant tout le ciel ap-
« parut en flamme, mais aussitôt obscurci par la fumée, flamme
« vomie de ces machines à la gorge profonde, dont le rugisse-
« ment effondrait l'air avec un bruit furieux, et déchirait toutes
« ses entrailles, dégorgeant leur surabondance infernale, des
« tonnerres ramés, des grêles de globes de fer. Dirigés contre
« l'ost victorieux, ils frappent avec une furie tellement impé-
« tueuse, que ceux qu'ils touchent ne peuvent rester debout,
« bien qu'autrement ils seraient restés fermes comme des ro-
« chers. Ils tombent par milliers, l'ange roulé sur l'archange, et
« plus vite encore à cause de leurs armes : désarmés ils auraient
« pu aisément, comme esprits, s'échapper rapides par une

« prompte contraction ou par un déplacement ; mais alors il
« s'ensuivit une honteuse dispersion, et une déroute forcée. Il ne
« leur servit de rien de relâcher leurs files serrées : que pou-
« vaient-ils faire ? Se précipiteraient-ils en avant ? Une répul-
« sion nouvelle, une indécente chute répétée les feraient mépri-
« ser davantage et les rendraient la risée de leurs ennemis ; car
« on apercevait rangée une autre ligne de séraphins, en posture
« de faire éclater leur second tir de foudre : reculer battus, c'est
« ce qu'abhorraient le plus les anges fidèles. Satan vit leur dé-
« tresse, et s'adressant en dérision à ses compagnons :

« — Amis, pourquoi ces superbes vainqueurs ne marchent-
« ils pas en avant ? Tout à l'heure ils s'avançaient fiers, et quand
« pour les bien recevoir avec un front et un cœur ouverts (que
« pouvons-nous faire de plus ?), nous leur proposons des termes
« d'accommodement, soudain ils changent d'idée, ils fuient, et
« tombent dans d'étranges folies, comme s'ils voulaient danser !
« Toutefois pour une danse ils semblent un peu extravagants et
« sauvages ; peut-être est-ce de joie de la paix offerte. Mais je
« suppose que si une fois de plus nos propositions étaient enten-
« dues, nous les pourrions contraindre à une prompte réso-
« lution. » —

« Bélial sur le même ton de plaisanterie :

« — Général, les termes d'accommodement que nous leur
« avons envoyés sont des termes de points, d'un contenu solide,
« et pleins d'une force qui porte coup. Ils sont tels, comme nous
« pouvons le voir, que tous en ont été amusés et plusieurs étour-
« dis ; celui qui les reçoit en face est dans la nécessité, de la tête
« aux pieds, de les bien comprendre ; s'ils ne sont pas compris,
« ils ont du moins l'avantage de nous faire connaître quand nos
« ennemis ne marchent pas droit. » —

« Ainsi dans une veine de gaieté, ils bouffonnaient entre eux,
« élevés dans leurs pensées au-dessus de toute incertitude de
« victoire ; ils présumaient si facile d'égaler par leurs inventions
« l'éternel Pouvoir, qu'ils méprisaient son tonnerre, et qu'ils
« riaient de son armée tandis qu'elle resta dans le trouble. Elle

« n'y resta pas longtemps : la rage inspira enfin les légions
« fidèles, et leur trouva des armes à opposer à cet infernal mal-
« heur.

« Aussitôt (admire l'excellence et la force que Dieu a mises
« dans ses anges puissants!) ils jettent au loin leurs armes; lé-
« gers comme le sillon de l'éclair, ils courent, ils volent aux
« collines (car la terre tient du ciel cette variété agréable de col-
« line et de vallée) ; ils les ébranlent en les secouant çà et la dans
« leurs fondements, arrachent les montagnes avec tout leur
« poids, rochers, fleuves, forêts, et les enlevant par leurs têtes
« chevelues, les portent dans leurs mains. L'étonnement et,
« sois-en sûr, la terreur, saisirent les rebelles quand venant si
« redoutables vers eux, ils virent le fond des montagnes tourné
« en haut, jusqu'à ce que lancées sur le triple rang des ma-
« chines maudites, ces machines et toute la confiance des enne-
« mis furent profondément ensevelies sous le faix de ces monts.
« Les ennemis eux-mêmes furent envahis après; au-dessus de
« leurs têtes volaient de grands promontoires qui venaient dans
« l'air répandant l'ombre, et accablaient des légions entières
« armées. Leurs armures accroissaient leur souffrance : leur
« substance, enfermée dedans, était écrasée et broyée, ce qui les
« travaillait d'implacables tourments et leur arrachait des gé-
« missements douloureux. Longtemps ils luttèrent sous cette
« masse avant de pouvoir s'évaporer d'une telle prison, quoique
« esprits de la plus pure lumière; la plus pure naguère, main-
« tenant devenue grossière par le péché.

« Le reste de leurs compagnons, nous imitant, saisit de pa-
« reilles armes, et arracha les coteaux voisins : ainsi les monts
« rencontrent dans l'air les monts lancés de part et d'autre avec
« une projection funeste, de sorte que sous la terre on combat
« dans une ombre effrayante; bruit infernal! la guerre res-
« semble à des jeux publics, auprès de cette rumeur. Une hor-
« rible confusion entassée sur la confusion s'éleva, et alors tout
« le ciel serait allé en débris et se serait couvert de ruines, si le
« Père tout-puissant, qui siége enfermé dans son inviolable

« sanctuaire des cieux, pesant l'ensemble des choses, n'avait
« prévu ce tumulte et n'avait tout permis pour accomplir son
« grand dessein : honorer son Fils consacré, vengé de ses enne-
« mis, et déclarer que tout pouvoir lui était transféré. A ce Fils,
« assesseur de son trône, il adresse ainsi la parole :

« — Splendeur de ma gloire, Fils bien-aimé, Fils sur le vi-
« sage duquel est vu visiblement ce que je suis invisible dans ma
« divinité, toi dont la main exécute ce que je fais par décret, se-
« conde omnipotence ! deux jours sont déjà passés (deux jours
« tels que nous comptons les jours du ciel) depuis que Michel
« est parti avec ses puissances pour dompter ces désobéissants.
« Le combat a été violent, comme il était très-probable qu'il le
« serait, quand deux pareils ennemis se rencontrent en armes :
« car je les ai laissés à eux-mêmes, et tu sais qu'à leur création
« je les fis égaux, et que le péché seul les a déparcillés, lequel
« encore a opéré insensiblement, car je suspends leur arrêt :
« dans un perpétuel combat il leur faudrait donc nécessaire-
« ment demeurer sans fin, et aucune solution ne serait trouvée.

« La guerre lassée a accompli ce que la guerre peut faire, et
« elle a lâché les rênes à une fureur désordonnée, se servant de
« montagnes pour armes ; œuvre étrange dans le ciel et dange-
« reuse à toute la nature. Deux jours se sont donc écoulés ; le
« troisième est tien : à toi je l'ai destiné, et j'ai pris patience
« jusqu'ici afin que la gloire de terminer cette grande guerre
« t'appartienne, puisque nul autre que toi ne la peut finir. En
« toi j'ai transfusé une vertu, une grâce si immense, que tous,
« au ciel et dans l'enfer, puissent connaître ta force incompa-
« rable : cette commotion perverse ainsi apaisée, manifestera
« que tu es le plus digne d'être héritier de toutes choses, d'être
« héritier et d'être roi par l'onction sainte, ton droit mérité. Va
« donc, toi, le plus puissant dans la puissance de ton Père ;
« monte sur mon chariot, guide les roues rapides qui ébranlent
« les bases du ciel ; emporte toute ma guerre, mon arc et mon
« tonnerre ; revêts mes toutes-puissantes armes, et suspends
« mon épée à ta forte cuisse. Poursuis ces fils des ténèbres,

« chasse-les de toutes les limites du ciel dans l'abîme extérieur.
« Là, qu'ils apprennent, puisque cela leur plait, à mépriser
« Dieu, et le Messie son roi consacré. » —

« Il dit, et sur son Fils ses rayons directs brillent en plein;
« lui reçut ineffablement sur son visage tout son Père pleine-
« ment exprimé, et la Divinité filiale répondit ainsi :

« O Père! ô Souverain des Trônes célestes! le Premier, le
« Très-Haut, le Très-Saint, le Meilleur! tu as toujours cherché
« à glorifier ton Fils; moi toujours à te glorifier, comme il est
« très-juste. Ceci est ma gloire, mon élévation, et toute ma fé-
« licité, que, te complaisant en moi, tu déclares ta volonté ac-
« complie : l'accomplir est tout mon bonheur. Le sceptre et le
« pouvoir, ton présent, je les accepte, et avec plus de joie je te
« les rendrai, lorsqu'à la fin des temps tu seras tout en tout, et
« moi en toi pour toujours, et en moi tous ceux que tu aimes.

« Mais celui que tu hais, je le hais, et je puis me revêtir de tes
« terreurs, comme je me revêts de tes miséricordes, image de
« toi en toutes choses. Armé de ta puissance, j'affranchirai bien-
« tôt le ciel de ces rebelles, précipités dans leur mauvaise de-
« meure préparée; ils seront livrés à des chaînes de ténèbres et
« au ver qui ne meurt point, ces méchants qui ont pu se révol-
« ter contre l'obéissance qui t'est due, toi à qui obéir est la féli-
« cité suprême! alors ces saints, sans mélange, et séparés loin
« des impurs, entoureront ta montagne sacrée, te chanteront
« des *alleluia* sincères, des hymnes de haute louange, et avec
« eux, moi leur chef. » —

« Il dit : s'inclinant sur son sceptre, il se leva de la droite de
« gloire où il siége : et le troisième matin sacré perçant à travers
« le ciel, commençait à briller. Soudain s'élance, avec le bruit
« d'un tourbillon, le chariot de la Divinité paternelle, jetant d'é-
« paisses flammes, roues dans les roues, char non tiré moins
« animé d'un esprit, et escorté de quatre formes de chéru-
« bins. Ces figures ont chacune quatre faces surprenantes;
« tout leur corps et leurs ailes sont semés d'yeux semblables à
« des étoiles; les roues de béril ont aussi des yeux, et dans leur

« course le feu en sort de tous côtés. Sur leurs têtes est un fir-
« mament de cristal où s'élève un trône de saphir marqueté
« d'ambre pur et des couleurs de l'arc pluvieux.

« Tout armé de la panoplie céleste du radieux Urim, ouvrage
« divinement travaillé, le Fils monte sur ce char. A sa main
« droite est assise la Victoire aux ailes d'aigle ; à son côté pen-
« dent son arc et son carquois rempli de trois carreaux de foudre ;
« et autour de lui roulent des flots furieux de fumée, de flam-
« mes belliqueuses et d'étincelles terribles.

« Accompagné de dix mille saints il s'avance : sa venue brille
« au loin, et vingt mille chariots de Dieu (j'en ai ouï compter le
« nombre) sont vus à l'un et à l'autre de ses côtés. Lui, sur
« les ailes des chérubins, est porté sublime dans le ciel de
« cristal, sur un trône de saphir éclatant au loin. Mais les siens
« l'aperçurent les premiers ; une joie inattendue les surprit
« quand flamboya, porté par des anges, le grand étendard du
« Messie, son signe dans le ciel. Sous cet étendard Michel ré-
« unit aussitôt ses bataillons, répandus sur les deux ailes, et
« sous leur chef ils ne forment plus qu'un seul corps.

« Devant le Fils la puissance divine préparait son chemin : à
« son ordre les montagnes déracinées se retirèrent chacune à
« leur place, elles entendirent sa voix, s'en allèrent obéissantes ;
« le ciel renouvelé reprit sa face accoutumée, et avec de fraîches
« fleurs la colline et le vallon sourirent.

« Ils virent cela les malheureux ennemis ; mais ils demeurè-
« rent endurcis, et pour un combat rallièrent leurs puissan-
« ces : insensés ! concevant l'espérance du désespoir ! Tant de
« perversité peut-elle habiter dans des esprits célestes ! Mais
« pour convaincre l'orgueilleux à quoi servent les prodiges, ou
« quelles merveilles peuvent porter l'opiniâtre à céder ? Ils s'obs-
« tineront davantage par ce qui devait le plus les ramener ; dé-
« solés de la gloire du Fils, à cette vue l'envie les saisit ; aspirant
« à sa hauteur, ils se remirent fièrement en bataille, résolus par
« force ou par fraude de réussir et de prévaloir à la fin contre
« Dieu et son Messie, ou de tomber dans une dernière et univer-

« selle ruine : maintenant ils se préparent au combat décisif,
« dédaignant la fuite ou une lâche retraite, quand le grand Fils
« de Dieu à toute son armée, rangée à sa droite et à sa gauche,
« parla ainsi :

« — Restez toujours tranquilles dans cet ordre brillant, vous,
« saints ; restez ici, vous, anges armés ; ce jour reposez-vous de
« la bataille. Fidèle a été votre vie guerrière, et elle est acceptée
« de Dieu ; sans crainte dans sa cause juste, ce que vous avez
« reçu vous avez employé invinciblement. Mais le châtiment de
« cette bande maudite appartient à un autre bras : la vengeance
« est à lui, ou à celui qu'il en a seul chargé. Ni le nombre ni la
« multitude ne sont appelés à l'œuvre de ce jour; demeurez seu-
« lement et contemplez l'indignation de Dieu, versée par moi
« sur ces impies. Ce n'est pas vous, c'est moi qu'ils ont méprisé,
« moi qu'ils ont envié ; contre moi est toute leur rage, parce que
« le Père, à qui, dans le royaume suprême du ciel, la puissance
« et la gloire appartiennent, m'a honoré selon sa volonté. C'est
« donc pour cela qu'il m'a chargé de leur jugement, afin qu'ils
« aient ce qu'ils souhaitent, l'occasion d'essayer avec moi, dans
« le combat, qui est le plus fort, d'eux contre moi, ou de moi
« seul contre eux. Puisqu'ils mesurent tout par la force, qu'ils
« ne sont jaloux d'aucune autre supériorité, que peu leur im-
« porte qui les surpasse autrement, je consens à n'avoir pas
« avec eux d'autre dispute. » —

« Ainsi parla le Fils, et en terreur changea sa contenance,
« trop sévère pour être regardée ; rempli de colère, il marche à
« ses ennemis. Les quatre figures déploient à la fois leurs ailes
« étoilées avec une ombre formidable et continue ; et les orbes
« de son char de feu roulèrent avec le fracas du torrent des
« grandes eaux, ou d'une nombreuse armée. Lui sur ses impies
« adversaires fond droit en avant, sombre comme la nuit. Sous
« ses roues brûlantes l'immobile Empyrée trembla dans tout son
« entier ; tout excepté le trône même de Dieu. Bientôt il arrive au
« milieu d'eux ; dans sa main droite tenant dix mille tonnerres,
« il les envoie devant lui tels qu'ils percent de plaies les âmes

« des rebelles. Étonnés, ils cessent toute résistance, ils perdent tout
« courage : leurs armes inutiles tombent. Sur les boucliers et les
« casques, et les têtes des Trônes et des puissants séraphins pros-
« ternés, le Messie passe ; ils souhaitent alors que les montagnes
« soient encore jetées sur eux comme un abri contre sa colère !
« Non moins tempestueuses, des deux côtés ses flèches par-
« tent des quatre figures à quatre visages semés d'yeux, et
« sont jetées par les roues vivantes également semées d'une
« multitude d'yeux. Un esprit gouvernait ses roues ; chaque œil
« lançait des éclairs, et dardait parmi les maudits une per-
« nicieuse flamme qui flétrissait toute leur force, desséchait
« leur vigueur accoutumée, et les laissait épuisés, découragés,
« désolés, tombés. Encore le Fils de Dieu n'employa-t-il pas
« la moitié de sa force, mais retint à moitié son tonnerre ; car son
« dessein n'était pas de les détruire, mais de les déraciner du ciel.
« Il releva ceux qui étaient abattus, et comme une horde de
« boucs, ou un troupeau timide pressé ensemble, il les chasse
« devant lui foudroyé par les Terreurs et les Furies, jusqu'aux
« limites et à la muraille de cristal du ciel. Le ciel s'ouvre, se
« roule en dedans, et laisse à découvert, par une brèche spa-
« cieuse, l'abîme dévasté. Cette vue monstrueuse les frappe d'hor-
« reur ; ils reculent, mais une horreur bien plus grande les re-
« pousse : tête baissée, ils se jettent eux-mêmes en bas du bord
« du ciel : la colère éternelle brûle après eux dans le goufffre
« sans fond.

« L'enfer entendit le bruit épouvantable ; l'enfer vit le ciel
« croulant du ciel ; il aurait fui effrayé ; mais l'inflexible destin
« avait jeté trop profondément ses bases ténébreuses, et l'avait
« trop fortement lié.

« Neuf jours ils tombèrent ; le chaos confondu rugit, et sentit
« une décuple confusion dans leur chute à travers sa féroce anar-
« chie ; tant cette énorme déroute l'encombra de ruines ! L'en-
« fer béant les reçut tous enfin, et se referma sur eux ; l'enfer,
« leur convenable demeure, l'enfer pénétré d'un feu inextingui-
« ble ; maison de malheur et de tourment. Le ciel soulagé se ré-

« jouit ; il répara bientôt la brèche de sa muraille, en retour-
« nant au lieu d'où il s'était replié.

« Seul vainqueur par l'expulsion de ses ennemis, le Messie
« ramena son char de triomphe. Tous ses saints, qui silencieux
« furent témoins oculaires de ces actes tout-puissants, pleins
« d'allégresse au-devant de lui s'avancèrent ; et dans leur mar-
« che, ombragés de palmes, chaque brillante hiérarchie chantait
« le triomphe, le chantait, lui, Roi victorieux, Fils, Héritier et
« Seigneur. A lui tout pouvoir est donné ; de régner il est le
« plus digne !

« Célébré, il passe triomphant au milieu du ciel, dans les
« parvis et dans le temple de son Père tout-puissant élevé sur
« un trône ; son Père le reçut dans la gloire où maintenant il est
« assis à la droite de la béatitude.

« C'est ainsi que (mesurant les choses du ciel aux choses de
« la terre), à ta demande, ô Adam, et pour que tu sois en garde
« par ce qui s'est passé, je t'ai révélé ce qui autrement aurait
« pu demeurer caché à la race humaine : la discorde survenue
« et la guerre dans le ciel entre les puissances angéliques, et la
« chute profonde de ceux qui, aspirant trop haut, se révoltèrent
« avec Satan : il est maintenant jaloux de ton état, et complote
« pour te détourner aussi de l'obéissance, afin qu'avec lui privé de
« félicité, tu partages son châtiment, l'éternelle misère. Ce serait
« toute sa consolation et sa vengeance, s'il pouvait, comme une
« peine faite au Très-Haut, t'obtenir une fois pour compagnon
« de son malheur. Mais ne prête pas l'oreille à ses tentations ;
« avertis ta plus faible ; profite d'avoir appris d'un exemple ter-
« rible la récompense de la désobéissance : ils auraient pu de-
« meurer fermes, cependant ils tombèrent : qu'il t'en sou-
« vienne, et crains de transgresser. »

LIVRE SEPTIÈME

ARGUMENT

Raphaël, à la demande d'Adam, raconte comment et pourquoi ce monde a été d'abord créé : Dieu, ayant expulsé du ciel Satan et ses anges, déclara que son plaisir était de créer un autre monde et d'autres créatures pour y habiter. Il envoie son Fils dans la gloire et avec un cortége d'anges, pour accomplir l'œuvre de la création en six jours. Les anges célèbrent par des cantiques cette création et la réascension du Fils au ciel.

Descends du ciel, Uranie, si de ce nom tu es justement appelée ! En suivant ta voix divine, j'ai pris mon essor au-dessus de l'Olympe, au-dessus du vol de l'aile de Pégase. Ce n'est pas le nom, c'est le sens de ce nom que j'invoque ; car tu n'es pas une des neuf Muses, et tu n'habites pas le sommet du vieil Olympe ; mais née du ciel, avant que les collines parussent ou que la fontaine coulât, tu conversais avec l'éternelle Sagesse, la Sagesse ta sœur, et tu jouais avec elle en présence du Père tout-puissant qui se plaisait à ton chant céleste. Enlevé par toi, je me suis hasardé dans le ciel des cieux, moi hôte de la terre, et j'ai respiré l'air de l'empyrée que tu tempérais : avec la même sûreté guide en bas, rends-moi à mon élément natal, de peur que, démonté par ce coursier volant sans frein (comme autrefois Bellérophon dans une région plus abaissée), je ne tombe sur le champ Alcien, pour y errer égaré et abandonné.

La moitié de mon sujet reste encore à chanter, mais dans les bornes plus étroites de la sphère diurne et visible. Arrêté sur la terre, non ravi au-dessus du pôle, je chanterai plus sûrement d'une voix mortelle ; elle n'est devenue ni enrouée ni muette, quoique je sois tombé dans de mauvais jours, dans de mauvais jours quoique tombé parmi des langues mauvaises, parmi les ténèbres et la solitude, et entouré de périls. Cependant je ne suis pas seul, lorsque la nuit tu visites mes sommeils, ou lorsque le matin empourpre l'orient.

Préside toujours à mes chants, Uranie ! et trouve un auditoire convenable, quoique peu nombreux. Mais chasse au loin la barbare dissonance de Bacchus et de ses amis de la joie ; race de cette horde forcenée qui déchira le barde de la Thrace sur le Rhodope, où l'oreille des bois et des rochers était ravie, jusqu'à ce que la clameur sauvage eût noyé la harpe et la voix : la muse ne put défendre son fils. Tu ne manqueras pas ainsi, Uranie, à celui qui t'implore ; car, toi, tu es un songe céleste ; elle, un songe vain.

Dis, ô déesse, ce qui suivit après que Raphaël, l'archange affable, eut averti Adam de se garder de l'apostasie, par l'exemple terrible de ce qui arriva dans le ciel à ces apostats, de peur qu'il n'en arrivât de même dans le paradis à Adam et à sa race (chargés de ne pas toucher à l'arbre interdit), s'ils transgressaient et méprisaient ce seul commandement si facile à observer, au milieu du choix de tous les autres goûts qui pouvaient plaire à leurs appétits, quel qu'en fût le caprice.

Adam, avec Ève sa compagne, avait écouté attentivement l'histoire ; il était rempli d'admiration et plongé dans une profonde rêverie en écoutant des choses si élevées et si étranges ; choses à leur pensée si inimaginables, la haine dans le ciel, la guerre si près de la paix de Dieu dans le bonheur, avec une telle confusion ! Mais bientôt le mal chassé retombait comme un déluge sur ceux dont il avait jailli, impossible à mêler à la béatitude.

Maintenant Adam réprima bientôt les doutes qui s'élevaient dans son cœur, et il est conduit (encore sans péché) par le désir de connaître ce qui le touche de plus près : comment ce monde visible du ciel et de la terre commença ; quand et d'où il fut créé ;

pour quelle cause ; ce qui fut fait en dedans ou en dehors d'Éden, avec ce dont il a souvenir. Comme un homme de qui l'altération est à peine soulagée, suit de l'œil le cours du ruisseau dont le liquide murmure, entendu excite une soif nouvelle, Adam procède de la sorte à interroger son hôte céleste :

« De grandes choses et pleines de merveilles, bien différentes
« de celles de ce monde, tu as révélées à nos oreilles, interprète
« divin, par faveur envoyé de l'empyrée pour nous avertir à
« temps de ce qui aurait pu causer notre perte, s'il nous eût été
« inconnu, l'humaine connaissance n'y pouvant atteindre. Nous
« devons des remerciements immortels à l'infinie bonté, et nous
« recevons son avertissement avec une résolution solennelle
« d'observer invariablement sa volonté souveraine, la fin de ce
« que nous sommes. Mais puisque tu as daigné avec complai-
« sance nous faire part pour notre instruction de choses au-
« dessus de la pensée terrestre (choses qu'il nous importait de
« savoir comme il l'a semblé à la suprême sagesse); daigne
« maintenant descendre plus bas, et nous raconter ce que peut-
« être il ne nous est pas moins utile de savoir : quand com-
« mença le ciel que nous voyons si distant et si haut orné de
« feux mouvants et innombrables ; qu'est-ce que cet air ambiant
« qui donne ou remplit tout espace, cet air largement répandu
« embrassant tout autour cette terre fleurie ; quelle cause mut le
« Créateur, dans son saint repos de toute éternité, à bâtir si tard
« dans le chaos ; et comment l'ouvrage commencé fut tôt achevé ?
« S'il ne t'est pas défendu, tu peux nous dévoiler ce que nous
« demandons, non pour sonder les secrets de son éternel empire,
« mais pour glorifier d'autant plus ses œuvres que nous les con-
« naîtrons davantage.

« Et la grande lumière du jour a encore à parcourir beau-
« coup de sa carrière, quoique déjà sur son déclin ; suspendu
« dans le ciel, le soleil retenu par ta voix, écoute ta voix puis-
« sante ; il s'arrêtera plus longtemps pour te ouïr raconter son
« origine, et le lever de la nature du sein du confus abîme. Ou si
« l'étoile du soir et la lune à ton audience se hâtent, la Nuit

« avec elle amènera le silence ; le Sommeil en t'écoutant veillera,
« ou bien nous pourrons lui commander l'absence jusqu'à ce
« que ton chant finisse, et te renvoie avant que brille le matin. »

Ainsi Adam supplia son hôte illustre, et ainsi l'ange, semblable à un Dieu, lui répondit avec douceur :

« Que cette demande faite avec prudence te soit accordée ;
« mais pour raconter les œuvres du Tout-Puissant, quelle pa-
« role, quelle langue de séraphin peuvent suffire, ou quel cœur
« d'homme suffirait à les comprendre ? Cependant ce que tu
« peux atteindre, ce qui peut le mieux servir à glorifier le Créa-
« teur et à te rendre aussi plus heureux, ne sera pas soustrait à
« ton oreille. J'ai reçu la commission d'en haut de répondre à
« ton désir de savoir, dans certaines limites : au-delà, abstiens-
« toi de demander ; ne laisse pas tes propres imaginations espé-
« rer des choses non révélées, que le Roi invisible, seul omni-
« scient, a ensevelies dans la nuit, incommunicables à personne
« sur la terre ou dans le ciel : assez reste en dehors de cela à
« chercher et à connaître. Mais la science est comme la nour-
« riture ; elle n'a pas moins besoin de tempérance pour en régler
« l'appétit et pour savoir en quelle mesure l'esprit la peut bien
« supporter ; autrement elle oppresse par son excès et change
« bientôt la sagesse en folie, comme la nourriture en fumée.

« Sache donc : après que Lucifer (ainsi appelé parce qu'il
« brillait autrefois dans l'armée des anges plus que cette étoile
« parmi les étoiles) eut été précipité du ciel dans son lieu avec
« ses légions brûlantes, à travers l'abîme, le Fils étant retourné
« victorieux avec ses saints, le Tout-Puissant, éternel Père,
« contempla de son trône leur multitude, et parla de la sorte à
« son Fils :

« — Du moins notre jaloux ennemi s'est trompé, lui qui
« croyait que tous comme lui seraient rebelles : par leurs se-
« cours il se flattait (nous une fois dépossédés) de saisir cette
« inaccessible et haute forteresse, siège de la Divinité suprême.
« Dans sa trahison il a entraîné plusieurs dont la place ici n'est
« plus connue. Cependant la plus grande partie, je le vois, garde

« toujours son poste : le ciel, peuplé encore, conserve un nombre
« suffisant d'habitants pour remplir ses royaumes, quoique
« vastes, pour fréquenter ce haut temple avec des observances
« dues et des rites solennels. Mais de peur que le cœur de l'en-
« nemi ne s'enfle du mal déjà fait en dépeuplant le ciel (ce qu'il
« estime follement être un dommage pour moi), je puis réparer
« ce dommage, si c'en est un de perdre ce qui est perdu de soi-
« même. Dans un moment je créerai un autre monde; d'un
« seul homme je créerai une race d'hommes innombrables,
« pour habiter là, non ici, jusqu'à ce qu'élevés par degrés de
« mérite, éprouvés par une longue obéissance, ils s'ouvrent
« eux-mêmes enfin le chemin pour monter ici, et que la terre
« changée dans le ciel, et le ciel dans la terre, ne forme plus
« qu'un royaume, en joie et en union sans fin.

« En attendant, demeurez moins pressés, vous pouvoirs cé-
« lestes; et toi mon Verbe, Fils engendré, par toi, j'opère ceci :
« parle, et qu'il soit fait! Avec toi j'envoie ma puissance et mon
« esprit qui couvre tout de son ombre. Va et ordonne à l'abîme,
« dans des limites fixées, d'être terre et ciel. L'abîme est sans
« bornes parce que je suis : l'infini est rempli par moi; l'espace
« n'est pas vide. Quoique je ne sois circonscrit dans aucune
« étendue, je me retire et n'étends pas partout ma bonté, qui est
« libre d'agir ou de n'agir pas. Nécessité et hasard n'approchent
« pas de moi ; ce que je veux est destin. »

« Ainsi parla le Tout-Puissant, et ce qu'il avait dit, son
« Verbe, la divinité filiale, l'exécuta. Immédiats sont les actes de
« Dieu, plus rapides que le temps et le mouvement; mais à l'o-
« reille humaine ils ne peuvent être dits que par la succession
« du discours, et dits de telle sorte que l'intelligence terrestre
« puisse les recevoir.

« Grand triomphe et grande réjouissance furent aux cieux,
« quand la volonté du Tout-Puissant fut ainsi déclarée. Ils
« chantèrent :

« — Gloire au Très-Haut! bonne volonté aux hommes à
« venir, et paix dans leur demeure! Gloire à celui dont la juste

« colère vengeresse a chassé le méchant de sa vue et des habita-
« tions du juste ! A lui gloire et louange, dont la sagesse a or-
« donné de créer le bien du mal : au lieu des malins esprits,
« une race meilleure sera mise dans leur place vacante, et
« sa bonté se répandra dans des mondes et dans des siècles
« sans fin. » —

« Ainsi chantaient les hiérarchies.

« Cependant le fils parut pour sa grande expédition, ceint de
« la toute-puissance, couronné des rayons de la majesté divine :
« la sagesse et l'amour immense, et tout son Père brillaient en
« lui. Autour de son char se répandaient sans nombre Chéru-
« bins, Séraphins, Potentats, Trônes, Vertus, esprits ailés, et les
« chars ailés de l'arsenal de Dieu : ces chars de toute antiquité
« placés par myriades entre deux montagnes d'airain, étaient
« réservés pour un jour solennel, tout prêts, harnachés, équi-
« pages célestes; maintenant ils se présentent spontanément
« (car en eux vit un esprit) pour faire cortége à leur Maître. Le
« ciel ouvrit, dans toute leur largeur, ses portes éternelles tour-
« nant sur leurs gonds d'or avec un son harmonieux, pour
« laisser passer le Roi de gloire dans son puissant Verbe et dans
« son Esprit, qui venait créer de nouveaux mondes.

« Ils s'arrêtèrent tous sur le sol du ciel, et contemplèrent du
« bord l'incommensurable abîme, orageux comme une mer, som-
« bre, dévasté, sauvage, bouleversé jusqu'au fond par des vents fu-
« rieux, enflant des vagues comme des montagnes, pour assiéger
« la hauteur du ciel et pour confondre le centre avec le pôle.

« — Silence, vous, vagues troublées ! et toi, abîme, paix ! dit
« le Verbe qui fait tout ; cessez vos discordes ! » —

« Il ne s'arrêta point, mais enlevé sur les ailes des Chéru-
« bins, plein de la gloire paternelle, il entra dans le chaos et
« dans le monde qui n'était pas né ; car le chaos entendit sa
« voix : le cortége des anges le suivait dans une procession bril-
« lante, pour voir la création et les merveilles de sa puissance.
« Alors il arrête les roues ardentes, et prend dans sa main le
« compas d'or, préparé dans l'éternel trésor de Dieu, pour tra-

« cer la circonférence de cet univers et de toutes les choses
« créées. Une pointe de ce compas il appuie au centre, et tourne
« l'autre dans la vaste et obscure profondeur, et il dit :

« — Jusque-là étends-toi, jusque-là vont tes limites ; que ceci
« soit ton exacte circonférence, ô monde ! ». —

« Ainsi Dieu créa le ciel, ainsi il créa la terre ; matière in-
« forme et vide. De profondes ténèbres couvraient l'abîme : mais
« sur le calme des eaux l'Esprit de Dieu étendit ses ailes pater-
« nelles, et infusa la vertu vitale et la chaleur vitale à travers la
« masse fluide ; mais il précipita en bas la lie noire, tartaréenne,
« froide, infernale, opposée à la vie. Alors il réunit, alors il
« congloba les choses semblables avec les choses semblables ; il
« répartit le reste en plusieurs places, et étendit l'air entre
« les objets : la terre, d'elle-même balancée, sur son centre posa.

« — Que la lumière soit » ! dit Dieu. —

« Soudain la lumière éthérée, première des choses, quin-
« tessence pure, jaillit de l'abîme, et, partie de son orient natal,
« elle commença à voyager à travers l'obscurité aérienne, en-
« fermée dans un nuage sphérique rayonnant, car le soleil,
« n'était pas encore : dans ce nuageux tabernacle elle séjourna
« quelque temps.

« Dieu vit que la lumière était bonne, et il sépara la lumière
« des ténèbres par hémisphères : il donna à la lumière le nom
« de jour et aux ténèbres le nom de nuit. Et du soir et du matin
« se fit le premier jour. Il ne passa pas sans être célébré, ce
« jour, sans être chanté par les chœurs célestes, lorsqu'ils virent
« l'orient pour la première fois exhalant la lumière des té-
« nèbres ; jour de naissance du ciel et de la terre. Ils remplirent
« de cris de joie et d'acclamations l'orbe universel ! ils tou-
« chèrent leurs harpes d'or, glorifiant par des hymnes Dieu et
« ses œuvres : ils le chantèrent Créateur quand le premier soir
« fut, et quand fut le premier matin.

« Dieu dit derechef :

« — Que le firmament soit au milieu des eaux, et qu'il sé-
« pare les eaux d'avec les eaux. » —

« Et Dieu fit le firmament, étendue d'air élémentaire, liquide,
« pur, transparent, répandu en circonférence jusqu'à la con-
« vexité la plus reculée de son grand cercle ; division ferme et
« sûre, séparant les eaux inférieures de celles qui sont au-des-
« sus. Car, ainsi que la terre, Dieu bâtit le monde sur les eaux
« calmes circonfluentes, dans un large océan de cristal, et fort
« éloigné du bruyant désordre du chaos, de peur que ses rudes
« extrémités contiguës ne dérangeassent la structure entière de
« ce monde ; et Dieu donna au firmament le nom de ciel. Ainsi
« du soir et du matin, le chœur chanta le second jour.

« La terre était créée, mais encore ensevelie, embryon pré-
« maturé, dans les entrailles des eaux ; elle n'apparaissait pas :
« sur toute la surface de la terre le plein océan s'étendit non in-
« utile, car par une humidité tiède et prolifique, attendrissant
« tout le globe de la terre, il faisait fermenter cette mère com-
« mune pour qu'elle pût concevoir, saturée d'une moiteur vivi-
« fiante.

« Dieu dit alors : — « Que les eaux qui sont sous le ciel se
« rassemblent dans un seul lieu, et que l'élément aride pa-
« raisse. » —

« Aussitôt apparaissent les montagnes énormes, émergentes,
« et leurs larges dos pelés se soulevant jusqu'aux nues ; leurs
« têtes montent dans le ciel. Aussi haute que s'élevèrent les col-
« lines intumescentes, aussi bas s'abaissa un bassin creux et pro-
« fond, ample lit des eaux. Elles y courent avec une précipita-
« tion joyeuse, enroulées comme des gouttes sur la poussière,
« qui se forment en globules par l'aridité. Une partie de ces
« eaux avec hâte s'élève en mur de cristal, ou en montagnes à
« pic : telle fut la vitesse que le grand commandement imprima
« aux flots agiles. Comme des armées, à l'appel des trompettes
« (car tu as entendu parler d'armées), s'attroupent autour de
« leurs étendards, ainsi la multitude liquide roule vague sur
« vague là où elle trouve une issue, dans la pente escarpée tor-
« rent impétueux, dans la plaine courant paisible. Ni les rochers
« ni les collines n'arrêtent ces ondes ; mais sous la terre, ou en

« longs circuits promenant leurs sinueuses erreurs, elles se
« frayent un chemin, et percent dans le sol limoneux de pro-
« fonds canaux ; chose facile avant que Dieu eût ordonné à la
« terre de devenir sèche partout, excepté entre ces bords où cou-
« lent aujourd'hui les fleuves qui entraînent incessamment leur
« humide cortége.

« Dieu appela terre l'élément aride, et le grand réservoir des
« eaux rassemblées il l'appela mer; il vit que cela était bon, et
« dit :

« — Que la terre produise de l'herbe verte, l'herbe qui porte
« de la graine, et les arbres fruitiers qui portent des fruits, cha-
« cun selon son espèce, et qui renferment leur semence en eux-
« mêmes sur la terre. » —

« A peine a-t-il parlé que la terre nue (jusqu'alors déserte
« et chauve, sans ornement, désagréable à la vue), poussa une
« herbe tendre qui revêtit universellement sa surface d'une
« charmante verdure; alors les plantes des différentes feuilles,
« qui soudain fleurirent en déployant leurs couleurs variées,
« égayèrent son sein suavement parfumé. Et celles-ci étaient à
« peine épanouies que la vigne fleurit, chargée d'une multitude
« de grappes, la courge enflée rampa, le chalumeau du blé se
« rangea en bataille dans son champ, l'humble buisson et l'ar-
« brisseau mêlèrent leur chevelure hérissée. Enfin s'élevèrent,
« comme en cadence, les arbres majestueux, et ils déployèrent
« leurs branches surchargées, enrichies de fruits ou emperlées
« de fleurs. Les collines se couronnèrent de hautes forêts; les
« vallées et les fontaines, de touffes de bois; les fleuves de bor-
« dures le long de leurs cours. La terre à présent parut un ciel,
« séjour où les dieux pouvaient habiter, errer avec délices, et se
« plaire à fréquenter ses sacrés ombrages.

« Cependant Dieu n'avait pas encore fait tomber la pluie sur
« terre, et il n'y avait encore aucun homme pour labourer les
« champs; mais il s'élevait du sol une vapeur de rosée qui hu-
« mectait toute la terre, et toutes les plantes des champs, que
« Dieu créa avant qu'elles fussent dans la terre, toutes les

« herbes avant qu'elles grandissent sur la verte tige. Dieu vit
« que cele était bon. Et le soir et le matin célébrèrent le troisième
« jour.

« Le Tout-Puissant parla encore :

« — Que des corps de lumière soient faits dans la haute éten-
« due du ciel, afin qu'ils séparent le jour de la nuit : et qu'ils
« servent de signes pour les saisons et pour les jours et le cours
« des années, et qu'ils soient pour flambeaux ; comme je l'or-
« donne, leur office dans le firmament du ciel sera de donner
« la lumière à la terre ! » — Et cela fut fait ainsi.

« Et Dieu fit deux grands corps lumineux (grands par leur
« utilité pour l'homme), le plus grand pour présider au jour, le
« plus petit pour présider à la nuit. Et il fit les étoiles et les mit
« dans le firmament du ciel pour illuminer la terre et pour ré-
« gler le jour, et pour régler la nuit dans leur vicissitude, et
« pour séparer la lumière d'avec les ténèbres. Dieu vit, en con-
« templant son grand ouvrage, que cela était bon.

« Car le soleil, sphère puissante, fut celui des corps célestes
« qu'il fit le premier, non lumineux d'abord, quoique de sub-
« stance éthérée. Ensuite il forma la lune globuleuse et les étoi-
« les de toutes grandeurs : et il sema le ciel d'étoiles comme un
« champ. Il prit la plus grande partie de la lumière dans son ta-
« bernacle de nuée, il la transplanta et la plaça dans l'orbe du
« soleil, fait poreux pour recevoir et boire la lumière liquide,
« fait compacte pour retenir ses rayons recueillis, aujourd'hui
« grand palais de la lumière. Là, comme à leur fontaine, les au-
« tres astres se réparant, puisent la lumière dans leurs urnes
« d'or, et c'est là que la planète du matin dore ses cornes. Par
« impression ou par réflexion ces astres augmentent leur petite
« propriété, bien que, si loin de l'œil humain, on ne les voie que
« diminués. D'abord dans son orient se montra le glorieux flam-
« beau, régent du jour ; il investit tout l'horizon de rayons étin-
« celants, joyeux de courir vers son occident sur le grand che-
« min du ciel : le pâle crépuscule et les pléiades formaient des
« danses devant lui, répandant une bénigne influence.

« Moins éclatante, mais à l'opposite, sur le même niveau dans
« l'ouest, la lune était suspendue ; miroir du soleil, elle en em-
« prunte la lumière sur sa pleine face ; dans cet aspect, elle n'a-
« vait besoin d'aucune autre lumière, et elle garda cette distance
« jusqu'à la nuit ; alors elle brilla à son tour dans l'orient, sa
« révolution étant accomplie sur le grand axe des cieux, elle ré-
« gna dans son divisible empire avec mille plus petites lumières,
« avec mille et mille étoiles ! elles apparurent alors semant de
« paillettes l'hémisphère qu'ornaient pour la première fois leurs
« luminaires radieux qui se couchèrent et se levèrent. Le joyeux
« soir et le joyeux matin couronnèrent le quatrième jour.

« Et Dieu dit :

« — Que les eaux engendrent les reptiles, abondants en frai,
« créatures vivantes. Et que les oiseaux volent au dessus de la
« terre, les ailes déployées sous le firmament ouvert du ciel. » —

« Et Dieu créa les grandes baleines et tous les animaux qui
« ont la vie, tous ceux qui glissent dans les eaux et qu'elles produi-
« sent abondamment chacun selon son espèce ; il créa aussi les
« oiseaux pourvus d'ailes, chacun selon son espèce : et il vit
« que cela était bon, et il le bénit en disant :

« — Croissez et multipliez ; remplissez les eaux de la mer,
« des lacs et des rivières ; que les oiseaux se multiplient sur la
« terre. » —

« Aussitôt les détroits et les mers, chaque golfe et chaque
« baie, fourmillent de frai innombrable et d'une multitude de
« poissons qui, avec leurs nageoires et leurs brillantes écailles,
« glissent sous la verte vague ; leurs troupes forment souvent
« des bancs au milieu de la mer. Ceux-ci, solitaires ou avec
« leurs compagnons, broutent l'algue leur pâture, et s'égarent
« dans des grottes de corail, ou se jouant, éclair rapide, montrent
« au soleil leur robe ondée parsemée de gouttes d'or ; ceux-là, à
« l'aise dans leur coquille de nacre, attendent leur humide ali-
« ment, ou, dans une armure qui les couvre, épient leur proie
« sous les rochers.

« Le veau marin et les dauphins voûtés folâtrent sur l'eau

« calme ; des poissons d'une masse prodigieuse, d'un port
« énorme, se vautrant pesamment, font une tempête dans l'o-
« céan. Là Léviathan, la plus grande des créatures vivantes,
« étendu sur l'abîme comme un promontoire, dort ou nage, et
« semble une terre mobile ; ses ouïes attirent en dedans et ses
« naseaux rejettent au dehors une mer.

« Cependant les antres tièdes, les marais, les rivages, font
« éclore leur couvée nombreuse de l'œuf qui bientôt se brisant,
« laisse apercevoir par une favorable fracture les petits tout nus ;
« bientôt emplumés, et en état de voler, ils ont toutes leurs ai-
« les ; et avec un cri de triomphe, prenant l'essor dans l'air su-
« blime, ils dédaignent la terre qu'ils voient en perspective sous
« un nuage. Ici l'aigle et la cigogne, sur les roches escarpées et
« sur la cime des cèdres, bâtissent leurs aires.

« Une partie des oiseaux plane indolemment dans la région
« de l'air ; d'autres plus sages, formant une figure, tracent leur
« chemin commun ; intelligents des saisons, ils font partir leur
« caravanes aériennes qui volent au-dessus des terres et des
« mers, et d'une aile mutuelle facilitent leur fuite : ainsi les pru-
« dentes cigognes, portées sur les vents, gouvernent leur voyage
« de chaque année ; l'air flotte tandis qu'elles passent, vanné par
« des plumes innombrables.

« De branche en branche les oiseaux plus petits solacient les
« bois de leur chant, et déploient jusqu'au soir leurs ailes pein-
« turées : alors même le rossignol solennel ne cesse pas de chan-
« ter, mais toute la nuit il soupire ses tendres lais.

« D'autres oiseaux encore baignent dans les lacs argentés et
« dans les rivières leur sein duveteux. Le cygne, au cou ar-
« qué, entre deux ailes blanches, manteau superbe, fait nager
« sa dignité avec ses pieds en guise de rames : souvent il quitte
« l'humide élément, et s'élevant sur ses deux ailes tendues, il
« monte dans la moyenne région de l'air. D'autres sur la terre
« marchent fermes : le coq crêté dont le clairon sonne les heu-
« res silencieuses, et cet oiseau qu'orne sa brillante queue, en-
« richie des couleurs vermeilles de l'arc-en-ciel et d'yeux étoilés.

« Ainsi les eaux remplies de poissons et l'air d'oiseaux, le matin
« et le soir solennisèrent le cinquième jour.

« Le sixième et dernier jour de la création se leva enfin au
« son des harpes du soir et du matin, quand Dieu dit :

« — Que la terre produise des animaux vivants, chacun se-
« lon son espèce; les troupeaux, et les reptiles, et les bêtes de la
« terre, chacun selon son espèce! » —

« La terre obéit : et soudain, ouvrant ses fertiles entrailles,
« elle enfanta dans une seule couche d'innombrables créatures
« vivantes, de formes parfaites, pourvues de membres et en
« pleine croissance. Du sol comme de son gîte, se leva la bête
« fauve là où elle se tient d'ordinaire, dans la forêt déserte, le
« buisson, la fougeraie ou la caverne ; elles se levèrent par
« couple sous les arbres : elles marchèrent, le bétail dans les
« champs et les prairies vertes, ceux-ci rares et solitaires, ceux-
« là en troupeaux pâturant à la fois, et jaillis du sol en bandes
« nombreuses. Tantôt les grasses mottes de terre mettent bas
« une génisse ; tantôt paraît à moitié un lion roux, grattant pour
« rendre libre la partie postérieure de son corps : alors il s'é-
« lance comme échappé de ses liens, et, se dressant, secoue sa
« crinière tavelée. L'once, le léopard et le tigre, se soulevant
« comme la taupe, jettent par-dessus eux en monticules la terre
« émiettée. Le cerf rapide de dessous le sol lève sa tête branchue.
« A peine Béhémoth, le plus gros des fils de la terre, peut dé-
« gager de son moule son vase corps. Les brebis laineuses
« et bêlantes poussent comme des plantes : le cheval marin
« et le crocodile écailleux restent indécis entre la terre et
« l'eau.

« A la fois fut produit tout ce qui rampe sur la terre, insecte
« ou ver : les uns, en guise d'ailes agitent leurs souples éven-
« tails, et décorent leurs plus petits linéaments réguliers de toutes
« les livrées de l'orgueil de l'été, taches d'or et de pourpre, d'a-
« zur et de vert ; les autres tirent comme une ligne leur longue
« dimension, rayant la terre d'une sinueuse trace. Ils ne sont
« pas tous les moindres de la nature : quelques-uns de l'espèce

« du serpent, étonnants en longueur et en grosseur, entrelacent
« leurs tortueux replis, et y ajoutent des ailes.

« D'abord chemine l'économe fourmi, prévoyante de l'avenir ;
« dans un petit corps elle renferme un grand cœur ! modèle
« peut-être à l'avenir de la juste égalité, elle unit en commu-
« nauté ses tribus populaires. Ensuite parut en essaim l'abeille
« femelle qui nourrit délicieusement son mari fainéant, et bâtit
« ses cellules de cire remplies de miel. Le reste est sans nombre,
« et tu sais leur nature, et tu leur donnas des noms inutiles à
« te répéter. Il ne t'est pas inconnu, le serpent (la bête la plus
« subtile des champs) ; d'une énorme étendue quelquefois ; il a
« des yeux d'airain, une crinière hirsute et terrible, quoiqu'il
« ne te soit point nuisible, et qu'il obéisse à ton appel.

« Les cieux brillaient maintenant dans toute leur gloire, et
« roulaient selon les mouvements que la main du grand pre-
« mier moteur imprima d'abord à leur cours. La terre achevée
« dans son riche appareil, souriait charmante ; l'air, l'eau, la
« terre, étaient fréquentés par l'oiseau qui vole, le poisson qui
« nage, la bête qui marche : et le sixième jour n'était pas
« encore accompli.

« Il y manquait le chef-d'œuvre, la fin de tout ce qui avait
« été fait, un être non courbé, non brute comme les autres créa-
« tures, mais qui, doué de la sainteté de la raison, pût dresser
« sa stature droite, et avec un front serein, se connaissant soi-
« même, gouverner le reste ; un être qui, magnanime, pût cor-
« respondre d'ici avec le ciel, mais reconnaître, dans sa grati-
« tude, d'où son bien descend, et le cœur, la voix, les yeux
« dévotement dirigés là, adorer, révérer le Dieu suprême qui le
« fit chef de tous ses ouvrages. C'est pourquoi le Père tout-puis-
« sant, éternel (car où n'est-il pas présent ?) distinctement à son
« Fils parla de la sorte :

« — Faisons à présent l'homme à notre image et à notre
« ressemblance ; et qu'il commande aux poissons de la mer, aux
« oiseaux du ciel, aux bêtes des champs, à toute la terre et à tous
« les reptiles qui se remuent sur la terre. »

« Cela dit, il te forma toi, Adam; toi, ô homme poussière de
« la terre; et il souffla dans tes narines le souffle de vie : il te
« créa à sa propre image, à l'image exacte de Dieu, et tu devins
« une âme vivante. Mâle il te créa, mais il créa femelle ta com-
« pagne, pour ta race. Alors il bénit le genre humain, et dit :
 « Croissez, multipliez ; et remplissez la terre et vous l'assu-
« jettissez, et dominez sur les poissons de la mer, sur les oiseaux
« du ciel, et sur tous les animaux vivants qui se meuvent sur la
« terre, partout où ils ont été créés, car aucun lieu n'est encore
« désigné par un nom. » De là, comme tu sais, il te porta dans
« ce délicieux bocage, dans ce jardin planté des arbres de Dieu,
« délectables à voir et à goûter. Et il te donna libéralement tout
« leur fruit agréable pour nourriture (ici sont réunies toutes les
« espèces que porte toute la terre, variété infinie!); mais du
« fruit de l'arbre qui goûté produit la connaissance du bien et
« du mal, tu dois t'abstenir ; le jour où tu en manges, tu mœurs.
« La mort est la peine imposée; prends garde, et gouverne bien
« ton appétit, de peur que le péché ne te surprenne, et sa noire
« suivante, la mort.

« Ici Dieu finit : et tout ce qu'il avait fait, il le regarda, et vit
« que tout était entièrement bon : ainsi le soir et le matin ac-
« complirent le sixième jour; toutefois non pas avant que le
« Créateur cessant son travail, quoique non fatigué, retournât
« en haut, en haut au ciel des cieux, sa sublime demeure, pour
« contempler de là ce monde nouvellement créé, cette addition
« à son empire, pour voir comment il se montrait en perspec-
« tive de son trône, combien bon, combien beau, répondant à
« sa grande idée.

« Il s'enleva, suivi d'acclamations, et au son mélodieux de
« dix mille harpes qui faisaient entendre d'angéliques harmo-
« nies. La terre, l'air, résonnaient (tu t'en souviens, car tu les
« entendis) ; les cieux et toutes les constellations retentirent, les
« planètes s'arrêtèrent dans leur station pour écouter, tandis que
« la pompe brillante montait en jubilation. Ils chantaient :

 « — Ouvrez-vous, portes éternelles ; ouvrez, ô cieux, vos

« portes vivantes ! laissez entrer le grand Créateur, revenu ma-
« gnifique de son ouvrage, de son ouvrage de six jours, un
« monde ! Ouvrez-vous, et désormais ouvrez-vous souvent ; car
« Dieu délecté daignera souvent visiter les demeures des hommes
« justes, et par une fréquente communication il y enverra ses
« courriers ailés, pour les messages de sa grâce suprême. » —

« Ainsi chantait le glorieux cortége dans son ascension : le
« Verbe à travers le ciel, qui ouvrit dans toute leur grandeur
« ses portes éclatantes, suivit le chemin direct jusqu'à la maison
« éternelle de Dieu ; chemin large et ample dont la poussière est
« d'or et le pavé d'étoiles, comme les étoiles que tu vois dans
« Galaxie, cette voix lactée que tu découvres, la nuit, comme
« une zone poudrée d'étoiles.

« Et maintenant, sur la terre, le septième soir se leva dans
« Éden, car le soleil s'était couché, et le crépuscule, avant-cou-
« reur de la nuit, venait de l'orient, quand au saint mont, som-
« met élevé du ciel, trône impérial de la Divinité, à jamais fixé,
« ferme et sûr, la puissance filiale arriva et s'assit avec son
« Père. Car lui aussi, quoiqu'il demeurât à la même place (tel
« est le privilége de l'omniprésence), était allé invisible à l'ou-
« vrage ordonné, lui commencement et fin de toutes choses. Et
« se reposant alors du travail, il bénit et sanctifia le septième
« jour, parce qu'il se reposa ce jour-là de tout son ouvrage.
« Mais il ne fut pas chômé dans un sacré silence ; la harpe eut
« du travail, ne se reposa pas ; la flûte grave, le tympanon,
« toutes les orgues au clavier mélodieux, tous les sons touchés
« sur la corde ou le fil d'or, confondirent de doux accords entre-
« mêlés de voix en chœur ou à l'unisson. Des nuages d'encens,
« fumant dans des encensoirs d'or, cachèrent la montagne. La
« création et l'œuvre de six jours furent chantées.

« — Grands sont tes ouvrages, ô Jéhovah ! infini ton pou-
« voir ! quelle pensée te peut mesurer, quelle langue te racon-
« ter ? Plus grand maintenant dans ton retour, qu'après le
« combat des anges géants : toi, ce jour-là tes foudres te magni-
« fièrent, mais il est plus grand de créer que de détruire ce qui

« est créé. Qui peut te nuire, Roi puissant, ou borner ton em-
« pire? Facilement as-tu repoussé l'orgueilleuse entreprise des
« esprits apostats et dissipé leurs vains conseils, lorsque dans
« leur impiété ils s'imaginèrent te diminuer, te retirer de toi la
« foule de tes adorateurs. Qui cherche à t'amoindrir ne sert,
« contre son dessein, qu'à manifester d'autant plus ta puissance;
« tu emploies la méchanceté de ton ennemi, et tu en fais sortir
« le bien : témoin ce monde nouvellement créé, autre ciel non
« loin de la porte du ciel, fondé, en vue, sur le pur cristallin, la
« mer de verre; d'une étendue presque immense, ce ciel a de
« nombreuses étoiles, et chaque étoile a peut-être un monde
« destiné à être habité : mais tu connais leurs temps. Au milieu
« de ces mondes se trouve la terre, demeure des hommes, leur
« séjour agréable avec son océan inférieur répandu à l'entour.
« Trois fois heureux les hommes et les fils des hommes que Dieu
« a favorisés ainsi! qu'il a créés à son image, pour habiter là et
« pour l'adorer, et en récompense régner sur toutes ses œuvres,
« sur la terre, la mer ou l'air, et multiplier une race d'adora-
« teurs saints et justes! Trois fois heureux s'ils connaissent leur
« bonheur, et s'ils persévèrent dans la justice! » —

« Ils chantaient ainsi, et l'Empyrée retentit d'*alleluia*; ainsi
« fut gardé le jour du sabbat.

« Je pense maintenant, ô Adam! avoir pleinement satisfait à
« ta requête qui demanda comment ce monde, et la face des
« choses, commencèrent d'abord, et ce qui fut fait avant ton
« souvenir, dès le commencement, afin que la postérité, instruite
« par toi, le pût apprendre. Si tu as à rechercher quelque autre
« chose ne surpassant pas l'intelligence humaine, parle. »

LIVRE HUITIÈME

ARGUMENT

Adam s'enquiert des mouvements célestes: il reçoit une réponse douteuse et est exhorté à chercher de préférence des choses plus dignes d'être connues. Adam y consent; mais désirant encore retenir Raphaël, il lui raconte les choses dont il se souvient, depuis sa propre création; sa translation dans le paradis; son entretien avec Dieu touchant la solitude et une société convenable; sa premières rencontre et ses noces avec Ève. Son discours là-dessus avec l'Ange, qui part avec des admonitions répétées.

L'ange finit, et dans l'oreille d'Adam laisse sa voix si charmante que, pendant quelque temps, croyant qu'il parlait encore, il restait encore immobile pour l'écouter. Enfin, comme nouvellement éveillé, il lui dit, plein de reconnaissance :

« Quels remercîments suffisants, ou quelle récompense pro-
« portionnée ai-je à t'offrir, divin historien, qui as si abondam-
« ment étanché la soif que j'avais de connaître, qui as eu cette
« condescendance amicale de raconter des choses autrement
« pour moi incrustables, maintenant entendues avec surprise,
« mais avec délice, et comme il est dû, avec une gloire attribuée
« au souverain Créateur ! Néanmoins quelque doute me reste
« que ton explication peut seule résoudre.

« Lorsque je vois cette excellente structure, ce monde, com-
« posé du ciel et de la terre, et que je calcule leurs grandeurs,
« cette terre est une tache, un grain, un atome, comparée avec
« le firmament, et tous ses astres comptés, qui semblent rouler
« dans des espaces incompréhensibles, car leur distance et leur

« prompt retour diurne le prouvent. Quoi ! uniquement pour
« administrer la lumière l'espace d'un jour et d'une nuit autour
« de cette terre opaque, de cette tache d'un point, eux, dans
« toute leur vaste inspection d'ailleurs inutiles ! En raisonnant
« j'admire souvent comment la nature sobre et sage a pu com-
« mettre de pareilles disproportions, a pu, d'une main prodigue,
« créer les corps les plus beaux, multiplier les plus grands pour
« ce seul usage (à ce qu'il paraît), et imposer à leurs orbes de
« telles révolutions sans repos, jour par jour répétées. Et cepen-
« dant la terre sédentaire (qui pourrait se mouvoir mieux dans
« un cercle beaucoup moindre), servie par plus noble qu'elle,
« atteint ses fins sans le plus petit mouvement, et reçoit la cha-
« leur et la lumière, comme le tribut d'une course incalculable,
« apporté avec une rapidité incorporelle, rapidité telle que les
« nombres manquent pour l'exprimer. »

Ainsi parla notre premier père, et il sembla par sa contenance entrer dans des pensées studieuses et abstraites; ce qu'Ève apercevant du lieu où elle était assise retirée en vue, elle se leva avec une modestie majestueuse et une grâce qui engageaient celui qui la voyait à souhaiter qu'elle restât. Elle alla parmi ses fruits et ses fleurs pour examiner comment ils prospéraient, bouton et fleur, ses élèves : ils poussèrent à sa venue, et, touchés par sa belle main, grandirent plus joyeusement. Cependant elle ne se retira point comme non charmée de tels discours, ou parce que son oreille n'était pas capable d'entendre ce qui était élevé; mais elle se réservait ce plaisir, Adam racontant, elle seule auditrice; elle préférait à l'ange son mari le narrateur, et elle aimait mieux l'interroger; elle savait qu'il entremêlerait d'agréables digressions, et résoudrait les hautes difficultés par des caresses conjugales : des lèvres de son époux les paroles ne lui plaisaient pas seules ! Oh ! quand se rencontre à présent un pareil couple, mutuellement uni en dignité et en amour ? Ève s'éloigna avec la démarche d'une déesse; elle n'était pas sans suite, car près d'elle comme une reine, un cortège de grâces attrayantes se tient toujours; et d'autour d'elle jaillissaient dans tous les yeux des traits du désir qui faisait souhaiter encore sa présence.

Et Raphaël, bienveillant et facile, répond à présent au doute qu'Adam avait proposé :

« De demander ou de t'enquérir, je ne te blâme pas, car le
« ciel est comme le livre de Dieu ouvert devant toi, dans lequel
« tu peux lire ses merveilleux ouvrages et apprendre ses saisons,
« ses heures, ou ses mois, ou ses années ; pour atteindre à ceci,
« que le ciel ou la terre se meuvent, peu importe si tu comptes
« juste. Le grand Architecte a fait sagement de cacher le reste
« à l'homme ou à l'ange, de ne pas divulguer ses secrets pour
« être scrutés par ceux qui doivent plutôt les admirer ; ou s'ils
« veulent hasarder des conjectures, il a livré son édifice des
« cieux à leurs disputes, afin peut-être d'exciter son rire par
« leurs opinions vagues et subtiles, quand dans la suite ils vien-
« dront à mouler le ciel et à calculer les étoiles. Comme ils ma-
« nieront la puissante structure! comme ils bâtiront, débâtiront,
« s'ingénieront pour sauver les apparences! comme ils ceindront
« la sphère de cercles concentriques et excentriques, de cycles
« et d'épicycles, d'orbes dans des orbes, mal écrits sur elle!
« Déjà je devine ceci par ton raisonnement, toi qui dois guider
« ta postérité, et qui suppose que des corps plus grands et lumi-
« neux n'en doivent pas servir de plus petits privés de lumière,
« ni le ciel parcourir de pareils espaces, tandis que la terre,
« assise tranquille, reçoit seule le bénéfice de cette course.

« Considère d'abord que grandeur ou éclat ne supposent pas
« excellence : la terre, bien qu'en comparaison du ciel, si petite
« et sans lumière, peut contenir des qualités solides en plus
« d'abondance que le soleil qui brille stérile, et dont la vertu
« n'opère pas d'effet sur lui-même, mais sur la terre féconde :
« là ses rayons reçus d'abord (inactifs ailleurs) trouvent leur
« vigueur. Encore, ces éclatants luminaires ne sont pas ser-
« viables à la terre, mais à toi, habitant de la terre.

« Quant à l'immense circuit du ciel, qu'il raconte la haute
« magnificence du Créateur, lequel a bâti d'une manière si

« vaste, et étendu ses lignes si loin, afin que l'homme puisse
« savoir qu'il n'habite pas chez lui; édifice trop grand pour qu'il
« le remplisse, logé qu'il est dans une petite portion : le reste
« est formé pour des usages mieux connus de son souverain
« Seigneur. Attribue la vitesse de ces cercles, quoique sans
« nombre, à l'omnipotence de Dieu, qui pourrait ajouter à des
« substances matérielles une rapidité presque spirituelle. Tu ne
« me crois pas lent, moi qui, depuis l'heure matinale parti du
« ciel où Dieu réside, suis arrivé dans Éden avant le milieu
« du jour, distance inexprimable dans des nombres qui aient
« un nom.

« Mais j'avance ceci, en admettant le mouvement des cieux,
« pour montrer combien a peu de valeur ce qui te porte à en
« douter; non que j'affirme ce mouvement, quoiqu'il te semble
« tel, à toi qui as ta demeure ici sur la terre. Dieu, pour éloigner
« ses voies du sens humain, a placé le ciel tellement loin de la
« terre, que la vue terrestre, si elle s'aventure, puisse se perdre
« dans des choses trop sublimes, et n'en tire aucun avantage.

« Quoi? si le soleil est le centre du monde, et si d'autres astres
« (par sa vertu attractive et par la leur même incités) dansent
« autour de lui des rondes variées? Tu vois dans six planètes
« leur course errante, maintenant haute, maintenant basse, tan-
« tôt cachée, progressive, rétrograde ou demeurant station-
« naire : que serait-ce si la septième planète, la terre (quoi-
« qu'elle semble si immobile), se mouvait insensiblement par
« trois mouvements divers? Sans cela ces mouvements, ou tu
« les dois attribuer à différentes sphères mues en sens contraire
« croisant leurs obliquités, ou tu dois sauver au soleil sa fatigue,
« ainsi qu'à ce rhombe rapide supposé nocturne et diurne, invi-
« sible d'ailleurs au-dessus de toutes les étoiles; roue du jour et
« de la nuit. Tu n'aurais plus besoin d'y croire si la terre,
« industrieuse d'elle-même, cherchait le jour en voyageant à
« l'orient, et si de son hémisphère opposé au rayon du soleil elle
« rencontrait la nuit, son autre hémisphère étant encore éclairé
« de la lumière du jour. Que serait-ce si cette lumière reflétée

« par la terre à travers la vaste transparence de l'air, était
« comme la lumière d'un astre pour le globe terrestre de la lune,
« la terre éclairant la lune pendant le jour, comme la lune
« éclaire la terre pendant la nuit? Réciprocité dans le cas où la
« lune aurait une terre, des champs et des habitants. Tu vois ses
« taches comme des nuages ; les nuages peuvent donner de la
« pluie, et la pluie peut produire des fruits dans le sol amolli de
« la lune, pour nourrir ceux qui sont placés là.

« Peut-être découvriras-tu d'autres soleils accompagnés de
« leurs lunes, communiquant la lumière mâle et femelle ; ces
« deux grands sexes animent le monde, peut-être rempli dans
« chacun de ses orbes par quelque créature qui vit. Car qu'une
« aussi vaste étendue de la nature soit privée d'âmes vivantes ;
« qu'elle soit déserte, désolée, faite seulement pour briller, pour
« payer à peine à chaque orbe une faible étincelle de lumière
« envoyée si loin, en bas à cet orbe habitable qui lui renvoie
« cette lumière, c'est ce qui sera une éternelle matière de dis-
« pute.

« Mais que ces choses soient ou ne soient pas ainsi ; que le
« le soleil dominant dans le ciel se lève sur la terre, ou que la
« terre se lève sur le soleil ; que le soleil commence dans l'orient
« sa carrière ardente, ou que la terre s'avance de l'occident dans
« une course silencieuse, à pas inoffensifs, dorme sur son axe
« doux, tandis qu'elle marche d'un mouvement égal et t'em-
« porte mollement avec l'atmosphère tranquille ; ne fatigue pas
« tes pensées de ces choses cachées ; laisse-les au Dieu d'en
« haut; sers-le et crains-le. Qu'il dispose comme il lui plaît des
« autres créatures, quelque part qu'elles soient placées. Réjouis-
« toi dans ce qu'il t'a donné, ce paradis et ta belle Ève. Le ciel
« est pour toi trop élevé pour que tu puisses savoir ce qui s'y
« passe. Sois humblement sage ! pense seulement à ce qui con-
« cerne toi et ton être ; ne rêve point d'autres mondes, des créa-
« tures qui y vivent de leur état, de leur condition ou degré :
« sois content de ce qui t'a été révélé jusqu'ici, non-seulement
« de la terre, mais du plus haut ciel. »

Adam, éclairci sur ses doutes, lui répliqua :

« Combien pleinement tu m'as satisfait, pure intelligence du
« ciel, ange serein ! et combien, délivré de sollicitudes, tu m'as
« enseigné, pour vivre, le chemin le plus aisé ! tu m'as appris à
« ne point interrompre avec des imaginations perplexes la dou-
« ceur d'une vie dont Dieu a donné à tous soucis pénibles d'ha-
« biter loin, et de ne pas nous troubler, à moins que nous ne les
« cherchions nous-mêmes, par des pensées errantes et des no-
« tions vaines. Mais l'esprit, ou l'imagination, est apte à s'égarer
« sans retenue ; il n'est point de fin à ses erreurs, jusqu'à ce
« que avertie, ou enseignée par l'expérience, elle apprenne que
« la première sagesse n'est pas de connaître amplement les ma-
« tières obscures, subtiles et d'un usage éloigné, mais ce qui est
« devant nous dans la vie journalière ; le reste est fumée, ou va-
« nité, ou folle extravagance, et nous rend, dans les choses qui
« nous concernent le plus, sans expérience, sans habitude, et
« cherchant toujours. Ainsi descendons de cette hauteur, abais-
« sons notre vol et parlons des choses utiles près de nous, d'où,
« par hasard, peut naître l'occasion de te demander quelque
« chose non hors de raison, m'accordant ta complaisance et ta
« faveur accoutumée.

« Je t'ai entendu raconter ce qui a été fait avant mon souve-
« nir ; à présent écoute-moi raconter mon histoire que tu ignores
« peut-être. Le jour n'est pas encore dépensé ; jusqu'ici tu vois
« de quoi je m'avise subtilement pour te retenir, t'invitant à en-
« tendre mon récit ; folie ! si ce n'était dans l'espoir de ta ré-
« ponse : car tandis que je suis assis avec toi, je me crois dans le
« ciel ; ton discours est plus flatteur à mon oreille que les fruits
« les plus agréables du palmier ne le sont à la faim et à la soif,
« après le travail, à l'heure du doux repas : ils rassasient et bien-
« tôt lassent, quoique agréables : mais tes paroles, imbues d'une
« grâce divine, n'apportent à leur douceur aucune satiété. »

Raphaël répliqua célestement doux :

« Tes lèvres ne sont pas sans grâce, père des hommes, ni ta
« langue sans éloquence, car Dieu avec abondance a aussi ré-

« pandu ses dons sur toi extérieurement et intérieurement, toi
« sa brillante image : parlant ou muet, toute beauté ou toute
« grâce t'accompagnent, et forment chacune de tes paroles, cha-
« cun de tes mouvements. Dans le ciel, nous ne te regardons pas
« moins que comme notre compagnon de service sur la terre, et
« nous nous enquérons avec plaisir des voies de Dieu dans
« l'homme ; car Dieu, nous le voyons, t'a honoré, et a placé
« dans l'homme son égal amour.

« Parle donc, car il arriva que le jour où tu naquis, j'étais
« absent, engagé dans un voyage difficile et ténébreux, au loin
« dans une excursion vers les portes de l'enfer. En pleine légion
« carrée (ainsi nous en avions reçu l'ordre), nous veillâmes à
« ce qu'aucun espion ou aucun ennemi ne sortît de là, tandis
« que Dieu était à son ouvrage, de peur que lui, irrité par cette
« irruption audacieuse, ne mêlât la destruction à la création.
« Non que les esprits rebelles osassent sans sa permission rien
« tenter, mais il nous envoya pour établir ses hauts commande-
« ments comme souverain Roi, et pour nous accoutumer à une
« prompte obéissance.

« Nous trouvâmes étroitement fermées les horribles portes,
« étroitement fermées et barricadées fortement ; mais longtemps
« avant notre approche, nous entendîmes au dedans un bruit
« autre que le son de la danse et du chant : tourment, et haute
« lamentation, et rage furieuse ! Contents, nous retournâmes
« aux rivages de la lumière avant le soir du sabbat : tel était
« notre ordre. Mais ton récit à présent : car je l'attends, non
« moins charmé de tes paroles que toi des miennes. »

Ainsi parla ce pouvoir semblable à un Dieu, et alors notre premier père :

« Pour l'homme, dire comment la vie humaine commença,
« est difficile, car qui connut soi-même son commencement ?
« Le désir de converser plus longtemps encore avec toi m'induit
« à parler.

« Comme nouvellement éveillé du plus profond sommeil, je
« me trouvai couché mollement sur l'herbe fleurie, dans une

« sueur embaumée que par ses rayons le soleil sécha en se nour-
« rissant de la fumante humidité. Droit vers le ciel, je tournai
« mes yeux étonnés, et contemplai quelque temps le firmament
« spacieux, jusqu'à ce que levé par une rapide et instinctive im-
« pulsion, je bondis, comme m'efforçant d'atteindre là, et je me
« tins debout sur mes pieds.

« Autour de moi, j'aperçus une colline, une vallée, des bois
« ombreux, des plaines rayonnantes au soleil, et une liquide
« chute de ruisseaux murmurants; dans ces lieux j'aperçus des
« créatures qui vivaient et se mouvaient, qui marchaient ou vo-
« laient; des oiseaux gazouillant sur les branches : tout sou-
« riait ; mon cœur était noyé de joie et de parfum.

« Je me parcours alors moi-même, et membre à membre je
« m'examine, et quelquefois je marche, et quelquefois je cours
« avec des jointures flexibles, selon qu'une vigueur animée me
« conduit ; mais qui j'étais, où j'étais, par quelle cause j'étais,
« je ne le savais pas. J'essayai de parler, et sur-le-champ je
« parlai ; ma langue obéit et put nommer promptement tout ce
« que je voyais.

« Toi, soleil, dis-je, belle lumière ! et toi, terre éclairée, si
« fraîche et si riante ! vous, collines et vallées; vous, rivières,
« bois et plaines ; et vous qui vivez et vous mouvez, belles créa-
« tures, dites, dites, si vous l'avez vu, comment suis-je ainsi
« venu, comment suis-je ici ? Ce n'est de moi-même ; c'est donc
« par quelque grand créateur prééminent en bonté et en pou-
« voir. Dites-moi comment je puis le connaître, comment l'a-
« dorer celui par qui je me meus, je vis, et sens que je suis plus
« heureux que je ne le sais ?

« Pendant que j'appelais de la sorte et que je m'égarais je ne
« sais où, loin du lieu où j'avais d'abord respiré l'air et vu d'a-
« bord cette lumière fortunée, comme aucune réponse ne m'é-
« tait faite, je m'assis pensif sur un banc vert, ombragé et pro-
« digue de fleurs. Là, un agréable sommeil s'empara de moi
« pour la première fois, et accabla d'une douce oppression mes
« sens assoupis, non troublés, bien qu'alors je me figurasse

« repasser à mon premier état d'insensibilité et me dissoudre.

« Quand soudain à ma tête se tint un songe dont l'apparition
« intérieure inclina doucement mon imagination à croire que
« j'avais encore l'être et que je vivais. Quelqu'un vint, ce me
« semble, de forme divine, et me dit :

« — Ta demeure te manque. Adam : lève-toi, premier
« homme, toi destiné à devenir le premier père d'innombrables
« hommes ! Appelé par toi, je viens, ton guide au jardin de béa-
« titude, ta demeure préparée. » —

« Ainsi disant, il me prit par la main et me leva : et sur les
« campagnes et les eaux doucement glissant comme dans l'air
« sans marcher, il me transporta enfin sur une montagne boisée,
« dont le sommet était une plaine ; circuit largement clos, planté
« d'arbres les meilleurs, de promenades et de bosquets ; de sorte
« que ce que j'avais vu sur la terre auparavant semblait à peine
« agréable. Chaque arbre chargé du plus beau fruit, qui pendait
« en tentant l'œil, excitait en moi un désir soudain de cueillir
« et de manger. Sur quoi, je m'éveillai, et trouvai devant mes
« yeux, en réalité, ce que le songe m'avait vivement offert en
« image. Ici aurait recommencé ma course errante, si celui qui
« était mon guide à cette montagne n'eût apparu parmi les ar-
« bres ; présence divine ! Rempli de joie, mais avec une crainte
« respectueuse, je tombai soumis en adoration à ses pieds. Il me
« releva, et :

« — Je suis celui que tu cherches, me dit-il avec douceur;
« auteur de tout ce que tu vois au-dessus, ou autour de toi, ou
« au-dessous. Je te donne ce paradis; regarde-le comme à toi pour
« le cultiver et le bien tenir, et en manger le fruit. De chaque
« arbre qui croît dans le jardin, mange librement et de bon
« cœur ; ne crains point ici de disette ; mais de l'arbre dont l'o-
« pération apporte la connaissance du bien et du mal, arbre
« que j'ai planté, comme le gage de ton obéissance et de ta foi,
« dans le jardin auprès de l'arbre de vie (souviens-toi de ce dont
« je t'avertis), évite de goûter et évite la conséquence amère. Car
« sache que le jour où tu en mangeras, ma seule défense étant

LIVRE VIII.   173

« transgressée, inévitablement tu mourras, mortel de ce jour ;
« et tu perdras ton heureuse situation, chassé d'ici dans un
« monde de malheur et de misère. » —

« Il prononça sévèrement cette rigoureuse sentence qui ré-
« sonne encore terrible à mon oreille, bien qu'il ne dépende
« que de moi de ne pas l'encourir. Mais il reprit bientôt son
« aspect serein, et renouvela de la sorte son gracieux propos :

« Non-seulement cette belle enceinte, mais la terre entière,
« je la donne à toi et à ta race. Possédez-la comme seigneurs, et
« toutes les choses qui vivent dedans, ou qui vivent dans la mer,
« ou dans l'air, animaux, poissons, oiseaux. En signe de quoi,
« voici les animaux et les oiseaux, chacun selon son espèce ; je
« te les amène pour recevoir leurs noms de toi, et pour te rendre
« foi et hommage avec une soumission profonde. Entends la
« même chose des poissons dans leur aquatique demeure, non
« semoncés ici, parce qu'ils ne peuvent changer leur élément
« pour respirer un air plus subtil. » —

« Comme il parlait, voici les animaux et les oiseaux s'ap-
« prochant deux à deux ; les animaux fléchissant humblement
« le genou avec des flatteries, les oiseaux abaissés sur leurs ailes.
« Je les nommai à mesure qu'ils passaient, et je comprenais leur
« nature (tant était grand le savoir dont Dieu avait doué ma
« soudaine intelligence !) ; mais, parmi ces créatures, je ne trou-
« vai pas ce qui me semblait manquer encore, et je m'adressai
« ainsi à la céleste vision.

« — Oh ! de quel nom t'appeler ! car toi au-dessus de toutes
« ces créatures, au-dessus de l'espèce humaine, ou au-dessus
« de ce qui est plus haut que l'espèce humaine, tu surpasses
« beaucoup tout ce que je puis nommer. Comment puis-je
« t'adorer, auteur de cet univers et de tout ce bien donné à
« l'homme, pour le bien-être duquel, si largement et d'une
« main libérale, tu as pourvu à toutes choses ? Mais avec moi, je
« ne vois personne qui partage. Dans la solitude est-il un bon-
« heur ! qui peut jouir seul ! ou en jouissant de tout, quel con-
« tentement trouver ? » —

« Ainsi je parlais présomptueux, et la vision comme avec un
« sourire, plus brillante, répliqua ainsi :

« — Qu'appelles-tu solitude ? La terre et l'air ne sont-ils pas
« remplis de diverses créatures vivantes, et toutes celles-ci ne
« sont-elles pas à ton commandement pour venir jouer devant
« toi ? ne connais-tu pas leur langage et leurs mœurs ? elles
« savent aussi, et ne raisonnent pas d'une manière méprisable.
« Trouve un passe-temps avec elles et domine sur elles ; ton
« royaume est vaste. » —

« Ainsi parla l'universel Seigneur et sembla dicter des ordres.
« Moi, ayant imploré par une humble prière la permission de
« parler, je répliquai :

« — Que mes discours ne t'offensent pas, céleste puissance ;
« mon Créateur, sois propice tandis que je parle. Ne m'as-tu pas
« pas fait ici ton représentant, et n'as-tu pas placé bien au-
« dessous de moi ces inférieures créatures ? Entre inégaux
« quelle société, quelle harmonie, quel vrai délice peuvent s'as-
« sortir ? Ce qui doit être mutuel doit être donné et reçu en juste
« proportion ; mais en disparité, si l'un est élevé, l'autre tou-
« jours abaissé, ils ne peuvent bien se convenir l'un à l'autre,
« mais ils se deviennent bientôt également ennuyeux. Je parle
« d'une société telle que je la cherche, capable de participer à
« tout délice rationnel, dans lequel la brute ne saurait être la
« compagne de l'homme. Les brutes se réjouissent chacune avec
« leur espèce ; le lion avec la lionne ; si convenablement tu les
« as unies deux à deux ! L'oiseau peut encore moins converser
« avec le quadrupède, le poisson avec l'oiseau, le singe avec le
« bœuf ; l'homme peut donc encore moins s'associer à la bête, et
« il le peut le moins de tous. » —

« A quoi le Tout-Puissant, non offensé, répondit :

« — Tu te proposes, je le vois, un bonheur fin et délicat dans
« le choix de tes associés, Adam, et dans le sein du plaisir, tu
« ne goûteras aucun plaisir, étant seul. Que penses-tu donc de
« moi et de mon état ! te semblé-je, ou non, posséder suffisam-
« ment de bonheur, moi qui suis seul de toute éternité ? car je

« ne me connais ni second, ni semblable, d'égal beaucoup
« moins. Avec qui donc puis-je converser, si ce n'est avec les
« créatures que j'ai faites, et celles-ci, à moi inférieures, des-
« cendent infiniment plus au-dessous de moi, que les autres
« créatures au-dessous de toi. » —

« Il se tut ; je repris humblement :

« — Pour atteindre la hauteur et la profondeur de tes voies
« éternelles, toutes pensées humaines sont courtes. Souverain
« des choses ! tu es parfait en toi-même, et on ne trouve rien en
« toi de défectueux : l'homme n'est pas ainsi ; il ne se perfec-
« tionne que par degrés : c'est la cause de son désir de société
« avec son semblable pour aider ou consoler ses insuffisances.
« Tu n'as pas besoin de te propager, déjà infini, et accompli
« dans tous les nombres, quoique tu sois un. Mais l'homme par
« le nombre doit manifester sa particulière imperfection, et en-
« gendrer son pareil de son pareil, en multipliant son image
« défectueuse en unité, ce qui exige un amour mutuel et la plus
« tendre amitié. Toi dans ton secret, quoique seul, supérieure-
« ment accompagné de toi-même, tu ne cherches pas de com-
« munication sociale : cependant, si cela te plaisait, tu pourrais
« élever ta créature déifiée à quelque hauteur d'union ou de
« communion que tu voudrais : moi en conversant je ne puis
« redresser ces brutes courbées, ni trouver ma complaisance
« dans leurs voies. » —

« Ainsi enhardi, je parlai ; et j'usai de la liberté accordée, et
« je trouvai accueil : ce qui m'obtint cette réponse de la gra-
« cieuse voix divine :

« — Jusqu'ici, Adam, je me suis plu à t'éprouver, et j'ai
« trouvé que tu connaissais non-seulement les bêtes, que tu as
« proprement nommées, mais toi-même ; exprimant bien l'esprit
« libre en toi, mon image, qui n'a point été départie à la brute,
« dont la compagnie pour cela ne peut te convenir ; tu avais une
« bonne raison pour la désapprouver franchement : pense tou-
« jours de même. Je savais, avant que tu parlasses, qu'il n'est
« pas bon pour l'homme d'être seul ; une compagnie telle que

« tu la voyais alors, je ne t'ai pas destinée; je te l'ai présentée
« seulement comme une épreuve, pour voir comment tu juge-
« rais du juste et du convenable. Ce que je te vais maintenant
« apporter te plaira, sois-en sûr, c'est ta ressemblance, ton aide
« convenable, ton autre toi-même, ton souhait exactement selon
« le désir de ton cœur. » —

« Il finit ou je ne l'entendis plus, car alors ma nature ter-
« restre accablée par sa nature céleste (sous laquelle elle s'était
« tenue longtemps exaltée à la hauteur de ce colloque divin et
« sublime), ma nature éblouie et épuisée comme quand un objet
« surpasse les sens, s'affaissa, et chercha la réparation du som-
« meil qui tomba à l'instant sur moi, appelé comme en aide par
« la nature, et il ferma mes yeux.

« Mes yeux il ferma, mais laissa ouverte la cellule de mon
« imagination, ma vue intérieure, par laquelle, ravi comme en
« extase, je vis, à ce qu'il me sembla, quoique dormant où
« j'étais, je vis la forme toujours glorieuse devant qui je m'étais
« tenu éveillé, laquelle se baissant, m'ouvrit le côté gauche, y
« prit une côte toute chaude des esprits du cœur, et le sang de
« la vie coulant frais : large était la blessure, mais soudain rem-
« plie de chair et guérie.

« La forme pétrit et façonna cette côte avec ses mains ; sous
« ses mains créatrices se forma une créature semblable à
« l'homme, mais de sexe différent, si agréablement belle que ce
« qui semblait beau dans tout le monde semblait maintenant
« chétif, ou paraissait réuni en elle, contenu en elle et dans ses
« regards, qui depuis ce temps ont épanché dans mon cœur une
« douceur jusqu'alors non éprouvée; son air inspira à toutes
« choses l'esprit d'amour et un amoureux délice. Elle dis-
« parut, et me laissa dans les ténèbres. Je m'éveillai pour la
« trouver, ou pour déplorer à jamais sa perte, et abjurer tous
« les autres plaisirs.

« Lorsque j'étais hors d'espoir, la voici non loin, telle que je
« la vis dans mon songe, ornée de tout ce que la terre ou le ciel
« pouvaient prodiguer pour la rendre aimable. Elle vient con-

« duite par son céleste Créateur (quoique invisible) et guidée
« par sa voix. Elle n'était pas ignorante de la nuptiale sainteté
« et des rites du mariage : la grâce était dans tous ses pas, le ciel
« dans ses yeux ; dans chacun de ses mouvements, la dignité et
« l'amour. Transporté de joie, je ne pus m'empêcher de m'écrier
« à voix haute :

« — Cette fois tu m'as dédommagé ! tu as rempli ta promesse,
« Créateur généreux et plein de bénignité, donateur de toutes
« les choses belles ; mais celui-ci est le plus beau de tous tes pré-
« sents ! et tu ne me l'as pas envié. Je vois maintenant l'os de
« mes os, la chair de ma chair, moi-même devant moi. La
« femme est son nom ; son nom est tiré de l'homme : c'est pour-
« quoi l'homme quittera son père et sa mère, et s'attachera à sa
« femme, et ils seront une chair, un cœur, une âme. » —

« Ma compagne m'entendit : et quoique divinement amenée,
« cependant l'innocence, et la modestie virginale, sa vertu, et la
« conscience de son prix (prix qui doit être imploré, et ne doit
« pas être accordé sans être recherché, qui ne s'offrant pas, ne
« se livrant pas de lui-même, et d'autant plus désirable qu'il est
« plus retiré), pour tout dire enfin, la nature elle-même (quoique
« pure de pensée pécheresse) agit tellement en elle, qu'en me
« voyant elle se détourna. Je la suivis ; elle connut ce que c'é-
« tait qu'honneur, et avec une condescendante majesté elle ap-
« prouva mes raisons alléguées. Je la conduisis au berceau nup-
« tial rougissante comme le matin : tout le ciel, et les constella-
« tions fortunées, versèrent sur cette heure leur influence la plus
« choisie; la terre et ses collines donnèrent un signe de congra-
« tulation; les oiseaux furent joyeux ; les fraîches brises, les vents
« légers murmurèrent cette union dans les bois, et leurs ailes en
« se jouant nous jetèrent des roses, nous jetèrent les parfums
« du buisson embaumé, jusqu'à ce que l'amoureux oiseau de la
« nuit chantât les noces, et ordonnât à l'étoile du soir de hâter
« ses pas sur le sommet de sa colline, pour allumer le flambeau
« nuptial.

« Ainsi je t'ai raconté toute ma condition, et j'ai amené mon

« histoire jusqu'au comble de la félicité terrestre dont je jouis :
« je dois avouer que, dans toutes les autres choses, je trouve à la
« vérité du plaisir, mais tel que goûté ou non, il n'opère dans
« mon esprit ni changement ni véhément désir : je parle de ces
« délicatesses de goût, de vue, d'odorat, d'herbes, de fruits, de
« fleurs, de promenades et de mélodie des oiseaux.

« Mais ici bien autrement : transporté je vois, transporté je
« touche ! Ici pour la première fois je sentis la passion, commo-
« tion étrange ! supérieur et calme dans toutes les autres jouis-
« sances, ici faible uniquement contre le charme du regard puis-
« sant de la beauté. Ou la nature a failli en moi, et m'a laissé
« quelque partie non assez à l'épreuve pour résister à un pareil
« objet ; ou dans ce qu'on a soustrait de mon côté, on m'a peut-être
« pris plus qu'il ne fallait : du moins on a prodigué à la femme
« trop d'ornement, à l'extérieur achevée, à l'intérieur moins finie.
« Je comprends bien que, selon le premier dessein de la nature,
« elle est l'inférieure par l'esprit et les facultés intérieures qui
« excellent le plus ; extérieurement aussi elle ressemble moins
« à l'image de celui qui nous fit tous deux, et elle exprime
« moins le caractère de cette domination donnée sur les autres
« créatures. Cependant, quand j'approche de ses séductions, elle
« me semble si parfaite et en elle-même si accomplie, si instruite
« de ses droits, que ce qu'elle veut faire ou dire paraît le plus
« sage, le plus vertueux, le plus discret, le meilleur. Toute science
« plus haute tombe abaissée en sa présence ; la sagesse, discou-
« rant avec elle, se perd déconcertée et paraît folie. L'autorité et
« la raison la suivent, comme si elle avait été projetée la pre-
« mière, non faite la seconde occasionnellement : pour achever
« tout, la grandeur d'âme et la noblesse établissent en elle leur
« demeure la plus charmante, et créent autour d'elle un respect
« mêlé de frayeur, comme une garde angélique. »

L'ange fronçant le sourcil, lui répondit :

« N'accuse point la nature ; elle a rempli sa tâche ; remplis la
« tienne, et ne te défie pas de la sagesse ; elle ne t'abandonnera
« pas, si tu ne la renvoies quand tu aurais le plus besoin d'elle

« près de toi, alors que tu attaches trop de prix à des choses
« moins excellentes, comme tu t'en aperçois toi-même.

« Aussi bien qu'admires-tu ? qu'est-ce qui te transporte ainsi ?
« Des dehors ! beaux sans doute et bien dignes de ta tendresse,
« de ton hommage et de ton amour, non de ta servitude. Pèse-
« toi avec la femme, ensuite évalue : souvent rien n'est plus pro-
« fitable que l'estime de soi-même bien ménagée, et fondée en
« justice et en raison. Plus tu connaîtras de cette science, plus
« ta compagne te reconnaîtra pour son chef, à des réalités cédera
« toutes ses apparences. Elle est faite ainsi ornée pour te plaire
« davantage, ainsi imposante pour que tu puisses aimer avec hon-
« neur ta compagne, qui voit quand tu parais le moins sage.

« Mais si le sens du toucher, par lequel l'espèce humaine est
« propagée, te paraît un délice cher au-dessus de tout autre,
« songe que le même sens a été accordé au bétail et à chaque
« bête : lequel ne leur aurait pas été révélé et rendu commun si
« quelque chose existait là dedans, digne de subjuguer l'âme de
« l'homme ou de lui inspirer la passion.

« Ce que tu trouves d'élevé, d'attrayant, de doux, de raison-
« nable, dans la société de ta compagne, aime-le toujours ; en
« aimant tu fais bien ; dans la passion, non, car en celle-ci le vé-
« ritable amour ne consiste pas. L'amour épure les pensées et
« élargit le cœur ; il a son siége dans la raison, et il est judicieux ;
« il est l'échelle par laquelle tu peux monter à l'amour céleste,
« n'étant pas plongé dans le plaisir charnel : c'est pour cette
« cause que parmi les bêtes aucune compagne ne t'a été trou-
« vée. »

Adam, à demi honteux, répliqua :

« Ni l'extérieur de la femme, formé si beau, ni rien de la pro-
« création commune à toutes les espèces (quoique je pense du
« lit nuptial d'une manière beaucoup plus élevée et avec un
« mystérieux respect), ne me plaisent autant dans ma compa-
« gne que ces manières gracieuses, ces mille décences sans cesse
« découlant de toutes ses paroles, de toutes ses actions mêlées d'a-
« mour, de douce complaisance, qui révèlent une union sincère

« d'esprit, ou une seule âme entre nous deux : harmonie de
« deux époux, plus agréable à voir qu'un son harmonieux à
« entendre.

« Toutefois ces choses ne me subjuguent pas ; je te découvre
« ce que je sens intérieurement, sans pour cela que je sois vaincu,
« moi qui rencontre des objets divers, diversement représentés
« par les sens ; cependant, toujours libre, j'approuve le meilleur,
« et je suis ce que j'approuve. Tu ne me blâmes pas d'aimer,
« car l'amour, tu le dis, nous élève au ciel ; il en est à la fois le
« chemin et le guide. Souffre-moi donc, si ce que je demande
« est permis : les esprits célestes n'aiment-ils point ? Comment
« expriment-ils leur amour ? Par regards seulement ? Ou mê-
« lent-ils leur lumière rayonnante par un toucher virtuel ou
« immédiat ? »

L'ange, avec un sourire qu'animait la rougeur des roses célestes, propre couleur de l'amour, lui répondit :

« Qu'il te suffise de savoir que nous sommes heureux, et que
« sans amour il n'y a point de bonheur. Tout ce que tu goûtes
« de plaisir pur dans ton corps (et tu fus créé pur), nous le
« goûtons dans un degré plus éminent : nous ne trouvons point
« d'obstacles de membrane, de jointure, ou de membre, barriè-
« res exclusives. Plus aisément que l'air avec l'air, si les esprits
« s'embrassent, ils se confondent, le pur désirant l'union avec le
« pur : ils n'ont pas besoin d'un moyen de transmission borné,
« comme la chair pour s'unir à la chair, ou l'âme à l'âme.

« Mais je ne puis à présent rester davantage : le soleil, s'abais-
« sant au-delà des terres du cap Vert et des îles ondoyantes de
« l'Hespérie, se couche : c'est le signal de mon départ. Sois ferme ;
« vis heureux et aime ! mais aime Dieu avant tout ; lui obéir, c'est
« l'aimer. Observe son grand commandement : prends garde que
« la passion n'entraîne ton jugement à faire ce qu'autrement ta
« volonté libre n'admettrait pas. Le bonheur ou le malheur de
« toi et tes fils est en toi placé. Sois sur tes gardes ; moi, et tous
« les esprits bienheureux, nous nous réjouirons dans ta persé-
« vérance. Tiens-toi ferme : rester debout ou tomber dépend de

« ton libre arbitre. Parfait intérieurement, ne cherche pas de
« secours extérieur, et repousse toute tentation de désobéir. »

Il dit, et se leva. Adam le suivit avec des bénédictions :

« Puisqu'il te faut partir, va, hôte céleste, messager divin, en-
« voyé de celui dont j'adore la bonté souveraine ! Douce et af-
« fable a été pour moi ta condescendance ; elle sera honorée à
« jamais dans ma reconnaissante mémoire. Sois toujours bon et
« amical pour l'espèce humaine, et reviens souvent ! »

Ainsi ils se séparèrent : de l'épais ombrage l'ange retourna au ciel, et Adam à son berceau.

LIVRE NEUVIÈME

ARGUMENT

Satan ayant parcouru la terre avec une fourberie méditée, revient de nuit comme un brouillard dans le paradis; il entre dans le serpent endormi. Adam et Ève sortent au matin pour leurs ouvrages, qu'Ève propose de diviser en différents endroits, chacun travaillant à part. Adam n'y consent pas, alléguant le danger, de peur que l'ennemi dont ils ont été avertis ne la tentât quand il la trouverait seule. Ève offensée de n'être pas crue ou assez circonspecte, ou assez ferme, insiste pour aller à part, désireuse de mieux faire preuve de sa force. Adam cède enfin; le serpent la trouve seule : sa subtile approche, d'abord contemplant, ensuite parlant, et avec beaucoup de flatterie élevant Ève au-dessus de toutes les autres créatures. Ève étonnée d'entendre le serpent parler, lui demande comment il a acquis la voix humaine et l'intelligence qu'il n'avait pas jusqu'alors. Le serpent répond qu'en goûtant d'un certain arbre dans le paradis il a acquis à la fois la parole et la raison qui lui avaient manqué jusqu'alors. Ève lui demande de la conduire à cet arbre, et elle trouve que c'est l'arbre de la science défendue. Le serpent, à présent devenu plus hardi, par une foule d'astuces et d'arguments, l'engage à la longue à manger. Elle, ravie du goût, délibère un moment si elle en fera part ou non à Adam; enfin elle lui porte du fruit, elle raconte ce qui l'a persuadée d'en manger. Adam, d'abord consterné, mais voyant qu'elle était perdue, se résout, par véhémence d'amour, à périr avec elle, et atténuant la faute, il mange aussi du fruit : ses effets sur tous deux. Ils cherchent à couvrir leur nudité, ensuite ils tombent en désaccord et s'accusent l'un l'autre.

Plus de ces entretiens dans lesquels Dieu ou l'ange, hôtes de l'homme, comme avec leur ami avaient accoutumé de s'asseoir, familiers et indulgents, et de partager son champêtre repas, durant lequel ils lui permettaient sans blâme des discours excusables. Désormais il me faut passer de ces accents aux accents tragiques : de la part de l'homme, honteuse défiance et rupture déloyale, révolte et désobéissance; de la part du ciel (maintenant aliéné) éloignement et dégoût, colère et juste réprimande, et arrêt prononcé, lequel arrêt fit entrer dans ce monde un monde de calamités, le péché, et son ombre la mort, et la misère, avant-coureur de la mort.

Triste tâche ! cependant sujet non moins élevé, mais plus héroïque que la colère de l'implacable Achille contre son ennemi, poursuivi trois fois fugitif autour des murs de Troie, ou que la rage de Turnus pour Lavinie démariée, ou que le courroux de Neptune et celui de Junon qui, si longtemps, persécuta le Grec et le fils de Cythérée ; sujet non moins élevé, si je puis obtenir de ma céleste patronne un style approprié, de cette patronne qui daigne, sans être implorée, me visiter la nuit, et qui dicte à mon sommeil, ou inspire facilement mon vers non prémédité.

Ce sujet me plut d'abord pour un chant héroïque, longtemps choisi, commencé tard. La nature ne m'a point rendu diligent à raconter les combats, regardés jusqu'ici comme le seul sujet héroïque. Quel chef-d'œuvre ! disséquer avec un long et ennuyeux ravage des chevaliers fabuleux dans des batailles feintes (et le plus noble courage de la patience, et le martyre héroïque demeurant non chantés!), ou décrire des courses et des jeux, des appareils de pas d'armes, des boucliers blasonnés, des devises ingénieuses, des caparaçons et des destriers, des housses et des harnais de clinquant, de superbes chevaliers aux joutes et aux tournois puis des festins ordonnés, servis dans une salle par des écuyers tranchants et des sénéchaux ! L'habileté dans un art ou dans un travail chétif n'est pas ce qui donne justement un nom héroïque à l'auteur ou au poëme.

Pour moi (de ces choses ni instruit ni studieux), un sujet plus haut me reste, suffisant de lui-même pour immortaliser mon nom, à moins qu'un siècle trop tardif, le froid climat ou les ans n'engourdissent mon aile humiliée : ils le pourraient, si tout cet ouvrage était le mien, non celui de la Divinité qui chaque nuit l'apporte à mon oreille.

Le soleil s'était précipité, et après lui l'astre d'Hespérus, dont la fonction est d'amener le crépuscule à la terre, conciliateur d'un moment entre le jour et la nuit, et à présent l'hémisphère de la nuit avait voilé d'un bout à l'autre le cercle de l'horizon, quand Satan, qui dernièrement s'était enfui d'Éden devant les menaces de Gabriel, maintenant perfectionné en fraude méditée et en malice, acharné à la destruction de l'homme, malgré ce qui pouvait arriver de plus aggravant pour lui-même, revint sans frayeur. Il s'envola de nuit, et revint à minuit, ayant achevé le tour de la terre, se précautionnant contre le jour, depuis qu'Uriel, régent du soleil, découvrit son entrée dans Éden et en prévint les chérubins qui tenaient leur veille. De là chassé plein d'angoisse, il rôda pendant sept nuits continues avec les ombres. Trois fois il circula autour de la ligne équinoxiale ; quatre fois il croisa le char de la nuit de pôle en pôle, en traversant chaque colure. A la huitième nuit il retourna, et du côté opposé de l'entrée du paradis, ou de la garde des chérubins, il trouva d'une manière furtive un passage non suspecté.

Là était un lieu qui n'existe plus (le péché, non le temps, opéra d'abord ce changement), d'où le Tigre, du pied du Paradis, s'élançait dans un gouffre sous la terre, jusqu'à ce qu'une partie de ses eaux ressortît en fontaine auprès de l'arbre de vie. Satan s'abîme avec le fleuve, et se relève avec lui, enveloppé dans la vapeur émergente. Il cherche ensuite où se tenir caché : il avait exploré la mer et la terre depuis Éden jusqu'au Pont-Euxin et les Palus-Méotides, par-delà le fleuve d'Oby, descendant aussi loin que le pôle antarctique ; en longueur à l'occident, depuis l'Oronte jusqu'à l'Océan que barre l'isthme de Darien, et de là jusqu'au pays où coulent le Gange et l'Indus.

Ainsi il avait rôdé sur le globe avec une minutieuse recherche, et considéré avec une inspection profonde chaque créature, pour découvrir celle qui serait la plus propre de toutes à servir ses artifices ; et il trouva que le serpent était le plus fin de tous les animaux des champs. Après un long débat, irrésolu et tournoyant dans ses pensées, Satan, par une détermination finale, choisit la convenable greffe du mensonge, le vase convenable dans lequel il pût entrer et cacher ses noires suggestions au regard le plus perçant : car dans le rusé serpent toutes les finesses ne seraient suspectes à personne, comme procédant de son esprit et de sa subtilité naturelle, tandis que, remarquées dans d'autres animaux, elles pourraient engendrer le soupçon d'un pouvoir diabolique, actif en eux et surpassant l'intelligence de ces brutes. Satan prit cette résolution; mais d'abord de sa souffrance intérieure, sa passion éclatant, s'exhala en ces plaintes :

« O terre! combien tu ressembles au ciel, si tu ne lui es plus
« justement préférée! Demeure plus digne des dieux, comme
« étant bâtie par les secondes pensées, réformant ce qui était
« vieux. Car, quel Dieu voudrait élever un pire ouvrage, après
« en avoir bâti un meilleur? Terrestre ciel autour duquel se
« meuvent d'autres cieux qui brillent : encore leurs lampes offi-
« cieuses apportent-elles lumière sur lumière, pour toi seul,
« comme il semble, concentrant en toi tous leurs précieux rayons
« d'une influence sacrée! De même que dans le ciel Dieu est
« centre et toutefois s'étend à tout, de même toi centre tu re-
« çois de tous ces globes : en toi, non en eux-mêmes toute leur
« vertu connue apparaît productive dans l'herbe, dans la plante
« et dans la plus noble naissance des êtres animés d'une gra-
« duelle vie : la végétation, le sentiment, la raison, tous réunis
« dans l'homme.

« Avec quel plaisir j'aurais fait le tour de la terre, si je pou-
« vais jouir de quelque chose! Quelle agréable succession de
« collines, de vallées, de rivières, de bois et de plaines! à présent
« la terre, à présent la mer, des rivages couronnés de forêts,
« des rochers, des antres, des grottes! Mais je n'y ai trouvé ni
« demeure ni refuge; et plus je vois de félicités autour de moi,
« plus je sens de tourments en moi, comme si j'étais le siége
« odieux des contraires : tout bien pour moi devient poison, et
« dans le ciel ma condition serait encore pire.

« Mais je ne cherche à demeurer ni ici, ni dans le ciel, à
« moins que je n'y domine le souverain Maître des cieux. Je

« n'espère point être moins misérable par ce que je cherche ; je
« ne veux que rendre d'autres tels que je suis, dussent par là
« redoubler mes maux ; car c'est seulement dans la destruction
« que je trouve un adoucissement à mes pensées sans repos.
« L'homme, pour qui tout ceci a été fait, étant détruit, ou porté
« à faire ce qui opérera sa perte entière, tout ceci le suivra bien-
« tôt, comme enchaîné à lui en bonheur ou malheur : en mal-
« heur donc ! Qu'au loin la destruction s'étende ! à moi seul,
« parmi les pouvoirs infernaux, appartiendra la gloire d'avoir
« corrompu dans un seul jour ce que celui nommé le Tout-
« Puissant continua de faire pendant six nuits et six jours. Et qui
« sait combien de temps auparavant il l'avait médité ? Quoique
« peut-être ce ne soit que depuis que dans une seule nuit j'ai
« affranchi d'une servitude inglorieuse près de la moitié des races
« angéliques, et éclairci la foule de ses adorateurs.

« Lui, pour se venger, pour réparer ses nombres ainsi diminués,
« soit que sa vertu de longtemps épuisée lui manquât mainte-
« nant pour créer d'autres anges (si pourtant ils sont sa créa-
« tion), soit que pour nous dépiter davantage il se déterminât à
« mettre en notre place une créature formée de terre : il l'enri-
« chit (elle sortie d'une si basse origine !) de dépouilles célestes,
« nos dépouilles. Ce qu'il décréta, il l'accomplit : il fit l'homme,
« et lui bâtit ce monde magnifique, et de la terre, sa demeure, il
« le proclama seigneur. Oh ! indignité ! il assujettit au service
« de l'homme les ailes de l'ange, il astreignit des ministres
« flamboyants à veiller et à remplir leur terrestre fonction.

« Je crains la vigilance de ceux-ci ; pour l'éviter, enveloppé
« ainsi dans le brouillard et la vapeur de minuit, je glisse obscur,
« je fouille chaque buisson, chaque fougeraie où le hasard peut me
« faire trouver le serpent endormi, afin de me cacher dans ses
« replis tortueux, moi et la noire intention que je porte. Honteux
« abaissement ! moi qui naguère combattis les dieux pour sié-
« ger le plus haut, réduit aujourd'hui à m'unir à un animal, et,
« mêlé à la fange de la bête, à incarner cette essence, à abrutir
« celui qui aspirait à la hauteur de la Divinité ! Mais à quoi l'am-

« bition et la vengeance ne peuvent-elles pas descendre ! Qui
« veut monter, doit ramper aussi bas qu'il a volé haut, exposé
« tôt ou tard aux choses les plus viles. La vengeance, quoique
« douce d'abord, amère avant peu, sur elle-même recule. Soit,
« peu m'importe, pourvu que le coup éclate bien miré : puisque
« en ajustant plus haut je suis hors de portée, je vise à celui qui
« le second provoque mon envie, à ce nouveau favori du ciel, à
« cet homme d'argile, à ce fils du dépit, que, pour nous mar-
« quer plus de dédain, son auteur éleva de la poussière : la
« haine par la haine est mieux payée. »

Il dit : à travers les buissons humides ou arides, comme un brouillard noir et rampant, il poursuit sa recherche de minuit pour rencontrer le serpent le plus tôt possible. Il le trouva bientôt profondément endormi, roulé sur lui-même dans un labyrinthe de cercles, sa tête élevée au milieu et remplie de fines ruses. Non encore dans une ombre horrible ou un repaire effrayant, non encore nuisible, sur l'herbe épaisse, sans crainte et non craint, il dormait. Le démon entra par sa bouche, et s'emparant de son instinct brutal dans la tête ou dans le cœur, il lui inspira bientôt des actes d'intelligence ; mais il ne troubla point son sommeil, attendant, ainsi renfermé, l'approche du matin.

Déjà la lumière sacrée commençait de poindre dans Éden parmi les fleurs humides qui exhalaient leur encens matinal, alors que toutes les choses qui respirent sur le grand autel de la terre élèvent vers le Créateur des louanges silencieuses et une odeur qui lui est agréable : le couple humain sortit de son berceau, et joignit l'adoration de sa bouche au chœur des créatures privées de voix. Cela fait, nos parents profitent de l'heure, la première pour les plus doux parfums et les plus douces brises. Ensuite ils délibèrent comment ce jour-là ils peuvent le mieux s'appliquer à leur croissant ouvrage, car cet ouvrage dépassait de beaucoup l'activité des mains des deux créatures qui cultivaient une si vaste étendue. Ève la première parla de la sorte à son mari :

« Adam, nous pouvons nous occuper encore à parer ce jar-
« din, à relever encore la plante, l'herbe et la fleur, agréable
« tâche qui nous est imposée. Mais jusqu'à ce qu'un plus grand
« nombre de mains viennent nous aider, l'ouvrage sous notre
« travail augmente, prodigue par contrainte : ce que, pendant
« le jour, nous avons taillé de surabondant, ou ce que nous
« avons élagué, ou appuyé, ou lié, en une nuit ou deux, par un
« fol accroissement, se rit de nous et tend à redevenir sauvage.
« Avise donc à cela maintenant, ou écoute les premières idées
« qui se présentent à mon esprit.

« Divisons nos travaux : toi, va où ton choix te guide, ou du
« côté qui réclame le plus de soin, soit pour tourner le chèvre-
« feuille autour de ce berceau, soit pour diriger le lierre grim-
« pant là où il veut monter; tandis que moi, là-bas, dans ce
« plant de roses entremêlées de myrtes, je trouverai jusqu'à
« midi des choses à redresser. Car lorsque ainsi nous choisissons
« tout le jour notre tâche si près l'un de l'autre, faut-il s'étonner
« qu'étant si près, des regards et des sourires interviennent,
« ou qu'un objet nouveau ramène un entretien imprévu qui
« réduit notre travail du jour interrompu à peu de chose, bien
« que commencé matin ? alors arrive l'heure du souper non
« gagnée. »

Adam lui fit cette douce réponse :

« Ma seule Ève, ma seule associée, à moi sans comparaison
« plus chère que toutes les créatures vivantes, bien as-tu pro-
« posé, bien as-tu employé tes pensées pour découvrir comment
« nous pourrions accomplir le mieux ici l'ouvrage que Dieu
« nous a assigné. Tu ne passeras pas sans être louée de moi,
« car rien n'est plus aimable dans une femme que d'étudier le
« devoir de famille et de pousser son mari aux bonnes actions.
« Cependant notre Maître ne nous a pas si étroitement imposé
« le travail, qu'il nous interdise le délassement quand nous en
« avons besoin, soit par la nourriture, soit par la conversation
« entre nous (nourriture de l'esprit), soit par ce doux échange
« des regards et des sourires, car les sourires découlent de la

« raison ; refusés à la brute, ils sont l'aliment de l'amour : l'a-
« mour n'est pas la fin la moins noble de la vie humaine. Dieu ne
« nous a pas faits pour un travail pénible, mais pour le plaisir,
« et pour le plaisir joint à la raison. Ne doute pas que nos mains
« unies ne défendent facilement contre le désert ces sentiers et
« ces berceaux, dans l'étendue dont nous avons besoin pour nous
« promener, jusqu'à ce que de plus jeunes mains viennent avant
« peu nous aider.

« Mais si trop de conversation peut-être te rassasie, je pour-
« rais consentir à une courte absence, car la solitude est quel-
« quefois la meilleure société, et une courte séparation précipite
« un doux retour. Mais une autre inquiétude m'obsède ; j'ai
« peur qu'il ne t'arrive quelque mal quand tu seras sevrée de
« moi ; car tu sais de quoi nous avons été avertis, tu sais quel
« malicieux ennemi, enviant notre bonheur et désespérant du
« sien, cherche à opérer notre honte et notre misère par une
« attaque artificieuse ; il veille sans doute quelque part près
« d'ici, dans l'avide espérance de trouver l'objet de son désir et
« son plus grand avantage, nous étant séparés ; il est sans espoir
« de nous circonvenir réunis, parce qu'au besoin nous pour-
« rions nous prêter l'un à l'autre un rapide secours. Soit qu'il
« ait pour principal dessein de nous détourner de la foi envers
« Dieu, soit qu'il veuille troubler notre amour conjugal, qui
« excite peut-être son envie plus que tout le bonheur dont nous
« jouissons ; que ce soit là son dessein, ou quelque chose de pis,
« ne quitte pas le côté fidèle qui t'a donné l'être, qui t'abrite
« encore et te protége. La femme, quand le danger ou le dés-
« honneur l'épie, demeure plus en sûreté et avec plus de bien-
« séance auprès de son mari qui la garde ou endure avec elle
« toutes les extrémités. »

La majesté virginale d'Ève, comme une personne qui aime et
qui rencontre quelque rigueur, lui répondit avec une douce et
austère tranquillité :

« Fils de la terre et du ciel, et souverain de la terre entière,
« que nous ayons un ennemi qui cherche notre ruine, je l'ai su

« de toi et de l'ange, dont je surpris les paroles à son départ,
« lorsque je me tenais en arrière dans un enfoncement ombragé,
« tout juste alors revenue au fermer des fleurs du soir. Mais que
« tu doutes de ma constance envers Dieu ou envers toi, parce
« que nous avons un ennemi qui la peut tenter, c'est ce que je
« ne m'attendais pas à ouïr. Tu ne crains pas la violence de
« l'ennemi; étant tels que nous sommes, incapables de mort
« et de douleur, nous ne pouvons recevoir ni l'une ni l'autre,
« ou nous pouvons les repousser. Sa fraude cause donc ta
« crainte? d'où résulte clairement ton égale frayeur de voir
« mon amour et ma constante fidélité ébranlés ou séduits par
« sa ruse. Comment ces pensées ont-elles trouvé place dans ton
« sein, ô Adam? as-tu pu mal penser de celle qui t'est si
« chère? »

Adam, par ces paroles propres à la guérir, répliqua :

« Fille de Dieu et de l'homme, immortelle Ève, car tu es telle,
« non encore entamée par le blâme et le péché; ce n'est pas en
« défiance de toi que je te dissuade de l'absence loin de ma
« vue, mais pour éviter l'entreprise de notre ennemi. Celui qui
« tente, même vainement, répand du moins le déshonneur sur
« celui qu'il a tenté; il a supposé sa foi non incorruptible, non à
« l'épreuve de la tentation. Toi-même tu ressentirais avec dé-
« dain et colère l'injure offerte, quoique demeurée sans effet.
« Ne te méprends donc pas si je travaille à détourner un pareil
« affront de toi seule; un affront qu'à nous deux à la fois l'en-
« nemi, bien qu'audacieux, oserait à peine offrir, ou s'il l'osait,
« l'assaut s'adresserait d'abord à moi : ne méprise pas sa malice
« et sa perfide ruse; il doit être astucieux, celui qui a pu séduire
« des anges. Ne pense pas que le secours d'un autre soit superflu.
« L'influence de tes regards me donne accès à toutes les vertus:
« à ta vue, je me sens plus sage, plus vigilant, plus fort; s'il était
« nécessaire de force extérieure, tandis que tu me regarderais,
« la honte d'être vaincu ou trompé soulèverait ma plus grande
« vigueur, et la soulèverait tout entière. Pourquoi ne sentirais-je
« pas au-dedans de toi la même impression quand je suis pré-

« sent, et ne préférerais-tu pas subir ton épreuve avec moi, moi
« le meilleur témoin de ta vertu éprouvée? »

Ainsi parla Adam, dans sa sollicitude domestique et son amour conjugal; mais Ève qui pensa qu'on n'accordait pas assez à sa foi sincère, renouvela se repartie avec un doux accent :

« Si notre condition est d'habiter ainsi dans une étroite en-
« ceinte, resserrés par un ennemi subtil ou violent (nous n'étant
« pas doués séparément d'une force égale pour nous défendre
« partout où il nous rencontrera), comment sommes-nous heu-
« reux, toujours dans la crainte du mal? mais le mal ne pré-
« cède point le péché : seulement notre ennemi, en nous ten-
« tant, nous fait un affront par son honteux mépris de notre
« intégrité. Son honteux mépris n'attache point le déshonneur à
« notre front, mais retombe honteusement sur lui.

« Pourquoi donc serait-il évité et craint par nous qui gagnons
« plutôt un double honneur de sa prénotion prouvée fausse, qui
« trouvons dans l'événement la paix intérieure et la faveur du
« ciel, notre témoin? Et qu'est-ce que la fidélité, l'amour, la
« vertu, essayés seuls, sans être soutenus d'un secours extérieur?
« Ne soupçonnons donc pas notre heureux état d'avoir été laissé
« si imparfait par le sage Créateur, que cet état ne soit pas
« assuré, soit que nous soyons séparés ou réunis. Fragile est
« notre félicité s'il en est de la sorte! Ainsi exposé, Eden ne
« serait plus Éden. »

Adam, avec ardeur, répliqua :

« Femme, toutes choses sont pour le mieux, comme la vo-
« lonté de Dieu les a faites. Sa main créatrice n'a laissé rien de
« défectueux ou d'incomplet dans tout ce qu'il a créé, et beau-
« coup moins dans l'homme ou dans ce qui peut assurer son
« heureux état, garanti contre la force extérieure. Le péril de
« l'homme est en lui-même, et c'est aussi dans lui qu'est sa puis-
« sance : contre sa volonté, il ne peut recevoir aucun mal ; mais
« Dieu a laissé la volonté libre ; car qui obéit à la raison est
« libre ; et Dieu a fait la raison droite ; mais il lui a commandé

« d'être sur ses gardes, et toujours debout, de peur que sur-
« prise par quelque belle apparence de bien, elle ne dicte faux et
« n'informe mal la volonté, pour lui faire faire ce que Dieu a
« défendu expressément.

« Ce n'est donc point la méfiance, mais un tendre amour qui
« ordonne, à moi de t'avertir souvent, à toi aussi de m'avertir.
« Nous subsistons affermis; cependant il est possible que nous
« nous égarions, puisqu'il n'est pas impssible que la raison, par
« l'ennemi subornée, puisse rencontrer quelque objet spécieux,
« et tomber surprise dans une déception imprévue, faute d'a-
« voir conservé l'exacte vigilance, comme elle en avait été
« avertie. Ne cherche donc point la tentation qu'il serait mieux
« d'éviter, et tu l'éviteras probablement si tu ne te sépares pas
« de moi : l'épreuve viendra sans être cherchée. Veux-tu prou-
« ver ta constance? prouve d'abord ton obéissance. Mais qui
« connaîtra la première, si tu n'as point été tentée? qui l'attes-
« tera? Si tu penses qu'une épreuve non cherchée peut nous
« trouver tous deux plus en sûreté qu'il ne te semble que nous
« le sommes, toi ainsi avertie... va! car ta présence, contre ta
« volonté, te rendrait plus absente : va dans ton innocence na-
« tive! appuie-toi sur ce que tu as de vertu! réunis-la toute! car
« Dieu envers toi a fait son devoir, fais le tien. »

Ainsi parla le patriarche du genre humain; mais Ève per-
sista. Et quoique soumise, elle répliqua la dernière :

« C'est donc avec ta permission, ainsi prévenue et surtout à
« cause de ce que tes dernières paroles pleines de raison n'ont
« fait que toucher: l'épreuve, étant moins cherchée, nous trou-
« verait peut-être moins préparés ; c'est pour cela que je m'é-
« loigne plus volontiers. Je ne dois pas beaucoup m'attendre
« qu'un aussi fier s'adresse d'abord à la plus faible; s'il y était
« enclin, il n'en serait que plus honteux de sa défaite. »

Ainsi disant, elle retire doucement sa main de celle de son
époux, et comme une nymphe légère des bois, Oréade, ou
Dryade, ou du cortége de la déesse de Délos, elle vole aux bocages. Elle surpassait Diane elle-même par sa démarche et son

port de déesse, quoiqu'elle ne fût point armée comme elle de l'arc et du carquois, mais de ces instruments de jardinage, tels que l'art, simple encore et innocent du feu, les avait formés, ou tels qu'ils avaient été apportés par les anges. Ornée comme Palès ou Pomone, elle leur ressemblait : à Pomone quand elle fuit Vertumne, à Cérès dans sa fleur, lorsqu'elle était vierge encore de Proserpine qu'elle eut de Jupiter. Adam était ravi, son œil la suivit longtemps d'un regard enflammé ; mais il désirait davantage qu'elle fût restée. Souvent il lui répète l'ordre d'un prompt retour; aussi souvent elle s'engage à revenir à midi au berceau, à mettre toute chose dans le meilleur ordre, pour inviter Adam au repas du milieu du jour ou au repos de l'après-midi.

Oh! combien déçue, combien trompée, malheureuse Ève, sur ton retour présumé ! événement pervers ! à compter de cette heure, jamais tu ne trouveras dans le paradis ni doux repas ni profond repos! une embûche est dressée parmi ces fleurs et ces ombrages ; tu es attendue par une rancune infernale qui menace d'intercepter ton chemin, ou de te renvoyer dépouillée d'innocence, de fidélité, de bonheur !...

Car maintenant, et depuis l'aube du jour, l'ennemi (simple serpent en apparence) était venu, cherchant le lieu où il pourrait rencontrer plus vraisemblablement les deux seuls de l'espèce humaine, mais en eux toute leur race, sa proie projetée. Il cherche dans le bocage et dans la prairie, là où quelque bouquet de bois, quelque partie de jardin, objet de leur soin ou de leur plantation, se montrent plus agréable pour leurs délices; au bord d'une fontaine ou d'un petit ruisseau ombragé, il les cherche tous deux ; mais il désirerait que son destin pût rencontrer Ève séparée d'Adam ; il le désirait, mais non avec l'espérance de ce qui arrivait si rarement, quand selon son désir et contre son espérance, il découvre Ève seule voilée d'un nuage de parfums, là où elle se tenait à demi aperçue, tant les roses épaisses et touffues rougissaient autour d'elle ; souvent elle se baissait pour relever les fleurs d'une faible tige, dont la tête quoique d'une vive carnation, empourprée, azurée ou marquetée d'or, pendait sans support ; elle les redressait gracieusement avec un lien de myrte, sans songer qu'elle-même, la fleur la plus belle, était non soutenue, son meilleur appui si loin, la tempête si proche.

Le serpent s'approchait ; il franchit mainte avenue du plus magnifique couvert, cèdre, pin ou palmier : tantôt ondoyant et hardi, tantôt caché, tantôt vu parmi les arbustes entrelacés et les fleurs formant bordure des deux côtés, ouvrage de la main d'Ève : retraite plus délicieuse que ces fabuleux jardins d'Adonis ressuscité, ou d'Alcinoüs renommé, hôte du vieux Laërte ; ou bien encore que ce jardin, non mystique, dans lequel le sage roi se livrait à de mutuelles caresses avec la belle Égyptienne, son épouse.

Satan admire le lieu, encore plus la personne. Comme un homme longtemps enfermé dans une cité populeuse dont les maisons serrées et les égouts corrompent l'air : par un matin d'été, il sort pour respirer dans les villages agréables et dans les fermes adjacentes ; de toutes choses qu'il rencontre, il tire un plaisir, l'odeur des blés ou de l'herbe fauchée, ou celle des vaches et des laiteries, chaque objet rustique, chaque bruit champêtre, tout le charme ; si d'aventure une belle vierge, au pas de nymphe, vient à passer, ce qui plaisait à cet homme lui plaît davantage à cause d'elle ; elle l'emporte sur tout, et dans son regard elle réunit toutes les délices : le serpent prenait un pareil plaisir à voir ce plateau fleuri, doux abri d'Ève ainsi matineuse, ainsi solitaire ! Sa forme angélique et céleste, mais plus suave et plus féminine, sa gracieuse innocence, toute la façon de ses gestes, ou de ses moindres mouvements, intimident la malice de Satan, et par un doux larcin dépouillent sa violence de l'intention violente qu'il apportait. Dans cet intervalle le mal unique demeure abstrait de son propre mal, et pendant ce temps demeura stupidement bon, désarmé qu'il était d'inimitié, de fourberie, de haine, d'envie, de vengeance. Mais l'enfer ardent qui brûle toujours en lui, quoique dans un demi-ciel, finit bientôt ses délices, et le torture d'autant plus qu'il voit plus de plaisir non destiné pour lui. Alors il rappelle la haine furieuse, et, caressant ses pensées de malheur, il s'excite de la sorte :

« Pensées, où m'avez-vous conduit ! par quelle douce impul-
« sion ai-je été poussé à oublier ce qui nous a amené ici ! La
« haine ! non l'amour, ni l'espoir du paradis pour l'enfer, ni
« l'espoir de goûter ici le plaisir, mais de détruire tout plaisir,
« excepté celui qu'on éprouve à détruire : toute autre joie pour
« moi est perdue. Ainsi ne laissons pas échapper l'occasion qui
« me rit à présent : voici la femme seule, exposée à toutes les
« attaques ; son mari (car je vois au loin tout à l'entour) n'est
« pas auprès d'elle : j'évite davantage sa plus haute intelligence
« et sa force ; d'un courage fier, bâti de membres héroïques
« quoique moulés en terre, ce n'est point un ennemi peu re-
« doutable ; lui exempt de blessures, moi non ! tant l'enfer m'a
« dégradé, tant la souffrance m'a fait déchoir de ce que j'étais
« dans le ciel ! Ève est belle, divinement belle, faite pour l'amour
« des dieux ; elle n'a rien de terrible, bien qu'il y ait de la ter-
« reur dans l'amour et dans la beauté, quand elle n'est pas ap-
« prochée par une haine plus forte, haine d'autant plus forte
« qu'elle est mieux déguisée sous l'apparence de l'amour : c'est
« le chemin que je tente pour la ruine d'Ève. »

Ainsi parle l'ennemi du genre humain, mauvais hôte du serpent dans lequel il était renfermé, et vers Ève il poursuit sa route. Il ne se traînait pas alors en ondes dentelées comme il a fait depuis ; mais il se dressait sur sa croupe, base circulaire de replis superposés qui montaient en forme de tour, orbe sur orbe, labyrinthe croissant ! Une crête s'élevait haute sur sa tête ; ses yeux étaient d'escarboucle ; son cou était d'un or vert bruni ; il se tenait debout au milieu de ses spirales arrondies qui sur le gazon flottaient redondantes. Agréable et charmante était sa forme : jamais serpents depuis n'ont été plus beaux, ni celui dans lequel furent changés en Illyrie Hermione et Cadmus, ni celui qui fut le dieu d'Épidaure, ni ceux en qui transformés furent vus Jupiter Ammon et Jupiter Capitolin, le premier avec

Olympias, le second avec celle qui enfanta Scipion, la grandeur de Rome.

D'une course oblique, comme quelqu'un qui cherche accès auprès d'une personne, mais qui craint de l'interrompre, il trace d'abord son chemin de côté : tel qu'un vaisseau manœuvré par un pilote habile à l'embouchure d'une rivière ou près d'un cap, autant de fois il vire de bord et change sa voile ; ainsi Satan variait ses mouvements, et de sa queue formait de capricieux anneaux à la vue d'Ève pour amorcer ses regards.

Occupée, elle entendit le bruit des feuilles froissées ; mais elle n'y fit aucune attention, accoutumée qu'elle était dans les champs à voir se jouer devant elle toutes les bêtes, plus soumises à sa voix que ne le fut à la voix de Circé le troupeau métamorphosé.

Plus hardi alors, le serpent non appelé se tint devant Ève, mais comme dans l'étonnement de l'admiration, souvent d'une manière caressante il abaissait sa crête superbe, son cou poli ou émaillé, et léchait la terre qu'Ève avait foulée. Sa gentille expression muette amène enfin les regards d'Eve à remarquer son badinage. Ravi d'avoir fixé son attention, Satan avec la langue organique du serpent, ou par l'impulsion de l'air vocal, commença de la sorte sa tentation astucieuse :

« Ne sois pas émerveillée, maîtresse souveraine, si tu peux
« l'être, toi qui es la seule merveille. Encore moins n'arme pas
« de mépris ton regard, ciel de la douceur, irritée que je m'ap-
« proche de toi et que je te contemple insatiable : moi ainsi
« seul, je n'ai pas craint ton front, plus imposant encore ainsi
« retirée. O la plus belle ressemblance de ton beau Créateur!
« toi, toutes les choses vivantes t'admirent, toutes les choses qui
« t'appartiennent en don adorent ta beauté céleste contemplée
« avec ravissement. La beauté considérée davantage là où elle
« est universellement admirée ; mais ici, dans cet enclos sau-
« vage, parmi ces bêtes (spectateurs grossiers et insuffisants pour
« discerner la moitié de ce qui en toi est beau), un homme ex-
« cepté qui te voit ! Et qu'est-ce qu'un seul à te voir, toi qui de-

« vrais être vue déesse parmi les dieux, adorée et servie des
« anges sans nombre, ta cour journalière ! »

Telles étaient les flatteries du tentateur, tel fut le ton de son
prélude : ses paroles firent leur chemin dans le cœur d'Eve, bien
qu'elle s'étonnât beaucoup de la voix. Enfin, non sans cesser
d'être surprise, elle répondit :

« Qu'est-ce que ceci ? le langage de l'homme prononcé, la
« pensée humaine exprimée par la langue d'une brute ? je
« croyais du moins que la parole avait été refusée aux animaux,
« que Dieu au jour de leur création les avait fait muets pour
« tout son articulé. Quant à la pensée, je doutais ; car dans les
« regards et dans les actions des bêtes, souvent paraît beaucoup
« de raison. Toi, serpent, je te connaissais bien pour le plus
« subtil des animaux des champs, mais j'ignorais que tu fusses
« doué de la voix humaine. Redouble donc ce miracle, et dis
« comment tu es devenu parlant de muet que tu étais, et com-
« ment tu es devenu plus mon ami que le reste de l'espèce brute
« qui est journellement sous mes yeux. Dis, car une telle mer-
« veille réclame l'attention qui lui est due. »

L'audacieux tentateur répliqua de la sorte :

« Impératrice de ce monde beau, Eve resplendissante, il
« m'est aisé de te dire tout ce que tu ordonnes ; il est juste que
« tu sois obéie.

« J'étais d'abord comme le sont les autres bêtes qui paissent
« l'herbe foulée aux pieds ; mes pensées étaient abjectes et bas-
« ses comme l'était ma nourriture ; je ne pouvais discerner que
« l'aliment ou le sexe, et ne comprenais rien d'élevé : jusqu'à ce
« qu'un jour, roulant dans la campagne, je découvris au loin,
« par hasard, un bel arbre chargé de fruits des plus belles
« couleurs mêlées, pourpre et or. Je m'en approchais pour le
« contempler, quand des rameaux s'exhala un parfum savou-
« reux, agréable à l'appétit ; il charma mes sens plus que l'odeur
« du doux fenouil, plus que la mamelle de la brebis, ou de la
« chèvre, qui laisse échapper le soir le lait non sucé de l'agneau
« ou du chevreau occupés de leurs jeux.

« Pour satisfaire le vif désir que je ressentais de goûter à ces
« belles pommes, je résolus de ne pas différer : la faim et la soif,
« conseillères persuasives, aiguisées par l'odeur de ce fruit sé-
« ducteur, me pressaient vivement. Soudain je m'entortille au
« tronc moussu, car pour atteindre aux branches élevées au-
« dessus de la terre, cela demanderait ta haute taille ou celle
« d'Adam. Autour de l'arbre se montraient toutes les autres
« bêtes qui me voyaient ; languissant d'un pareil désir elles me
« portaient envie, mais ne pouvaient arriver au fruit. Déjà par-
« venu au milieu de l'arbre où pendait l'abondance si tentante
« et si près, je ne me fis faute de cueillir et de manger à satiété,
« car jusqu'à cette heure je n'avais jamais trouvé un pareil plai-
« sir aux aliments ou à la fontaine.

« Rassasié enfin, je ne tardai pas d'apercevoir en moi un chan-
« gement étrange au degré de raison de mes facultés intérieu-
« res ; la parole ne me manqua pas longtemps, quoique je con-
« servasse ma forme. Dès ce moment je tournai mes pensées
« vers des méditations élevées ou profondes, et je considérai d'un
« esprit étendu toutes les choses visibles dans le ciel, sur la terre
« ou dans l'air, toutes les choses bonnes et belles. Mais tout ce qui
« est beau et bon, dans ta divine image et dans le rayon céleste
« de ta beauté je le trouve réuni. Il n'est point de beauté à la
« tienne pareille ou seconde ! elle m'a contraint, quoique impor-
« tun peut-être, à venir, te contempler, à t'adorer, toi qui de droit
« es déclarée souveraine des créatures, dame universelle ! »

Ainsi parle l'animé et rusé serpent; et Ève, encore plus surprise, lui répliqua, imprudente :

« Serpent, tes louanges excessives me mettent en doute de la
« vertu de ce fruit sur toi le premier éprouvée. Mais, dis-moi,
« où croît l'arbre ? est-il loin d'ici ? Car nombreux sont les
« arbres de Dieu qui croissent dans le paradis, et plusieurs nous
« sont encore inconnus : une telle abondance s'offre à notre
« choix, que nous laissons un grand trésor de fruits sans les
« toucher ; ils restent suspendus incorruptibles jusqu'à ce que
« les hommes naissent pour les cueillir, et qu'un plus grand

« nombre de mains nous aident à soulager la nature de son
« enfantement. »

L'insidieuse couleuvre joyeuse et satisfaite :

« Impératrice, le chemin est facile et n'est pas long ; il se
« trouve au-delà d'une allée de myrtes, sur une pelouse, tout
« près d'une fontaine, quand on a passé un petit bois exhalant
« la myrrhe et le baume. Si tu m'acceptes pour conducteur, je
« t'y aurai bientôt menée. »

« Conduis-moi donc, » dit Ève.

Le serpent, guide, roule rapidement ses anneaux, et les fait
paraître droits quoique entortillés, prompt qu'il est au crime.
L'espérance l'élève, et la joie enlumine sa crête : comme un feu
follet, formé d'une onctueuse vapeur que la nuit condense et
que la frigidité environne, s'allume en une flamme par le mouvement (lequel feu accompagne souvent, dit-on, quelque malin
esprit); voltigeant et brillant d'une lumière trompeuse, il égare
de sa route le voyageur nocturne étonné; il le conduit dans des
marais et des fondrières, à travers des viviers et des étangs où il
s'engloutit et se perd loin de tout secours : ainsi reluisait le serpent fatal, et par supercherie menait Ève, notre mère crédule,
à l'arbre de prohibition, racine de tout notre malheur. Dès
qu'elle le vit, elle dit à son guide :

« Serpent, nous aurions pu éviter notre venir ici, infructueux
« pour moi, quoique le fruit soit ici en abondance. Le bénéfice
« de sa vertu sera seul pour toi; vertu merveilleuse en effet, si
« elle produit de pareils effets! Mais nous ne pouvons à cet
« arbre ni toucher ni goûter : ainsi Dieu l'a ordonné, et il nous
« a laissé cette défense, la seule fille de sa voix : pour le reste,
« nous vivons loi à nous-mêmes; notre raison est notre loi. »

Le tentateur, plein de tromperie, répliqua :

« En vérité ! Dieu a donc dit que du fruit de tous les arbres
« de ce jardin vous ne mangerez pas, bien que vous soyez dé-
« clarés seigneurs de tout sur la terre et dans l'air? »

Ève, encore sans péché :

« Du fruit de chaque arbre de ce jardin nous pouvons man-

« ger, mais du fruit de ce bel arbre dans le jardin Dieu a dit :
« Vous n'en mangerez point ; vous n'y toucherez point, de peur
« que vous ne mouriez. »

A peine a-t-elle dit brièvement, que le tentateur, maintenant plus hardi (mais avec une apparence de zèle et d'amour pour l'homme, d'indignation pour le tort qu'on lui faisait), joue un rôle nouveau. Comme touché de compassion, il se balance troublé, pourtant avec grâce, et il se lève posé comme prêt à traiter quelque matière importante : au vieux temps dans Athènes et dans Rome libre, où florissait l'éloquence (muette depuis), un orateur renommé, chargé de quelque grande cause, se tenait debout de lui-même recueilli, tandis que chaque partie de son corps, chacun de ses mouvements, chacun de ses gestes obtetenaient audience avant sa parole ; quelquefois il débutait avec hauteur, son zèle pour la justice ne lui permettant pas le délai d'un exode : ainsi s'arrêtant, se remuant, se grandissant de toute sa hauteur, le tentateur tout passionné, s'écria :

« O plante sacrée, sage et donnant la sagesse, mère de la
« science, à présent je sens au dedans de moi mon pouvoir qui
« m'éclaire, non-seulement pour discerner les choses dans leurs
« causes, mais pour découvrir les voies des agents suprêmes,
« réputés sages cependant. Reine de cet univers, ne crois pas ces
« rigides menaces de mort : vous ne mourrez point : comment
« le pourriez-vous ? Par le fruit ? Il vous donnera la vie de la
« science. Par l'auteur de la menace ? Regardez-moi, moi qui
« ai touché et goûté ; cependant je vis, j'ai même atteint une vie
« plus parfaite que celle que le sort me destinait, en osant m'é-
« lever au-dessus de mon lot. Serait-il fermé à l'homme, ce qui
« est ouvert à la bête ? Ou Dieu allumera-t-il sa colère pour une
« si légère offense ? Ne louera-t-il pas plutôt votre courage in-
« dompté qui, sous la menace de la mort dénoncée (quelque
« chose que soit la mort), ne fut point détourné d'achever ce qui
« pouvait conduire à une plus heureuse vie, à la connaissance
« du bien et du mal. Du bien ? quoi de plus juste ! Du mal (si
« ce qui est mal est réel) : pourquoi ne pas le connaître, puis-

« qu'il en serait plus facilement évité ! Dieu ne peut donc vous
« frapper et être juste : s'il n'est pas juste, il n'est pas Dieu ; il
« ne faut alors ni le craindre, ni lui obéir. Votre crainte elle-
« même écarte la crainte de la mort.

« Pourquoi donc fut ceci défendu ? Pourquoi, sinon pour vous
« effrayer ? Pourquoi, sinon pour vous tenir bas et ignorants,
« vous ses adorateurs ? il sait que le jour où vous mangerez du
« fruit, vos yeux, qui semblent si clairs, et qui cependant sont
« troubles, seront parfaitement ouverts et éclaircis, et vous serez
« comme les dieux, connaissant à la fois le bien et le mal, comme
« ils le connaissent. Que vous soyez comme les dieux, puisque
« je suis comme un homme, comme un homme intérieurement,
« ce n'est qu'une juste proportion gardée, moi de brute devenu
« homme, vous d'hommes devenus dieux.

« Ainsi, vous mourrez peut-être, en vous dépouillant de
« l'homme pour revêtir le dieu : mort désirable quoique annon-
« cée avec menaces, puisqu'elle ne peut rien de pis que ceci ! Et
« que sont les dieux pour que l'homme ne puisse devenir comme
« eux, en participant à une nourriture divine ? Les dieux exis-
« tèrent les premiers, et ils se prévalent de cet avantage pour
« nous faire croire que tout procède d'eux : j'en doute ; car je
« vois cette belle terre échauffée par le soleil, et produisant toutes
« choses ; eux, rien. S'ils produisent tout, qui donc a renfermé
« la connaissance du bien et du mal dans cet arbre, de manière
« que quiconque mange de son fruit acquiert aussitôt la sagesse
« sans leur permission ? En quoi serait l'offense que l'homme
« parvînt ainsi à connaître ! En quoi votre science pourrait-elle
« nuire à Dieu, ou que pourrait communiquer cet arbre contre
« sa volonté, si tout est à lui ? Agirait-il par envie ? L'envie peut-
« elle habiter dans les cœurs célestes ? Ces raisons, ces raisons et
« beaucoup d'autres prouvent le besoin que vous avez de ce
« beau fruit. Divinité humaine, cueille et goûte librement. »

Il dit, et ses paroles, grosses de tromperie, trouvèrent dans le
cœur d'Ève une entrée trop facile. Les yeux fixes, elle contemplait le fruit qui, rien qu'à le voir, pouvait tenter ; à ses oreilles

retentissait encore le son de ces paroles persuasives qui lui paraissaient remplies de raison et de vérité. Cependant l'heure de midi approchait et réveillait dans Ève un ardent appétit qu'excitait encore l'odeur si savoureuse de ce fruit ; inclinée qu'elle était maintenant à le toucher et à le goûter, elle y attachait avec désir son œil avide. Toutefois elle s'arrête un moment et fait en elle-même ces réflexions :

« Grandes sont tes vertus sans doute, ô le meilleur des fruits !
« Quoique tu sois interdit à l'homme, tu es digne d'être admiré,
« toi dont le suc, trop longtemps négligé, a donné dès le premier
« essai la parole au muet, et a enseigné à une langue incapable
« de discours, à publier ton mérite. Celui qui nous interdit ton
« usage ne nous a pas caché non plus ton mérite en te nommant
« l'arbre de la science à la fois du bien et du mal. Il nous a dé-
« fendu de te goûter, mais sa défense te recommande davantage,
« car elle conclut le bien que tu communiques et le besoin que
« nous en avons : le bien inconnu assurément on ne l'a point,
« ou si on l'a, et qu'il reste encore inconnu, c'est comme si on
« ne l'avait pas du tout.

« En termes clairs, que nous défend-il lui ? de connaître ; i
« nous défend le bien ; il nous défend d'être sages. De telles pro-
« hibitions ne lient pas... Mais si la mort nous entoure des der
« nières chaînes, à quoi nous profitera notre liberté intérieure ?
« Le jour où nous mangerons de ce beau fruit, tel est notre
« arrêt, nous mourrons... Le serpent est-il mort ? il a mangé et
« il vit, et il connaît, et il parle, et il raisonne, et il discerne, lui
« jusqu'alors irraisonnable. La mort n'a-t-elle été inventée que
« pour nous seuls ? ou cette intellectuelle nourriture, à nous re-
« fusée, n'est-elle réservée qu'aux bêtes ? qu'aux bêtes ce semble:
« mais l'unique brute qui la première en a goûté, loin d'en être
« avare, communique avec joie le bien qui lui est échu, conseil-
« lère non suspecte, amie de l'homme, éloignée de toute décep-
« tion et de tout artifice. Que crains-je donc ? ou plutôt sais-je ce
« que je dois craindre dans cette ignorance du bien ou du mal,
« de Dieu ou de la mort, de la loi ou de la punition ? Ici croît le

« remède à tout, ce fruit divin, beau à la vue, attrayant au goût,
« et dont la vertu est de rendre sage. Qui empêche donc de le
« cueillir et d'en nourrir à la fois le corps et l'esprit ? »

Elle dit, et sa main téméraire, dans une mauvaise heure, s'étend vers le fruit : elle arrache ! elle mange ! La terre sentit la blessure ; la nature, sur ses fondements, soupirant à travers tous ses ouvrages, par des signes de malheur annonça que tout était perdu.

Le serpent coupable s'enfuit dans un hallier, et il le pouvait bien, car maintenant Ève, attachée au fruit tout entière, ne regardait rien autre chose. Il lui semblait que jusque-là elle n'avait jamais goûté dans un fruit un pareil délice ; soit que cela fût vrai, soit qu'elle se l'imaginât dans la haute attente de la science : sa divinité ne sortait point de sa pensée. Avidement et sans retenue, elle se gorgea du fruit, et ne savait pas qu'elle mangeait la mort. Enfin rassasiée, exaltée comme par le vin, joyeuse et folâtre, pleine de satisfaction d'elle-même, elle se parle ainsi :

« O roi de tous les arbres du paradis, arbre vertueux, pré-
« cieux, dont l'opération bénie est la sagesse ! arbre jusqu'ici
« ignoré, dégradé, ton beau fruit demeurait suspendu comme
« n'étant créé à aucune fin ! Mais dorénavant mon soin matinal
« sera pour toi, non sans le chant et la louange qui te sont dus
« à chaque aurore ; je soulagerai tes branches du poids fertile
« offert libéralement à tous, jusqu'à ce que, nourrie par toi, je
« parvienne à la maturité de la science comme les dieux qui
« savent toutes choses, quoiqu'ils envient aux autres ce qu'ils ne
« peuvent leur donner. Si le don eût été un des leurs, il n'aurait
« pas crû ici.

« Expérience, que ne te dois-je pas, ô le meilleur des guides !
« En ne te suivant pas, je serais restée dans l'ignorance ; tu
« ouvres le chemin de la sagesse, et tu donnes accès auprès
« d'elle, malgré le secret où elle se retire.

« Et moi peut-être aussi suis-je cachée ? Le ciel est haut, haut,
« trop éloigné pour voir de là distinctement chaque chose sur la

« terre : d'autres soins peut-être peuvent avoir distrait d'une
« continuelle vigilance notre grand prohibiteur, en sûreté avec
« tous ses espions autour de lui... Mais de quelle manière parai-
« trai-je devant Adam ? lui ferai-je connaître à présent mon
« changement ? lui donnerai-je en partage ma pleine félicité,
« ou plutôt non ? Garderai-je les avantages de la science en mon
« pouvoir, sans copartenaire, afin d'ajouter à la femme ce qui lui
« manque, pour attirer d'autant plus l'amour d'Adam, pour me
« rendre plus égale à lui, et peut-être (chose désirable) quelque-
« fois supérieure ? car inférieur, qui est libre ? Ceci peut bien
« être... Mais quoi ? si Dieu a vu ? si la mort doit s'ensuivre ?
« alors je ne serai plus, et Adam, marié à une autre Ève, vivra
« en joie avec elle, moi éteinte : le penser, c'est mourir ! Confir-
« mée dans ma résolution, je me décide : Adam partagera avec
« moi le bonheur ou la misère. Je l'aime si tendrement qu'avec
« lui je puis souffrir toutes les morts : vivre sans lui n'est pas
« la vie. »

Ainsi disant, elle détourna ses pas de l'arbre; mais auparavant elle lui fait une révérence profonde comme au pouvoir qui
habite cet arbre, et dont la présence a infusé dans la plante une
séve savante découlée du nectar, breuvage des dieux.

Pendant ce temps-là Adam, qui attendait son retour avec
impatience, avait tressé une guirlande des fleurs les plus choisies, pour orner sa chevelure et couronner ses travaux champêtres, comme les moissonneurs ont souvent accoutumé de
couronner leur reine des moissons. Il se promettait une grande
joie en pensée et une consolation nouvelle dans un retour si longtemps différé. Toutefois devinant quelque chose de malheureux,
le cœur lui manquait; il en sentait les battements inégaux : pour
rencontrer Eve, il alla par le chemin qu'elle avait pris le matin,
au moment où ils se séparent.

Il devait passer près de l'arbre de la science ; là il la rencontra
à peine revenant de l'arbre; elle tenait à la main un rameau du
plus beau fruit couvert de duvet qui souriait, nouvellement
cueilli, et répandait l'odeur de l'ambroisie. Elle se hâta vers

Adam; l'excuse parut d'abord sur son visage comme le prologue de son discours, et une prompte apologie; elle adresse à son époux des paroles caressantes qu'elle avait à volonté.

« N'as-tu pas été étonné, Adam, de mon retard? je t'ai re-
« gretté ! et j'ai trouvé long le temps privée de ta présence;
« agonie d'amour, jusqu'à présent non sentie et qui ne le sera
« pas deux fois ; car jamais je n'aurai l'idée d'éprouver (ce que
« j'ai cherché téméraire et sans expérience) la peine de l'ab-
« sence, loin de ta vue. Mais la cause en est étrange, et merveil-
« leuse à entendre.

« Cet arbre n'est pas, comme on nous le dit, un arbre de
« danger, quand on y goûte; il n'ouvre pas la voie à un mal
« inconnu; mais il est d'un effet divin pour ouvrir les yeux, et
« il fait dieux ceux qui y goûtent; il a été trouvé tel en y goû-
« tant· Le sage serpent (non retenu comme nous, ou n'obéis-
« sant pas) a mangé du fruit : il n'y a pas trouvé la mort dont
« nous sommes menacés; mais dès ce moment il est doué de la
« voix humaine et du sens humain, raisonnant d'une manière
« admirable. Et il a agi sur moi avec tant de persuasion, que
« j'ai goûté, et que j'ai trouvé aussi les effets répondant à l'at-
« tente : mes yeux, troubles auparant, sont plus ouverts ; mon
« esprit, plus étendu, mon cœur plus ample. Je m'élève à la
« divinité, que j'ai cherchée principalement pour toi ; sans toi
« je puis la mépriser. Car la félicité dont tu as ta part est pour
« moi la félicité, ennuyeuse bientôt et odieuse, avec toi non
« partagée. Goûte donc aussi à ce fruit ; qu'un sort égal nous
« unisse dans une égale joie, comme dans un égal amour, de
« peur que si tu t'abstiens, un différent degré de condition ne
« nous sépare, et que je ne renonce trop tard pour toi à la divi-
« nité, quand le sort ne le permettra plus. »

Ève ainsi raconte son histoire d'un air animé; mais sur sa joue le désordre monte et rougit. Adam, de son côté, dès qu'il est instruit de la fatale désobéissance d'Eve, interdit, confondu, devint blanc, tandis qu'une froide horreur court dans ses veines et disjoint tous ses os. De sa main défaillante la guirlande tressée pour Eve tombe, et répand les roses flétries : il demeure pâle et sans voix, jusqu'à ce qu'enfin d'abord en lui-même il rompt son silence intérieur :

« O le plus bel être de la création, le dernier et le meilleur
« de tous les ouvrages de Dieu, créature en qui excellait pour la
« vue ou la pensée, ce qui fut jamais formé de saint, de divin,
« de bon, d'aimable et de doux! comment es-tu perdue! com-
« ment soudain perdue, défigurée, flétrie et maintenant dévolue
« à la mort? ou plutôt comment as-tu cédé à la tentation de
« transgresser la stricte défense, de violer le sacré fruit dé-
« fendu? Quelque maudit artifice d'un ennemi t'a déçue, d'un
« ennemi que tu ne connaissais pas ; et moi avec toi, il m'a
« perdu ; car certainement ma résolution est de mourir avec toi.
« Comment pourrai-je vivre sans toi? comment quitter ton doux
« entretien et notre amour si tendrement uni, pour survivre
« abandonné dans ces bois sauvages? Dieu créât-il une autre
« Eve, et moi fournirais-je une autre côte, ta perte encore ne
« sortirait jamais de mon cœur. Non, non! je me sens attiré
« par le lien de la nature ; tu es la chair de ma chair, l'os de
« mes os ; de ton sort le mien ne sera jamais séparé, bonheur
« ou misère ! »

Ayant dit ainsi, comme un homme revenu d'une triste épouvante, et après des pensées agitées se soumettant à ce qui semble irrémédiable, il se tourne vers Eve, et lui adresse ces paroles d'un ton calme :

« Une action hardie tu as tentée, Eve aventureuse ! un grand
« péril tu as provoqué, toi qui non-seulement as osé convoiter
« des yeux ce fruit sacré, objet d'une sainte abstinence, mais
« qui, bien plus hardie encore, y as goûté, malgré la défense d'y
« toucher ! Mais qui peut rappeler le passé et défaire ce qui est
« fait? Ni le Dieu tout-puissant, ni le destin ne le pourraient.
« Cependant, peut-être ne mourras-tu point ; peut-être l'action
« n'est-elle pas si détestable, à présent que le fruit a été goûté et
« profané par le serpent, qu'il en a fait un fruit commun, privé
« de sainteté, avant que nous y ayons touché. Le serpent n'a pas

« trouvé qu'il fût mortel ; le serpent vit encore ; il vit, ainsi que
« tu le dis, et il a gagné de vivre comme l'homme, d'un plus
« haut degré de vie ; puissante induction pour nous d'atteindre
« pareillement, en goûtant ce fruit, une élévation proportion-
« née qui ne peut être que de devenir dieux, anges ou demi-
« dieux.

« Je ne puis penser que Dieu, sage créateur, quoique mena-
« çant, veuille ainsi sérieusement nous détruire, nous ses pre-
« mières créatures, élevées si haut en dignité et placées au-des-
« sus de tous ses ouvrages, lesquels, créés pour nous, doivent
« tomber nécessairement avec nous dans notre chute, puisqu'ils
« sont faits dépendants de nous. Ainsi Dieu décréerait, serait
« frustré, ferait et déferait, et perdrait son travail ; cela ne se
« concevrait pas bien de Dieu, qui, quoique son pouvoir pût ré-
« péter la création, cependant répugnerait à nous détruire, de
« peur que l'adversaire ne triomphât et ne dit : — Inconstant
« est l'état de ceux que Dieu favorise le plus ! qui peut lui plaire
« longtemps ? Il m'a ruiné le premier. Maintenant c'est l'espèce
« humaine. Qui ensuite ? — Sujet de raillerie qui ne doit pas
« être donné à un ennemi. Quoi qu'il en soit, j'ai lié mon sort au
« tien, résolu à subir le même sort. Si la mort m'associe avec
« toi, la mort est pour moi comme la vie : tant dans mon cœur
« je sens le lien de la nature m'attirer puissamment à mon pro-
« pre bien, à mon propre bien en toi ; car ce que tu es m'ap-
« partient, notre état ne peut être séparé ; nous ne faisons qu'un,
« une même chair : te perdre c'est me perdre moi-même. »

Ainsi parla Adam ; ainsi Eve lui répliqua :

« O glorieuse épreuve d'un excessif amour, illustre témoi-
« gnage, noble exemple qui m'engage à l'imiter ! Mais n'appro-
« chant pas de ta perfection, comment l'atteindrai-je, ô Adam,
« moi qui me vante d'être issue de ton côté, et qui t'entends
« parler avec joie de notre union, d'un cœur et d'une âme en-
« tre nous deux ? Ce jour fournit une bonne preuve de cette
« union, puisque tu déclares que, plutôt que la mort ou quel-
« que chose de plus terrible que la mort, nous sépare (nous liés

« d'un si tendre amour), tu es résolu à commettre avec moi la
« faute, le crime (s'il y a crime) de goûter ce beau fruit dont la
« vertu (car le bien procède toujours du bien, directement ou
« indirectement) a offert cette heureuse épreuve à ton amour qui
« sans cela n'eût jamais été si excellemment connu.

« Si je pouvais croire que la mort annoncée dût suivre ce
« que j'ai tenté, je supporterais seule le pire destin, et ne cher-
« cherais pas à te persuader : plutôt mourir abandonnée que de
« t'obliger à une action pernicieuse pour ton repos, depuis sur-
« tout que je suis assurée d'une manière remarquable de ton
« amour si vrai, si fidèle et sans égal. Mais je sens bien autre-
« ment l'événement : non la mort, mais la vie augmentée, des
« yeux ouverts, de nouvelles espérances, des joies nouvelles, un
« goût si divin que, quelque douceur qui ait auparavant flatté
« mes sens, elle me semble, auprès de celle-ci, âpre ou insi-
« pide. D'après mon expérience, Adam, goûte franchement, et
« livre aux vents la crainte de la mort. »

Elle dit, l'embrasse et pleure de joie tendrement ; c'était avoir
beaucoup gagné qu'Adam eût ennobli son amour au point d'encourir pour elle le déplaisir divin ou la mort. En récompense
(car une complaisance si criminelle méritait cette haute récompense), d'une main libérale elle lui donne le fruit de la branche
attrayant et beau. Adam ne fit aucun scrupule d'en manger malgré ce qu'il savait ; il ne fut pas trompé ; il fut follement vaincu
par le charme d'une femme.

La terre trembla jusque dans ses entrailles, comme de nouveau
dans les douleurs, et la nature poussa un second gémissement.
Le ciel se couvrit, fit entendre un sourd tonnerre, pleura quelques larmes tristes, quand s'acheva le mortel péché originel !

Adam n'y prit pas garde, mangeant à satiété. Eve ne craignit
point de réitérer sa transgression première, afin de mieux charmer son époux par sa compagnie aimée. Tous deux à présent,
comme enivrés d'un vin nouveau, nagent dans la joie ; ils s'i-
maginent sentir en eux la divinité qui leur fait naître des ailes
avec lesquelles ils dédaigneront la terre. Mais ce fruit perfide

opéra un tout autre effet, en allumant pour la première fois le désir charnel. Adam commença d'attacher sur Eve des regards lascifs; Eve les lui rendit aussi voluptueusement : ils brûlent impudiques. Adam excite ainsi Eve aux molles caresses :

« Eve, à présent je le vois, tu es d'un goût sûr et élégant, ce
« n'est pas la moindre partie de la sagesse, puisque à chaque
« pensée nous appliquons le mot saveur, et que nous appelons
« notre palais judicieux : je t'en accorde la louange, tant tu as
« bien pourvu à ce jour ! Nous avons perdu beaucoup de plaisir
« en nous abstenant de ce fruit délicieux; jusqu'ici en goû-
« tant nous n'avions pas connu le vrai goût. Si le plaisir est tel
« dans les choses à nous défendues, il serait à souhaiter qu'au
« lieu d'un seul arbre, on nous en eût défendu dix. Mais viens,
« si bien réparés, jouons maintenant comme il convient après
« un si délicieux repas. Car jamais ta beauté, depuis le jour que
« je te vis pour la première fois et t'épousai ornée de toutes les
« perfections, n'enflamma mes sens de tant d'ardeur pour jouir
« de toi, plus charmante à présent que jamais ? O bonté de cet
« arbre plein de vertu ! »

Il dit et n'épargna ni regard, ni badinage d'une intention amoureuse. Il fut compris d'Eve dont les yeux lançaient des flammes contagieuses. Il saisit sa main, et vers un gazon ombragé, qu'un toit de feuillage épais et verdoyant couvrait en berceau, il conduisit son épouse nullement résistante. De fleurs était la couche, pensées, violettes, asphodèles, hyacinthes ! le plus doux, le plus frais giron de la terre. Là ils s'assouvissent largement d'amour et de jeux d'amour ; sceau de leur mutuel crime, consolation de leur péché, jusqu'à ce que la rosée du sommeil les opprimât, fatigués de leur amoureux déduit.

Sitôt que se fut exhalée la force de ce fruit fallacieux, dont l'enivrante et douce vapeur s'était jouée autour de leurs esprits, et avait fait errer leurs facultés intérieures : dès qu'un sommeil plus grossier, engendré de malignes fumées et surchargé de songes remémoratifs, les eut quittés, ils se lèvent comme d'une veille laborieuse. Ils se regardèrent l'un l'autre, et bientôt ils connurent comment leurs yeux étaient ouverts, comment leurs âmes, obscurcies! L'innocence qui de même qu'un voile leur avait dérobé la connaissance du mal, avait disparu. La juste confiance, la native droiture, l'honneur, n'étant plus autour d'eux, les avaient laissés nus à la nature coupable : elle les couvrit, mais sa robe les découvrit davantage. Ainsi le fort Danite, l'herculéen Samson se leva du sein prostitué de Dalila, la Philistine, et s'éveilla tondu de sa force : Ève et Adam s'éveillèrent nus et dépouillés de toute leur vertu. Silencieux et la confusion sur le visage, longtemps ils restèrent assis comme devenus muets, jusqu'à ce qu'Adam, non moins honteux que sa compagne, donnât enfin passage à ces paroles contraintes :

« O Eve, dans une heure mauvaise tu prêtas l'oreille à ce
« reptile trompeur : de qui que ce soit qu'il ait appris à contre-
« faire la voix de l'homme, il a dit vrai sur notre chute, faux
« sur notre élévation promise, puisque en effet nous trouvons
« nos yeux ouverts, et trouvons que nous connaissons à la fois
« le bien et le mal, le bien perdu, le mal gagné! Triste fruit de
« la science, si c'est science de savoir ce qui nous laisse ainsi
« nus, privés d'honneur, d'innocence, de foi, de pureté, notre
« parure accoutumée, maintenant souillée et tachée, et sur nos
« visages les signes évidents d'une infâme volupté, d'où s'amasse
« un méchant trésor, et même la honte, le dernier des maux!
« Du bien perdu sois donc sûre... Comment pourrais-je désor-
« mais regarder la face de Dieu ou de son ange, qu'auparavant
« avec joie et ravissement j'ai si souvent contemplée ? Ces cé-
« lestes formes éblouiront maintenant cette terrestre substance
« par leurs rayons d'un insupportable éclat. Oh! que ne puis-je
« ici, dans la solitude, vivre sauvage en quelque obscure retraite
« où les plus grands bois, impénétrables à la lumière de l'étoile
« ou du soleil, déploient leur vaste ombrage, bruni comme le
« soir! Couvrez-moi, vous pins, vous cèdres, sous vos rameaux
« innombrables ; cachez-moi là où je ne puisse jamais voir ni
« Dieu ni son ange! Mais délibérons, en cet état déplorable, sur
« le meilleur moyen de nous cacher à présent l'un à l'autre ce

« qui semble le plus sujet à la honte et le plus indécent à la vue.
« Les feuilles larges et satinées de quelque arbre, cousues en-
« semble et ceintes autour de nos reins, nous peuvent couvrir,
« afin que cette compagne nouvelle, la honte, ne siége pas là et
« ne nous accuse pas comme impurs. »

Tel fut le conseil d'Adam; ils entrèrent tous deux dans le bois le plus épais : là ils choisirent bientôt le figuier, non cette espèce renommée pour son fruit, mais celui que connaissent aujourd'hui les Indiens du Malabar et du royaume de Decan ; il étend ses bras, et ses branches poussent si amples et si longues que leurs tiges courbées prennent racines ; filles qui croissent autour de l'arbre mère ; monument d'ombre à la voûte élevée aux promenades pleines d'échos : là souvent le pâtre indien, évitant la chaleur, s'abrite au frais et surveille ses troupeaux paissants, à travers les entaillures pratiquées dans la plus épaisse ramée.

Adam et Ève cueillirent ces feuilles larges comme un bouclier d'amazone : avec l'art qu'ils avaient ils les cousirent pour en ceindre leurs reins ; vain tissu ! si c'était pour cacher leur crime et la honte redoutée. Oh ! combien ils différaient de leur première et glorieuse nudité ! Tels, dans ces derniers temps, Colomb trouva les Américains portant une ceinture de plumes, nus du reste, et sauvages parmi les arbres, dans les îles et sur les rivages couverts de bois : ainsi nos premiers parents étaient enveloppés, et comme ils le croyaient, leur honte en partie voilée ; mais n'ayant l'esprit ni à l'aise ni en repos, ils s'assirent à terre pour pleurer.

Non-seulement des larmes débordèrent de leurs yeux, mais de grandes tempêtes commencèrent à s'élever au-dedans d'eux-mêmes, de violentes passions, la colère, la haine, la méfiance, le soupçon, la discorde ; elles ébranlèrent douloureusement l'état intérieur de leur esprit, région calme naguère et pleine de paix maintenant agitée et turbulente, car l'entendement ne gouvernait plus et la volonté n'écoutait plus sa leçon ; ils étaient assujettis tous deux à l'appétit sensuel dont l'usurpation, venue d'en bas, réclamait sur la souveraine raison une domination supérieure.

D'un cœur troublé, avec un regard aliéné et une parole altérée, Adam reprit ainsi son discours interrompu :

« Que n'écoutas-tu mes paroles et ne restas-tu avec moi,
« comme je t'en suppliais, lorsque dans cette malheureuse ma-
« tinée tu étais possédée de cet étrange désir d'errer qui te venait
« je ne sais d'où ! Nous serions alors restés encore heureux, et
« non, comme à présent, dépouillés de tout notre bien, honteux,
« nus, misérables. Que personne ne cherche désormais une
« inutile raison pour justifier la fidélité due : quand on cherche
« ardemment une pareille preuve, concluez que l'on commence
« à faillir. »

Eve aussitôt émue de ce ton de reproche :

« Quels mots sévères sont échappés de tes lèvres, Adam?
« imputes-tu à ma faiblesse ou à mon envie d'errer, comme tu
« l'appelles, ce qui aurait pu arriver aussi mal, toi présent (qui
« sait?) ou à toi-même peut-être? Eusses-tu été là, ou l'attaque
« ici, tu n'aurais pu découvrir l'artifice du serpent, parlant
« comme il parlait. Entre lui et nous aucune cause d'inimitié
« n'étant connue, pourquoi m'aurait-il voulu du mal et cherché
« à me faire du tort? Ne devais-je jamais me séparer de ton côté?
« Autant aurait valu croître là toujours, côte sans vie. Étant ce
« que je suis, toi, le chef, pourquoi ne m'as-tu pas défendu abso-
« lument de m'éloigner, puisque j'allais à un tel péril, comme
« tu le dis? Trop facile alors, tu ne te fis pas beaucoup contre-
« dire; bien plus tu me permis, tu m'approuvas, tu me congé-
« dias de bon accord. Si tu eusses été ferme et arrêté dans ton
« refus, je n'aurais pas transgressé, ni toi avec moi. »

Adam, irrité pour la première fois, lui répliqua :

« Est-ce là ton amour ; est-ce là la récompense du mien, Eve
« ingrate ; de mon amour que je t'ai déclaré inaltérable lorsque
« tu étais perdue, et que je ne l'étais pas ; moi qui aurais pu
« vivre et jouir d'un éternel bonheur, et qui toutefois ai volon-
« tairement préféré la mort avec toi? Et maintenant tu me

« reproches d'être la cause de ta transgression! il te semble que
« je ne t'ai pas retenue avec assez de sévérité! Que pouvais-je
« de plus? je t'avertis, je t'exhortai, je te prédis le danger, l'en-
« nemi aux aguets placé en embuscade. Au-delà de ceci, il ne
« restait que la force, et la force n'a point lieu contre une volonté
« libre. Mais la confiance en toi-même t'a emportée, certaine
« que tu étais ou de ne pas rencontrer de péril, ou d'y trouver
« matière d'une glorieuse épreuve. Peut-être aussi ai-je erré
« en admirant si excessivement ce qui semblait en toi si parfait
« que je croyais que le mal n'oserait attenter sur toi ; mais je
« maudis maintenant cette erreur devenue mon crime, et toi
« l'accusatrice. Ainsi il en arrivera à celui qui, se fiant trop au
« mérite de la femme, laissera gouverner la volonté de la
« femme : contrariée, la femme ne supportera aucune con-
« trainte ; laissée à elle-même, si le mal s'ensuit, elle accusera
« d'abord la faible indulgence de l'homme. »

Ainsi dans une mutuelle accusation, Eve et Adam dépen-
saient les heures infructueuses ; mais ni l'un ni l'autre ne se
condamnant soi-même, à leur vaine dispute il semblait n'y
avoir de fin.

LIVRE DIXIÈME

ARGUMENT

La transgression de l'homme étant connue, les anges de garde quittent le paradis et retournent au ciel pour justifier leur vigilance; ils sont approuvés, Dieu déclarant que l'entrée de Satan n'a pu être prévenue par eux. Dieu envoie son Fils pour juger les transgresseurs; il descend et prononce conformément la sentence. Alors il en a pitié, les vêt tous deux et remonte vers son Père. Le Péché et la Mort, assis jusqu'alors aux portes de l'enfer, par une merveilleuse sympathie sentant le succès de Satan dans ce nouveau monde, et la faute que l'homme y a commise, se résolvent de ne pas rester longtemps confinés dans l'enfer et de suivre Satan, leur père, dans la demeure de l'homme. Pour faire une route plus commode pour aller et venir de l'enfer à ce monde, ils pavent çà et là un large grand chemin ou un pont au-dessus du chaos en suivant la première trace de Satan. Ensuite se préparant à gagner la terre, ils le rencontrent fier de son succès, revenant à l'enfer. Leurs mutuelles félicitations. Satan arrive à Pandæmonium. Il raconte avec jactance, en pleine assemblée, son succès sur l'homme. Au lieu d'applaudissements il est accueilli par un sifflement général de tout son auditoire, transformé tout à coup, ainsi que lui-même, en serpents, selon sa sentence prononcée dans le paradis. Alors trompés par une apparence de l'arbre défendu qui s'élève devant eux, ils cherchent avidement à atteindre le fruit et mâchent de la poussière et des cendres amères. Progrès du Péché et de la Mort. Dieu prédit la victoire finale de son Fils sur eux et le renouvellement de toutes choses; mais pour le moment il ordonne à ses anges de faire divers changements dans les cieux et les éléments. Adam apercevant de plus en plus sa condition dégradée, se lamente tristement, et rejette la consolation d'Ève. Elle persiste, et l'apaise à la fin. Alors pour empêcher la malédiction de tomber probablement sur leur postérité, elle propose à Adam des moyens violents, qu'il n'approuve pas. Mais concevant une meilleur espérance, il lui rappelle la dernière promesse qui leur fut faite, que sa race se vengera du serpent, et il l'exhorte à chercher avec lui la réconciliation de la Divinité offensée par le repentir et la prière.

Cependant l'action haineuse et méchante que Satan avait faite dans Éden était connue du ciel; on savait comment dans le serpent il avait séduit Eve, elle son mari, et l'avait engagé à goûter le fruit fatal. Car qui peut échapper à l'œil de Dieu qui voit tout, ou tromper son esprit qui sait tout? Sage et juste en toutes choses, l'Éternel n'empêcha point Satan de tenter l'esprit de l'homme armé d'une force entière et d'une volonté libre, parfaites pour découvrir et repousser les ruses d'un ennemi ou d'un faux ami. Car Adam et Eve connaissaient et devaient toujours se rappeler l'importante injonction de ne jamais toucher au fruit, qui que ce ce fût qui les tentât. N'obéissant pas, ils encoururent la peine : que pouvaient-ils attendre de moins? La complication de leur péché méritait leur chute.

Les gardes angéliques du paradis se hâtèrent de monter au ciel, mornes et abattus en songeant à l'homme, car par ceci ils connaissaient son état; ils s'étonnaient beaucoup que le subtil ennemi sans être vu, leur eût dérobé son entrée.

Sitôt que ces fâcheuses nouvelles arrivèrent de la terre à la porte du ciel, tous ceux qui les entendirent furent affligés, une sombre tristesse n'épargna pas dans ce moment les visages divins; cependant mêlée de pitié, elle ne voilà pas leur béatitude. Autour des nouveaux arrivés, le peuple éthéré accourut en foule, pour écouter et apprendre comment tout était advenu. Ils se hâtèrent vers le trône suprême, responsables qu'ils étaient, afin d'exposer dans un juste plaidoyer leur extrême vigilance, aisément approuvée. Quand le Très-Haut, l'éternel Père, du fond de son secret nuage fit sortir ainsi sa voix dans le tonnerre.

« Anges assemblés, et vous puissances revenues d'une com-
« mission infructueuse, ne soyez ni découragés, ni troublés de
« ces nouvelles de la terre que vos soins les plus sincères ne
« pouvaient prévenir ? J'avais prédit dernièrement ce qui arri-
« verait, lorsque pour la première fois le tentateur sorti de l'en-
« fer, traversait l'abîme. Je vous ai annoncé qu'il prévaudrait,
« prompt dans son mauvais message; que l'homme serait
« séduit, perdu par la flatterie, et croyant le mensonge contre
« son Créateur. Aucun de mes décrets concourant n'a nécessité
« sa chute, ou touché du plus léger mouvement d'impulsion sa
« volonté libre laissée à sa propre inclination dans un juste équi-
« libre. Mais l'homme est tombé, et maintenant que reste-t-il à

« faire, sinon à prononcer l'arrêt mortel contre sa transgression,
« la mort dénoncée pour ce jour même? Il la présume déjà
« vaine et nulle, parce qu'elle ne lui a pas encore été infligée,
« comme il le craignait, par quelque coup subit; mais bientôt il
« trouvera, avant que le jour finisse, que sursis n'est pas ac-
« quittement : la justice ne reviendra pas dédaignée comme la
« bonté.

« Mais qui enverrai-je pour juger les coupables? qui, sinon
« toi, vice-régent, mon Fils? A toi j'ai transféré tout jugement
« au ciel, sur la terre et dans l'enfer. On verra facilement que
« je me propose de donner la miséricorde pour collègue à la
« justice en t'envoyant, toi l'ami de l'homme, son médiateur, à
« la fois désigné rançon et rédempteur volontaire, en t'envoyant,
« toi destiné à devenir homme pour juger l'homme tombé. »

Ainsi parla le Père ; il entr'ouvrit brillante la droite de sa
gloire, et rayonna sur son Fils sa divinité dévoilée. Le Fils, plein
de splendeur, exprima manifestement tout son père, et lui répondit ainsi divinement doux :

« Éternel Père! à toi d'ordonner, à moi de faire dans le ciel
« et sur la terre ta volonté suprême, afin que tu puisses toujours
« mettre ta complaisance en moi, ton Fils bien-aimé. Je vais
« juger sur la terre ceux-ci tes pécheurs; mais tu le sais, quel
« que soit le jugement, la peine la plus grande doit tomber sur
« moi, quand le temps sera accompli. Car je m'y suis engagé en
« ta présence ; je ne m'en repens pas, et par cela j'obtiens le
« droit d'adoucir leur sentence sur moi dérivée : je tempérerai
« la justice par la miséricorde, de manière qu'elles seront les
« plus glorifiées, en étant pleinement satisfaites et toi apaisé. Il
« n'y aura besoin ni de suite ni de cortége, là où personne ne
« doit assister au jugement, excepté les deux qui seront jugés ;
« le troisième coupable, absent, n'en est que mieux condamné ;
« convaincu par suite et rebelle à toutes les lois : la conviction
« du serpent n'importe à personne. »

Il dit, et se leva de son siége rayonnant d'une haute gloire
collatérale; les Trônes, les Puissances, les Principautés, les Do-

minations, ses ministres, l'accompagnèrent jusqu'à la porte du ciel, d'où l'on aperçoit Éden et toute la côte en perspective : soudain il est descendu ; le temps ne mesure point la promptitude des dieux, bien qu'il soit ailé des plus rapides minutes.

Le soleil dans sa chute occidentale, était alors descendu du midi ; les vents légers, à leur heure marquée pour souffler sur la terre, s'éveillaient, et introduisaient en elle la tranquille fraîcheur du soir. Dans ce moment, avec une colère plus tranquille, vint l'intercesseur, et doux Juge, pour sentencier l'homme. La voix de Dieu qui se promenait dans le jardin fut portée par les suaves brises à l'oreille d'Adam et d'Ève, au déclin du jour ; ils l'entendirent, et ils se cachèrent parmi les arbres les plus touffus. Mais Dieu s'approchant appelle Adam à haute voix :

« Adam, où es-tu, toi accoutumé à rencontrer avec joie ma
« venue, dès que tu la voyais de loin ? Je ne suis pas satisfait de
« ton absence ici. T'entretiens-tu, avec la solitude, là où naguère
« un devoir empressé te faisait paraître sans être cherché ? Me
« présenté-je avec moins d'éclat ? Quel changement cause ton
« absence ? Quel hasard t'arrête ? Viens. »

Il vint, et Ève à regret avec lui, quoiqu'elle eût été la première à offenser, tous deux interdits et décomposés. L'amour n'était dans leurs regards ni pour Dieu, ni pour l'un l'autre ; mais on y apercevait le crime, la honte, le trouble, le désespoir, la colère, l'obstination, la haine et la tromperie. Adam, après avoir longtemps balbutié, répond en peu de mots :

« Je t'ai entendu dans le jardin, et j'ai eu peur de ta voix
« parce que j'étais nu : c'est pourquoi je me suis caché. »

A quoi le Juge miséricordieux répliqua sans lui faire de reproche :

« Tu as souvent entendu ma voix et tu n'en as pas eu peur,
« mais elle t'a toujours réjoui : comment est-elle devenue pour
« toi si terrible ? Tu es nu, qui te l'a dit ? As-tu mangé du fruit
« de l'arbre dont je t'avais défendu de manger ? »

Adam assiégé de misères, répondit :

« O ciel, dans quelle voie étroite je comparais ce jour devant

« mon Juge, ou pour me charger moi-même de tout le crime,
« ou pour accuser mon autre moi-même, la compagne de ma
« vie ! Je devrais cacher sa faute, pendant que sa fidélité me
« reste, et ne pas l'exposer au blâme par ma plainte : mais une
« rigoureuse nécessité, une contrainte déplorable, m'obligent à
« parler, de peur que sur ma tête à la fois le péché et le châti-
« ment, néanmoins insupportables, ne soient dévolus tout en-
« tiers. Quand je garderais mon silence, tu découvrirais aisé-
« ment ce que je cacherais.

« Cette femme que tu fis pour être mon aide, que tu m'as
« donnée comme ton présent accompli, qui était si bonne, si
« convenable, si acceptable, si divine, de la main de laquelle je
« n'aurais pu soupçonner aucun mal, qui dans tout ce qu'elle
« faisait semblait justifier son action par la manière de la faire ;
« cette femme m'a donné du fruit de l'arbre et j'ai mangé. »

La souveraine Présence répliqua ainsi :

« Était-elle ton Dieu, pour lui obéir plutôt qu'à la voix de ton
« Créateur ? Avait-elle été faite pour être ton guide, ton supé-
« rieur, même ton égal, pour que tu lui résignasses ta virilité
« et le rang où Dieu t'avait assis au-dessus d'elle, elle faite
« de toi et pour toi, dont les perfections surpassaient de si loin
« les siennes en réelle dignité? A la vérité elle était ornée et
« charmante pour attirer ton amour, non ta dépendance. Ses
« qualités étaient telles qu'elles semblaient bonnes à être gou-
« vernées, peu convenables pour dominer ; l'autorité était ton
« lot, appartenant à ta personne, si tu l'eusses toi-même bien
« connue. »

Dieu ayant ainsi parlé, adressa à Eve ce peu de mots.

« Dis, femme, pourquoi as-tu fait cela ? »

La triste Ève, presque abîmée dans la honte, se confessant
vite, ne fut devant son Juge ni hardie, ni diserte ; elle répondit
confuse :

« Le serpent m'a trompée, et j'ai mangé. »

Ce que le Seigneur Dieu ayant entendu, il procéda sans délai
au jugement du serpent accusé, bien qu'il fût brute, incapable

de rejeter son crime sur celui qui le fit l'instrument du mal et le déprava dans les fins de sa création, justement maudit alors comme vicié dans sa nature. Il n'importait pas à l'homme d'en connaître davantage, puisqu'il ne savait rien de plus ; cela n'eût pas diminué sa faute. Cependant Dieu appliqua la sentence à Satan, le premier dans le péché, mais en termes mystérieux qu'il jugea alors les meilleurs, et il laissa tomber ainsi sa malédiction sur le serpent :

« Parce que tu as fait cela tu es maudit entre tous les ani-
« maux et toutes les bêtes de la terre. Tu ramperas sur le ventre
« et tu mangeras la terre tous les jours de ta vie. Je mettrai une
« inimitié entre toi et la femme, entre sa race et la tienne ; elle
« te brisera la tête, et tu tâcheras de la mordre par le talon. »

Ainsi fut prononcé l'oracle, vérifié quand Jésus, fils de Marie, seconde Ève, vit comme un éclair tomber du ciel Satan prince de l'air. Alors Jésus, sortant du tombeau, dépouilla les principautés et les puissances infernales, et triompha ouvertement en pompe : et dans une ascension glorieuse il emmena à travers les airs la captivité captive, le royaume même longtemps usurpé par Satan. Celui-là enfin brisera Satan sous nos pieds, celui-là même qui prédit à présent cette fatale meurtrissure.

Il se tourna vers la femme pour lui prononcer sa sentence :

« Je t'affligerai de plusieurs maux pendant ta grossesse, tu en-
« fanteras dans la douleur, tu seras sous la puissance de ton
« mari, et il te dominera. »

A Adam, le dernier, il prononce ainsi son arrêt :

« Parce que tu as écouté la voix de ta femme, et que tu as
« mangé du fruit de l'arbre dont je t'avais défendu de manger
« en te disant : « Tu n'en mangeras point ; » la terre sera maudite
« à cause de ce que tu as fait. Tu n'en tireras de quoi te nourrir
« pendant toute ta vie qu'avec beaucoup de travail : elle te pro-
« duira des épines et des ronces, et tu te nourriras de l'herbe
« de la terre. Tu mangeras ton pain à la sueur de ton visage,
« jusqu'à ce que tu retournes en la terre d'où tu as été tiré. Car
« tu es poudre et tu retourneras en poudre. »

Ainsi jugea l'homme celui qui fut envoyé à la fois Juge et Sauveur : il recula bien loin le coup subit de la mort annoncée pour ce jour-là : ensuite ayant compassion de ceux qui se tenaient nus devant lui, exposés à l'air, qui maintenant allait souffrir de grandes altérations, il ne dédaigna pas de commencer à prendre la forme d'un serviteur, comme quand il lava les pieds de ses serviteurs; de même à présent, comme un père de famille, il couvrit leur nudité de peaux de bêtes, ou tuées, ou qui, de même que le serpent, avaient rajeuni leur peau. Il ne réfléchit pas longtemps pour vêtir ses ennemis : non-seulement il couvrit leur nudité extérieure de peaux de bêtes, mais leur nudité intérieure, beaucoup plus ignominieuse; il l'enveloppa de sa robe de justice et la déroba aux regards de son Père. Puis il s'éleva rapidement vers lui; reçu dans son sein bienheureux, il rentra dans la gloire comme autrefois : à son Père apaisé il raconta (quoique le Père sût tout) ce qui s'était passé avec l'homme, entremêlant son récit d'une douce intercession.

Cependant avant qu'on eût péché et jugé sur la terre, le Péché et la Mort étaient assis en face l'un de l'autre en dedans des portes de l'enfer; ces portes étaient restées béantes vomissant au loin dans le chaos une flamme impétueuse, depuis que l'ennemi les avait passées, le Péché les ouvrant. Bientôt celui-ci commença de parler à la Mort :

« O mon fils, pourqui sommes-nous assis oisifs à nous re-
« garder l'un l'autre, tandis que Satan, notre grand auteur,
« prospère dans d'autres mondes et cherche à nous pourvoir
« d'un séjour plus heureux, nous, sa chère engeance? Le suc-
« cès l'aura sans doute accompagné : s'il lui était mésavenu,
« avant cette heure il serait retourné, chassé par la furie de ses
« persécuteurs, puisque aucun autre lieu ne peut autant que
« celui-ci convenir à son châtiment ou à leur vengeance.

« Je crois sentir qu'une puissance nouvelle s'élève en moi,
« qu'il me croît des ailes, qu'une vaste domination m'est don-
« née au-delà de cet abîme. Je ne sais quoi m'attire, soit sym-
« pathie, soit une force conaturelle pleine de puissance, pour

« unir, à la plus grande distance, dans une secrète amitié, les
« choses de même espèce par les routes les plus secrètes. Toi,
« mon ombre inséparable, tu dois me suivre, car aucun pou-
« voir ne peut séparer la Mort du Péché. Mais dans la crainte
« que notre père ne soit arrêté peut-être par la difficulté de re-
« passer ce golfe impassable, impraticable, essayons (travail
« aventureux, non pourtant disproportionné à ta force et à la
« mienne), essayons de fonder sur cet océan un chemin depuis
« l'enfer jusqu'au monde nouveau où Satan maintenant l'em-
« porte; monument d'un grand avantage à toutes légions
« infernales, qui leur rendra d'ici le trajet facile pour leur
« communication ou leur transmigration, selon que le sort
« les conduira. Je ne puis manquer le chemin, tant je suis
« attiré avec force par cette nouvelle attraction et ce nouvel
« instinct. »

L'ombre maigre lui répondit aussitôt :

« Va où le destin et la force de l'inclination te conduisent.
« Je ne traînerai pas derrière, ni ne me tromperai de chemin,
« toi servant de guide; tant je respire l'odeur de carnage, proie
« innombrable; tant je goûte la saveur de la mort de toutes les
« choses qui vivent là ! Je ne manquerai pas à l'ouvrage que tu
« entreprends, mais je te prêterai un mutuel secours. »

En parlant de la sorte, le monstre, avec délices, renifla le par
fum du mortel changement arrivé sur la terre : comme quand
une bande d'oiseaux carnassiers, malgré la distance de plusieurs
lieues, vient volant, avant le jour d'une bataille, au champ où
campent les armées, alléchée qu'elle est par la senteur des vivantes carcasses promises à la mort le lendemain, dans un sanglant combat : ainsi éventait les trépas la hideuse figure qui,
renversant dans l'air empoisonné sa large narine, flairait de si
loin sa curée.

Soudain hors des portes de l'enfer, dans la vaste et vide anarchie du chaos sombre et humide, les deux fantômes s'envolèrent
en sens contraire. Avec force (leur force était grande), planant
sur les eaux, ce qu'ils rencontrèrent de solide ou de visqueux,

ballotté haut et bas comme dans une mer houleuse, ils le chassent ensemble amassé, et de chaque côté l'échouent vers la bouche du Tartare : ainsi deux vents polaires soufflant opposés sur la mer Cronienne, poussent ensemble des montagnes de glaces qui obstruent le passage présumé au-delà de Petzora à l'orient, vers la côte opulente du Cathai.

La Mort, de sa massue pétrifiante, froide et sèche, frappe comme d'un trident la matière agglomérée, la fixe aussi ferme que Délos, jadis flottante; le reste fut enchaîné immobile par l'inflexibilité de son regard de Gorgone.

Les deux fantômes cimentèrent avec un bitume asphaltique le rivage ramassé, large comme les portes de l'enfer et profond comme ses racines. Le môle immense, courbé en avant, forma une arche élevée sur l'écumant abîme, pont d'une longueur prodigieuse, atteignant à la muraille inébranlable de ce monde, à présent sans défense, confisqué au profit de la Mort : de là un chemin large, doux, commode, uni, descendit à l'enfer. Tel, si les petites choses peuvent être comparées aux grandes, Xerxès, parti de son grand palais memnonien, vint de Suze jusqu'à la mer pour enchaîner la liberté de la Grèce ; il se fit, par un pont, un chemin sur l'Hellespont, joignit l'Europe à l'Asie et frappa de verges les flots indignés.

La Mort et le Péché, par un art merveilleux, avaient maintenant poussé leur ouvrage (chaîne de rochers suspendus sur l'abîme tourmenté, en suivant la trace de Satan) jusqu'à la place même où Satan ploya ses ailes, et s'abattit, au sortir du chaos, sur l'aride surface de ce monde sphérique. Ils affermirent le tout avec des clous et des chaînes de diamant : trop ferme ils le firent et trop durable ! Alors, dans un petit espace, ils rencontrèrent les confins du ciel empyrée et de ce monde; sur la gauche était l'enfer avec un long gouffre interposé. Trois différents chemins en vue conduisaient à chacune de ces trois demeures. Et maintenant les monstres prirent le chemin de la terre qu'ils avaient aperçue, se dirigeant vers Éden : quand voici Satan, sous la forme d'un ange de lumière gouvernant sur son zénith entre le Centaure et le Scorpion, pendant que le soleil se levait dans le Bélier. Il s'avançait déguisé ; mais ceux-ci, ses chers enfants, reconnurent vite leur père, bien que travesti.

Satan, après avoir séduit Ève, s'était jeté non remarqué dans le bois voisin, et changeant de forme pour observer la suite de l'événement, il vit son action criminelle répétée par Eve, quoique sans méchante intention, auprès de son mari ; il vit leur honte chercher des voiles inutiles ; mais quand il vit descendre le Fils de Dieu pour les juger, frappé de terreur, il fuit ; non qu'il espérât échapper, mais il évitait le présent, craignant, coupable qu'il était, ce que la colère du Fils lui pouvait soudain infliger. Cela passé, il revint de nuit, et écoutant, au lieu où les deux infortunés étaient assis, leur triste discours et leur diverse plainte, il en recueillit son propre arrêt ; il comprit que l'exécuion de cet arrêt n'était pas immédiate, mais pour un temps à venir : chargé de joie et de nouvelle il retourna alors à l'enfer. Sur les bords du chaos, près du pied de ce nouveau pont merveilleux, il rencontra inespérément ceux qui venaient pour le rencontrer, ses chers rejetons. L'allégresse fut grande à leur jonction ; la vue du pont prodigieux accrut la joie de Satan. Il demeura longtemps en admiration, jusqu'à ce que le Péché, sa fille enchanteresse, rompît ainsi le silence :

« O mon père, ce sont là tes magnifiques ouvrages, tes tro-
« phées que tu contemples comme n'étant pas les tiens : tu en
« es l'auteur et le premier architecte. Car je n'eus pas plutôt
« deviné dans mon cœur (mon cœur qui par une secrète har-
« monie bat avec le tien, uni dans une douce intimité) ; je n'eus
« pas plutôt deviné que tu avais prospéré sur la terre, ce que tes
« regards manifestent à présent, que je me sentis (quoique sé-
« parée de toi par des mondes) attirée vers toi avec celui-ci, ton
« fils ; tant une fatale conséquence nous unit tous trois ! Ni l'en-
« fer ne put nous retenir plus longtemps dans ses limites, ni ce
« gouffre obscur et impraticable nous empêcher de suivre ton
« illustre trace. Tu as achevé notre liberté : confinés jusqu'à
« présent au-dedans des portes de l'enfer, tu nous as donné la

« force de bâtir ainsi au loin, et de surcharger de cet énorme
« pont le sombre abîme.

« Tout le monde est tien désormais ; ta vertu a gagné ce que
« ta main n'a point bâti, ta sagesse a recouvré avec avantage ce
« que la guerre avait perdu, et vengé pleinement notre défaite
« dans le ciel. Ici tu régneras monarque, là tu ne régnais pas :
« qu'il domine encore là ton vainqueur, comme le combat l'a
« décidé, en se retirant de ce monde nouveau, aliéné par sa
« propre sentence. Désormais qu'il partage avec toi la monar-
« chie de toutes choses divisées par les frontières de l'Empyrée :
« à lui la cité de forme carrée, à toi le monde orbiculaire ; ou
« qu'il ose t'éprouver, toi à présent plus dangereux pour son
« trône. »

Le prince des ténèbres lui répondit avec joie :

« Fille charmante, et toi, mon fils et petit-fils à la fois, vous
« avez donné aujourd'hui une grande preuve que vous êtes la
« race de Satan, car je me glorifie de ce nom, antagoniste du
« Roi tout-puissant du ciel. Bien avez-vous mérité de moi et de
« tout l'infernal empire, vous qui si près de la porte du ciel
« avez répondu à mon triomphe par un acte triomphal, à mon
« glorieux ouvrage par cet ouvrage glorieux, et qui avez fait de
« l'enfer et de ce monde un seul royaume (notre royaume), un
« seul continent de communication facile.

« Ainsi pendant qu'à travers les ténèbres je vais descendre
« aisément par votre chemin chez mes puissances associées, pour
« leur apprendre ces succès et me réjouir avec elles ; vous deux,
« le long de cette route, parmi ces orbes nombreux (tous à
« vous), descendez droit au paradis ; habitez-y, et régnez dans
« la félicité. De là, exercez votre domination sur la terre et dans
« l'air, principalement sur l'homme, déclaré le seigneur de tout :
« faites-en d'abord votre vassal assuré, et à la fin tuez-le. Je vous
« envoie mes substituts et je vous crée sur la terre plénipoten-
« tiaires d'un pouvoir sans pareil émanant de moi. — Mainte-
« nant de votre force unie dépend tout entière ma tenure du
« nouveau royaume que le Péché a livré à la Mort par mes

« exploits. Si votre puissance combinée prévaut, les affaires de
« l'enfer n'ont à craindre aucun détriment : allez, et soyez
« forts. »

Ainsi disant il les congédie ; avec rapidité ils prennent leur course à travers les constellations les plus épaisses, en répandant leur poison : les étoiles infectées pâlirent, et les planètes, frappées de la maligne influence qu'elles répandent elles-mêmes, subirent alors une éclipse réelle. Par l'autre chemin, Satan descendit la chaussée jusqu'à la porte de l'enfer. Des deux côtés le chaos, divisé et surbâti, s'écria, et d'une houle rebondissante assaillit les barrières qui méprisaient son indignation.

A travers la porte de l'enfer, large ouverte et non gardée, Satan passe et trouve tout désolé à l'entour ; car ceux qui avaient été commis pour siéger là avaient abandonné leur poste, s'étaient envolés vers le monde supérieur. Tout le reste s'était retiré loin dans l'intérieur, autour des murs de Pandæmonium, ville et siège superbe de Lucifer (ainsi nommé par allusion à cette étoile brillante comparée à Satan). Là veillaient les légions, tandis que les grands siégeaient au conseil, inquiets du hasard qui pouvait retenir leur empereur par eux envoyé : en partant il avait ainsi donné l'ordre, et ils l'observaient.

Comme lorsque le Tartare, loin de Russe son ennemi, par Astracan, à travers les plaines neigeuses, se retire ; ou comme quand le sophi de la Bactriane, fuyant devant les cornes du croissant turc, laisse tout dévasté au-delà du royaume d'Aladule, dans sa retraite vers Tauris ou Casbin : ainsi ceux-ci (l'ost, dernièrement banni du ciel) laissèrent désertes plusieurs lieues de ténèbres, dans le plus reculé de l'enfer, et se concentrèrent en garde vigilante autour de leur métropole : ils attendaient d'heure en heure le grand aventurier revenant de la recherche des mondes étrangers.

Il passa au milieu de la foule, sans être remarqué, sous la figure d'un ange militant plébéien, du dernier ordre ; de la porte de la salle Plutonnienne il monta invisible sur son trône élevé, lequel sous la pompe du plus riche tissu déployé, était placé au haut bout de la salle, dans une royale magnificence. Il demeura assis quelque temps, et autour de lui il vit sans être vu : enfin, comme d'un nuage, sa tête radieuse et sa forme d'étoile étincelante apparurent ; ou plus brillant encore, il était revêtu d'une gloire de permission ou de fausse splendeur, qui lui avait été laissée depuis sa chute. Tout étonnée à ce soudain éclat, la troupe stygienne y porte ses regards, et reconnaît celui qu'elle désirait ; son puissant chef revenu. Bruyante fut l'acclamation ; en hâte se précipitèrent les pairs qui délibéraient : levés de leur sombre divan, ils s'approchèrent de Satan dans une égale joie, pour le féliciter. Lui avec la main obtient le silence et l'attention par ces paroles :

« Trônes, Dominations, Principautés, Vertus, Puissances, car
« je vous appelle ainsi, et je vous déclare tels à présent, non-
« seulement de droit, mais par possession. Après un succès
« au-delà de toute espérance, je suis revenu pour vous conduire
« triomphants hors de ce gouffre infernal, abominable, maudit ;
« maison de misère, donjon de notre tyran ? Possédez mainte-
« nant comme seigneurs un monde spacieux, peu inférieur à
« notre ciel natal, et que je vous ai acquis avec de grands périls,
« par mon entreprise ardue.

« Long serait à vous raconter ce que j'ai fait, ce que j'ai souf-
« fert, avec quelle peine j'ai voyagé dans la vaste profondeur de
« l'horrible confusion, sans bornes, sans réalité, sur laquelle le
« Péché et la Mort viennent de paver une large voie pour faci-
« liter votre glorieuse marche ; mais moi, je me suis laborieuse-
« ment ouvert un passage non frayé, forcé de monter l'indomp-
« table abîme, de me plonger dans les entrailles de la Nuit sans
« origine et du farouche Chaos, qui, jaloux de leurs secrets,
« s'opposèrent violemment à mon étrange voyage par une fu-
« rieuse clameur protestant devant le destin suprême.

« Je ne vous dirai point comment j'ai trouvé ce monde nou-
« vellement créé que la renommée depuis longtemps avait
« annoncé dans le ciel ; merveilleux édifice d'une perfection
« achevée, où l'homme, par notre exil, placé dans un paradis,

« fut fait heureux. J'ai éloigné l'homme, par ruse, de son Créa-
« teur; je l'ai séduit et pour accroître votre surprise, avec une
« pomme! De cela le Créateur offensé (pouvez-vous n'en point
« rire?) a donné l'homme son bien-aimé, et tout le monde en
« proie au Péché et à la Mort, et par conséquent à nous qui l'a-
« vons gagné sans risque, sans travail ou alarmes, pour le par-
« courir, l'habiter, et dominer sur l'homme, comme sur tout ce
« qu'il aurait dominé.

« Il est vrai que Dieu m'a aussi jugé; ou plutôt il ne m'a pas
« jugé, mais le brute serpent, sous la forme duquel j'ai séduit
« l'homme. Ce qui m'appartient dans ce jugement est l'inimitié
« qu'il établira entre moi et le genre humain : je lui mordrai le
« talon, et sa race, on ne dit pas quand, me meurtrira la tête.
« Qui n'achèterait un monde au prix d'une meurtrissure, ou
« pour une peine beaucoup plus grande? Voilà le récit de mon
« ouvrage. Que vous reste-t-il à faire, à vous dieux? à vous
« lever, et à entrer à présent en pleine béatitude. »

Ayant parlé de la sorte, il s'arrête un moment, attendant
leur universelle acclamation et leur haut applaudissement pour
remplir son oreille, quand au contraire il entend de tous côtés
un sinistre et universel sifflement de langues innombrables,
bruit du mépris public. Il s'étonne, mais il n'en eut pas longtemps le loisir, car à présent il s'étonne plus de lui-même. Il
sent son visage détiré s'effiler et s'amaigrir; ses bras se collent
à ses côtés, ses jambes s'entortillent l'une dans l'autre, jusqu'à
ce que, privé de ses pieds, il tombe serpent monstrueux sur son
ventre rampant; il résiste, mais en vain; un plus grand pouvoir
le domine, puni selon son arrêt, sous la figure dans laquelle il
avait péché. Il veut parler, mais avec une langue fourchue à des
langues fourchues il rend sifflement pour sifflement : car tous
les démons étaient pareillement transformés, tous serpents,
comme complices de sa débauche audacieuse. Terrible fut le
bruit du sifflement dans la salle remplie d'une épaisse fourmilière de monstres compliqués de têtes et de queues; scorpion,
aspic, amphisbène cruelle, céraste armé de cornes, hydre, élope

sinistre, et dipsade : non, jamais un tel essaim de reptiles ne couvrit ou la terre arrosée du sang de la Gorgone, ou l'île d'Ophiuse.

Mais encore le plus grand au milieu de tous, Satan était devenu dragon, surpassant en grosseur l'énorme Python, que le soleil engendra du limon dans la vallée pythienne : il n'en paraissait pas moins encore conserver sa puissance sur le reste. Ils le suivirent tous, quand il sortit pour gagner la campagne ouverte : là ceux qui restaient des bandes rebelles tombées du ciel, étaient stationnés, ou en ordre de bataille, ravis dans l'attente de voir s'avancer en triomphe leur prince glorieux : mais ils virent un tout autre spectacle, une multitude de laids serpents! L'horreur les saisit, et en même temps une horrible sympathie; ce qu'ils voyaient ils le devinrent, subitement transformés : tombent leurs bras, tombent leurs lances et leurs boucliers, et tombent eux-mêmes aussi vite : et ils renouvellent l'affreux sifflement, et ils prennent la forme affreuse qu'ils gagnent par contagion, égaux dans la punition comme dans le crime. Aussi l'applaudissement qu'ils préparaient fut changé en une explosion de sifflements; triomphe de la honte qui de leurs propres bouches, rejaillissait sur eux-mêmes.

Près de là était un bois élevé tout à coup au moment même de leur métamorphose, par la volonté de celui qui règne là-haut; pour aggraver leur peine, il était chargé d'un beau fruit, semblable à celui qui croissait dans Éden, amorce d'Ève employée par le tentateur. Sur cet objet étrange les démons fixèrent leurs yeux ardents, s'imaginant qu'au lieu d'un arbre défendu il en était sorti une multitude, afin de les engager plus avant dans la honte ou au malheur. Cependant dévorés d'une soif ardente et d'une faim cruelle, qui ne leur furent envoyées que pour les tromper, ils ne peuvent s'abstenir, ils roulent en monceaux, grimpent aux arbres, attachés là plus épais que les nœuds de serpents qui formaient des boucles sur la tête de Mégère. Ils arrachent avidement le fruitage beau à la vue, semblable à celui qui croît près de ce lac de bitume où Sodome brûla. Le fruit infernal, plus décevant encore, trompe le goût, non le toucher. Les mauvais esprits, espérant follement apaiser leur faim, au lieu de fruit, mâchent d'amères cendres que leur goût offensé rejette avec éclaboussure et bruit. Contraints par la faim et la soif, ils essayent d'y revenir ; autant de fois empoisonnés, un abominable dégoût tord leurs mâchoires, remplies de suie et de cendres. Ils tombèrent souvent dans la même illusion, non comme l'homme dont ils triomphèrent, qui n'y tomba qu'une fois. Ainsi ils étaient tourmentés, épuisés de faim et d'un long et continuel sifflement, jusqu'à ce que par permission ils reprissent leur forme perdue. On dit qu'il fut ordonné que chaque année ils subiraient, pendant un certain nombre de jours, cette annuelle humiliation, pour briser leur orgueil et leur joie d'avoir séduit l'homme. Toutefois ils répandirent dans le monde païen quelque tradition de leur conquête ; ils racontèrent, dans des fables, comment le serpent qu'ils appelèrent Ophion, avec Eurynome, qui peut-être dans des temps éloignés usurpa le nom d'Ève, régna le premier sur le haut Olympe d'où il fut chassé par Saturne et par Ops, avant même que Jupiter Dictéen fût né.

Cependant le couple infernal arriva trop tôt dans le paradis : le Péché y avait été d'abord potentiel, ensuite actuel, maintenant il y entrait corporel pour y demeurer continuel habitant. Derrière lui la Mort le suivait de près pas à pas, non encore montée sur son cheval pâle. Le péché lui dit :

« Second rejeton de Satan, Mort, qui dois tout conquérir, que
« penses-tu de notre empire nouveau, quoique nous l'ayons ga-
« gné par un travail difficile ? Ne vaut-il pas beaucoup mieux
« être ici que de veiller encore assis au seuil du noir enfer, sans
« noms, sans être redoutés, et toi-même à demi morte de faim ? »

Le monstre né du Péché lui répondit aussitôt :

« Quant à moi qui languis d'une éternelle faim, enfer, terre
« ou ciel, tout m'est égal : je suis le mieux là où je trouve le
« plus de proie ; laquelle quoique abondante ici, semble en tout
« petite pour bourrer cet estomac, ce vaste corps que ne réserre
« point la peau. »

La mère incestueuse répliqua :

« Nourris-toi donc d'abord de ces herbes, de ces fruits, de ces
« fleurs, ensuite de chaque bête, et poisson, et oiseau, bouchées
« friandes ; dévore sans les épargner toutes les choses que la faux
« du temps moissonne, jusqu'au jour où, après avoir résidé dans
« l'homme et dans sa race, après avoir infecté ses pensées, ses
« regards, ses paroles, ses actions, je l'aie assaisonné pour ta
« dernière et ta plus douce proie. »

Cela dit, les monstres prirent l'un et l'autre des routes différentes, l'un et l'autre afin de détruire ou de désimmortaliser les créatures, de les mûrir pour la destruction plus tôt ou plus tard ; ce que le Tout-Puissant voyant du haut de son trône sublime au milieu des saints, à ces ordres brillants il fit entendre ainsi sa voix :

« Voyez avec quelle ardeur ces dogues de l'enfer s'avancent
« pour désoler et ravager ce monde, que j'avais créé si bon et si
« beau, et que j'aurais encore maintenu tel, si la folie de l'homme
« n'y eût laissé entrer ces furies dévastatrices qui m'imputent
« cette folie : ainsi font le prince de l'enfer et ses adhérents,
« parce que je souffre avec tant de facilité qu'ils prennent et
« possèdent une demeure aussi céleste, que je semble conniver
« à la satisfaction de mes insolents ennemis qui rient, comme si
« transporté d'un accès de colère, je leur avais tout abandonné,
« j'avais tout livré à l'aventure, à leur désordre ; ils ignorent que
« j'ai appelé et attiré ici eux, mes chiens infernaux, pour lécher
« la saleté et l'immondice, dont le péché souillant de l'homme
« a répandu la tache sur ce qui était pur ; jusqu'à ce que rassa-
« siés, gorgés, prêts à crever de la desserte sucée et avalée par
« eux, d'un seul coup de fronde de ton bras vainqueur, ô Fils
« bien aimé, le Péché, la Mort et le tombeau béant soient enfin
« précipités à travers le chaos, la bouche de l'enfer étant à jamais
« fermée, et scellées ses mâchoires voraces. Alors la terre et le
« ciel renouvelés seront purifiés, pour sanctifier ce qui ne rece-
« vra plus de tache. Jusqu'à ce moment la malédiction pronon-
« cée contre les deux coupables précédera. »

Il finit, et le céleste auditoire entonna des *alleluia* semblables au bruit des mers; la multitude chanta :

« Justes sont tes voies, équitables tes décrets sur toutes tes « œuvres ! Qui pourrait t'affaiblir ? »

Ensuite ils chantèrent le Fils, destiné rédempteur de l'humaine race, par qui un nouveau ciel, une nouvelle terre, s'élèveront dans les âges ou descendront du ciel.

Tel fut leur chant.

Cependant le Créateur appelant par leurs noms ses anges puissants, les chargea de diverses commissions qui convenaient le mieux à l'état présent des choses. Le soleil reçut le premier l'ordre de se mouvoir de sorte, de briller de manière à affecter la terre d'un froid et d'une chaleur à peine supportables, d'appeler du nord l'hiver décrépit et d'amener du midi l'ardeur du solstice d'été. Les anges prescrivirent à la blanche lune ses fonctions, et aux cinq autres planètes leurs mouvements et leurs aspects en sextile, quadrat, trine et opposite d'une efficacité nuisible; ils leur enseignèrent quand elles devaient se réunir dans une conjonction défavorable, et ils enseignèrent aux étoiles fixes comment verser leur influence maligne; quelles seraient celles d'entre elles qui, se levant ou se couchant avec le soleil, deviendraient orageuses. Aux vents ils assignèrent leurs quartiers, et quand avec fracas ils devaient troubler la mer, l'air et le rivage. Au tonnerre ils apprirent à rouler avec terreur dans les salles ténébreuses de l'air.

Les uns disent que le Tout-Puissant commanda à ses anges d'incliner les pôles de la terre deux fois dix degrés et plus sur l'axe du soleil; avec effort ils poussèrent obliquement ce globe central : les autres prétendent qu'il fut ordonné au soleil de tourner ses rênes dans une largeur également distante de la ligne équinoxiale, entre le Taureau et les sept Sœurs atlantiques, et les Jumeaux de Sparte, en s'élevant au tropique du Cancer; de là en descendant au Capricorne par le Lion, la Vierge et la Balance, afin d'apporter à chaque climat la vicissitude des saisonr. Sans cela le printemps perpétuel, avec de vernales fleurs, aurait souri à la terre égal en jours et en nuits, excepté pour les habitants au-delà des cercles polaires : pour ceux-ci le jour eût brillé sans nuit, tandis que le soleil abaissé, en compensation de sa distance, eût tourné à leur vue autour de l'horizon, et ils n'auraient connu ni orient ni occident ; ce qui au nord eût écarté la neige de l'Estotiland glacé, et au sud, des terres magellaniques.

A l'heure où le fruit fut goûté, le soleil, comme du banquet de Thyeste, détourna sa route proposée. Autrement, comment le monde habité, quoique sans péché, aurait-il pu éviter, plus qu'aujourd'hui, le froid cuisant et la chaleur ardente ? Ces changements dans les cieux, bien que lents, en produisirent de pareils dans la mer et sur la terre : tempête sidérale, vapeur, et brouillard, et exhalaison brûlante, corrompue et pestilentielle.

Maintenant du septentrion de Norumbeca et des rivages des Samoïèdes, forçant leur prison d'airain, armés de glace, et de neige, et de grêle, et d'orageuses rafales et de tourbillons, Borée et Cœcias, et le bruyant Argeste et Thracias, déchirent les bois et les mers bouleversées ; elles le sont encore par les souffles contraires du midi, de Notus et d'Afer noircis des nuées tonnantes de Serraliona. Au travers de ceux-ci, avec non moins de furie, se précipitent les vents du levant et du couchant, Eurus et Zéphire et leurs collatéraux bruyants, Siroc et Libecchio. Ainsi la violence commença dans les choses sans vie : mais la Discorde, première fille du Péché, introduisit la Mort parmi les choses irrationnelles, au moyen de la furieuse antipathie : la bête alors fit la guerre à la bête, l'oiseau à l'oiseau, le poisson au poisson : cessant de paître l'herbe, tous les animaux vivants se dévorèrent les uns les autres et n'eurent plus de l'homme une crainte mêlée de respect, mais ils le fuirent, ou dans une contenance farouche ils le regardèrent quand il passait.

Telles étaient au dehors les croissantes misères qu'Adam entrevit déjà en partie, bien que caché dans l'ombre la plus ténébreuse et au chagrin abandonné. Mais en dedans de lui il sentit un plus grand mal; balloté dans une orageuse mer de passions, il cherche à soulager son cœur par ces tristes plaintes :

« Oh ! quelle misère après quelle félicité ! Est-ce donc la fin
« de ce monde glorieux et nouveau ? et moi, si récemment la
« gloire de cette gloire, suis-je devenu à présent maudit, de béni
« que j'étais ? Cachez-moi de la face de Dieu, dont la vue était
« alors le comble du bonheur ! Encore si c'était là que devait
« s'arrêter l'infortune : je l'ai méritée et je supporterais mes
« propres démérites ; mais ceci ne servirait à rien. Tout ce que
« je mange, ou bois, tout ce que j'engendrerai est une malé-
« diction propagée. O parole ouïe jadis avec délices : *Croissez*
« *et multipliez!* aujourd'hui mortelles à entendre ! Car que
« puis-je faire croître et multiplier, si ce n'est des malédictions
« sur ma tête ? Qui, dans les âges à venir, sentant les maux par
« moi répandus sur lui, ne maudira pas ma tête ? — Périsse
« notre impur ancêtre ! ainsi nous te remercions, Adam ! — Et
« ces remerciemens seront une exécration !

« Ainsi outre la malédicton qui habite en moi, toutes celles
« venues de moi me reviendront par un violent reflux ; elles se
« réuniront en moi comme dans leur centre naturel, et avec
« quelle pesanteur, quoique à leur place ! O joies fugitives du
« paradis, chèrement achetées par des malheurs durables ! T'a-
« vais-je requis dans mon argile, ô Créateur, de me mouler en
« homme ? T'ai-je sollicité de me tirer des ténèbres, ou de me
« placer ici dans ce délicieux jardin ? Comme ma volonée n'a
« pas concouru à mon être, il serait juste et équitable de me
« réduire à ma poussière, moi désireux de me résigner, de rendre
« ce que j'ai reçu, incapable que je suis d'accomplir tes condi-
« tions trop dures, desquelles je devais tenir un bien que je
« n'avais pas cherché. A la perte de ce bien, peine suffisante,
« pourquoi as-tu ajouté le sentiment d'un malheur sans fin ?
« Inexplicable paraît ta justice.....

« Mais pour dire la vérité, trop tard je conteste ainsi ; car
« j'aurais dû refuser les conditions, quelconques, quand elles
« me furent proposées. Tu les as acceptées. Adam ; jouiras-tu du

« bien, et pointilleras-tu sur les conditions? Dieu t'a fait sans ta
« permission : quoi! si ton fils devient désobéissant, et si, re-
« primandé par toi, il te répond : — Pourquoi m'as-tu engen-
« dré? je ne te le demandais pas. — Admettrais-tu, en mépris
« de toi, cette orgueilleuse excuse? Cependant ton élection ne
« l'aurait pas engendré, mais la nécessité de la nature. Dieu t'a
« fait de son propre choix, et de son propre choix pour le ser-
« vir : ta récompense était de sa grâce; ton châtiment est donc
« justement de sa volonté. Qu'il en soit ainsi; car je me sou-
« mets; son arrêt est équitable : poussière que je suis, et je re-
« tournerai en poussière.

« O heure bienvenue, en quelque temps qu'elle vienne!
« Pourquoi la main du Tout-Puissant tarde-t-elle à exécuter ce
« que son décret fixa pour ce jour? Pourquoi faut-il que je
« survive? Pourquoi la mort se rit-elle de moi, et pourquoi suis-
« je prolongé pour un tourment immortel? Avec quel plaisir
« je subirais la mortalité, ma sentence, et serais une terre insen-
« sible! avec quelle joie je me coucherais comme dans le sein
« de ma mère! Là je reposerais et dormirais en sûreté. La terri-
« ble voix de Dieu ne tonnerait plus à mon oreille; la crainte
« d'un mal pire pour moi et pour ma postérité ne me tourmen-
« terait plus par une cruelle attente.....

« Cependant un doute me poursuit encore : s'il m'était im-
« possible de mourir; si le pur souffle de la vie, l'esprit de
« l'homme que Dieu lui inspira, ne pouvait périr avec cette
« corporelle argile? Alors dans le tombeau, ou dans quelque
« autre funeste lieu, qui sais si je ne mourrais pas d'une mort
« vivante? O pensée horrible, si elle est vraie! Mais pourquoi
« le serait-elle? Ce n'est que le souffle de la vie qui a péché;
« qui peut mourir si ce n'est ce qui eut vie et péché? le corps
« n'a proprement eu part ni à la vie ni au péché : tout mourra
« donc de moi : que ceci apaise mes doutes, puisque la portée
« humaine ne peut savoir rien au delà.

« Et parce que le Seigneur de tout est infini, sa colère le
« serait-elle aussi? Soit! l'homme ne l'est pas, mais il est destiné

« à la mort. Comment le Très-Haut exercerait-il une colère
« sans fin sur l'homme que la mort doit finir ? peut-il faire la
« mort immortelle ? ce serait tomber dans une contradiction
« étrange, tenue pour impossible à Dieu, comme arguant de
« faiblesse, non de puissance. Par amour de sa colère, étendrait-
« il le fini jusqu'à l'infini dans l'homme puni, pour satisfaire sa
« rigueur jamais satisfaite ? Ce serait prolonger son arrêt au
« delà de la poussière et de loi de nature, par laquelle toutes
« les causes agissent selon la capacité des êtres sur lesquels agit
« leur matière, non selon l'étendue de leur propre sphère.

« Mais penser que la mort n'est pas, comme je l'ai supposé,
« un coup qui nous prive du sentiment, mais qu'elle est, à comp-
« ter de ce jour, une misère interminable que je commence à
« sentir à la fois en moi et hors de moi, et ainsi à perpétuité...
« Hélas ! cette crainte redevient foudroyante, comme une révo-
« lution terrible sur ma tête sans défense.

« La mort et moi nous sommes éternels et incorporés ensem-
« ble, Je n'ai pas ma part seul : en moi toute la postérité est
« maudite ; beau patrimoine que je vous lègue, mes fils ! Oh !
« que ne le puis-je consumer tout entier et ne vous en laisser
« rien ! Ainsi déshérités, combien vous me bénirez, moi aujour-
« d'hui votre maudit ! Ah ! pour la faute d'un seul homme, la
« race humaine innocente serait-elle condamnée, si toutefois
« elle est innocente ? Car, que peut-il sortir de moi qui ne soit
« corrompu, d'un esprit et d'une volonté dépravés, qui ne soit
« non-seulement prêt à faire, mais à vouloir faire la même
« chose que moi ? Comment pourraient-ils donc demeurer ac-
« quittés en présence de Dieu ?

« Lui, après tous ces débats, je suis forcé de l'absoudre.
« Toutes mes vaines évasions, tous mes raisonnements, à tra-
« vers leurs labyrinthes me ramènent à ma propre convic-
« tion. En premier et en dernier lieu, sur moi, sur moi seul
« comme la source et l'origine de toute corruption, tout le blâme
« dûment retombé : puisse aussi sur moi retomber toute la
« colère ! Désir insensé ! pourrais-tu soutenir ce fardeau plus

« pesant que la terre à porter, beaucoup plus pesant que l'u-
« nivers, bien que partagé entre moi et cette mauvaise femme!
« Ainsi ce que tu désires et ce que tu crains détruit pareillement
« toute espérance de refuge, et te déclare misérable au dela de
« tout exemple passé, et futur, semblable seulement à Satan en
« crime et en destinée. O conscience! dans quel gouffre de
« craintes et d'horreurs m'as-tu poussé? Pour en sortir je ne
« trouve aucun chemin, plongé d'un abîme dans un plus pro-
« fond abîme. »

Ainsi à haute voix se lamentait Adam dans la nuit calme, nuit qui n'était plus (comme avant que l'homme tombât) saine, fraîche et douce; mais accompagnée d'un air sombre avec d'humides et redoutables ténèbres, qui à la mauvise conscience de notre premier père présentaient toutes les choses avec une double terreur. Il était étendu sur la terre, sur la froide terre; et il maudissait souvent sa création; aussi souvent il accusait la mort d'une tardive exécution, puisqu'elle avait été dénoncée le jour même de l'offense.

« Pourquoi la mort, disait-il, ne vient-elle pas m'achever d'un
« coup trois fois heureux? La vérité manquera-t-elle de tenir sa
« parole? la justice divine ne se hâtera-t-elle pas d'être juste?
« Mais la mort ne vient point à l'appel; la justice divine ne
« presse point son pas le plus lent pour des prières ou des cris.
« Bois, fontaines, collines, vallées, bocages, par un autre écho
« naguère j'instruisais vos ombrages à me répondre, à retentir
« au loin d'un autre chant! ».

Lorsque la triste Ève, de l'endroit où elle était assise désolée, vit l'affliction d'Adam, s'approchant de près, elle essaya de douces paroles contre sa violente douleur. Mais il la repoussa d'un regard sévère.

« Loin de ma vue, toi serpent!... ce nom te convient le mieux
« à toi liguée avec lui, toi-même aussi fausse et aussi haïssable.
« Il ne te manque rien que d'avoir une figure semblable à la
« sienne et la couleur du serpent, pour annoncer ta fourberie
« intérieure, afin de mettre à l'avenir toutes les créatures en

« garde contre toi, de crainte que cette trop céleste forme,
« couvrant une fausseté infernale, ne les prenne au piége. Sans
« toi j'aurais continué d'être heureux, n'eussent ton orgueil et ta
« vanité vagabonde, quand tu étais le moins en sûreté, rejeté
« mon avertissement et ne se fussent irrités qu'on ne se confiât
« pas en eux. Tu brûlais d'être vue du démon lui-même que,
« présomptueuse, tu croyais duper; mais t'étant rencontrée avec
« le serpent, tu as été jouée et trompée, toi par lui, moi par toi
« pour m'être confié à toi sortie de mon côté. Je te crus sage,
« constante, d'un esprit mûr, à l'épreuve de tous les assauts, et
« je ne compris pas que tout était chez toi apparence plutôt que
« solide vertu, que tu n'étais qu'une côte recourbée de sa na-
« ture, plus inclinée (comme à présent je le vois) vers la partie
« gauche d'où elle fut tirée de moi. Bien si elle eût été jetée de-
« hors, comme trouvée surnuméraire dans mon juste nombre.

« Oh! pourquoi Dieu, créateur sage, qui peupla les plus hauts
« cieux d'esprits mâles, créa-t-il à la fin cette nouveauté sur la
« terre, ce beau défaut de la nature? Pourquoi n'a-t-il pas tout
« d'un coup rempli le monde d'hommes comme il a rempli le
« ciel d'anges, sans femmes? Pourquoi n'a-t-il pas trouvé une
« autre voie de perpétuer l'espèce humaine? Ce malheur ni tous
« ceux qui suivront ne seraient pas arrivés; troubles innom-
« brables causés sur la terre par les artifices des femmes et par
« l'étroit commerce avec ce sexe. Car ou l'homme ne trouvera
« jamais la compagne qui lui convient, mais il l'aura telle que la
« lui amènera quelque infortune ou quelque méprise; ou celle
« qui désirera le plus, il l'obtiendra rarement de sa perversité,
« mais il la verra obtenue par un autre moins méritant que lui;
« ou si elle l'aime, elle sera retenue par ses parents; ou le choix
« le plus heureux se présentera trop tard à lui déjà engagé, et
« enchaîné par les liens du mariage à une cruelle ennemie, sa
« haine ou sa honte. De là une calamité infinie se répandra sur
« la vie humaine et troublera la paix du foyer. »

Adam n'ajouta plus rien, et se détourna d'Ève. Mais Ève non
rebutée, avec des larmes qui ne cessaient de couler et les che-

cheveux tout en désordre, tomba humble à ses pieds, et les embrassant, elle implora sa paix et fit entendre sa plainte :

« Ne m'abandonne pas ainsi, Adam ; le ciel est témoin de
« l'amour sincère et du respect que je te porte dans mon cœur.
« Je t'ai offensé sans intention, malheureusement trompée ! Ta
« suppliante, je mendie la miséricorde et j'embrasse tes genoux.
« Ne me prive pas de ce dont je vis, de tes doux regards, de ton
« conseil, qui dans cette extrême détresse sont ma seule force
« et mon seul appui. Délaissée de toi, où me retirer? où sub-
« sister? tandis que nous vivons encore (à peine une heure
« rapide peut-être), que la paix soit entre nous ! Unis dans
« l'offense, unissons-nous dans l'inimité contre l'ennemi qui
« nous a été expressément désigné par arrêt, ce cruel serpent.
« Sur moi n'exerce pas ta haine pour ce malheur arrivé, sur moi
« déjà perdue, moi plus misérable que toi. Nous avons péché
« tous les deux; mais toi contre Dieu seulement, moi contre
« Dieu et toi. Je retournerai au lieu même du jugement; là par
« mes cris j'importunerai le ciel, afin que la sentence écartée de
« ta tête, tombe sur moi, l'unique cause pour toi de toute cette
« misère ! moi seule, juste objet de la colère de Dieu ! »

Elle finit en pleurant, et son humble posture, dans laquelle elle demeura immobile jusqu'à ce qu'elle eût obtenu la paix pour sa faute reconnue et déplorée, excita la commisération dans Adam. Bientôt son cœur s'attendrit pour elle naguère sa vie et son seul délice, maintenant soumise à ses pieds dans la détresse; créature si belle, cherchant la réconciliation, le conseil et le secours de celui à qui elle avait déplu. Tel qu'un homme désarmé, Adam perd toute sa colère; il relève son épouse, et bientôt avec ces paroles pacifiques :

« Imprudente, trop désireuse (à présent comme auparavant)
« de ce que tu ne connais pas, tu souhaites que le châtiment
« entier tombe sur toi ! hélas ! souffre d'abord ta propre peine,
« incapable tu serais de supporter la colère entière de Dieu,
« dont tu ne sens encore que la moindre partie, toi qui sup-
« portes si mal mon déplaisir ! Si les prières pouvaient changer

« les décrets du Très-Haut, je me hâterais de me rendre, avant
« toi, à cette place de notre jugement, je me ferais entendre avec
« plus de force afin que ma tête fût seule visitée de Dieu, qu'il
« pardonnât ta fragilité, ton sexe plus infirme à moi confié, par
« moi exposé.

« Mais lève-toi ; ne disputons plus, ne nous blâmons plus
« mutuellement, nous assez blâmés ailleurs ! Efforçons-nous
« par les soins de l'amour d'alléger l'un pour l'autre, en le par-
« tageant, le poids du malheur, puisque ce jour de la mort dé-
« noncée (comme je l'entrevois), n'arrivera pas soudain ; mais
« il viendra comme un mal au pas tardif, comme un jour qui
« meurt longuement afin d'augmenter notre misère ; misère
« transmise à notre race : ô race infortunée ! »

Ève, reprenant cœur, répliqua :

« Adam, je sais par une triste expérience le peu de poids que
« peuvent avoir auprès de toi mes paroles trouvées si pleines
« d'erreur, et de là, par un juste événement, trouvées si fatales ;
« néanmoins, tout indigne que je suis, puisque tu m'accueilles
« de nouveau et me rends ma place, pleine d'espoir de rega-
« gner ton amour (seul contentement de mon cœur, soit que je
« meure ou que je vive), je ne te cacherai pas les pensées qui
« se sont élevées dans mon sein inquiet : elles tendent à sou-
« lager nos maux ou à les finir : quoiqu'elles soient poignantes
« et tristes, toutefois elles sont tolérables, comparées à nos
« souffrances, et d'un choix plus aisé.

« Si l'inquiétude touchant notre postérité est ce qui nous
« tourmente le plus ; si cette postérité doit être née pour un mal-
« heur certain, et finalement dévorée par la mort ; il serait mi-
« sérable d'être la cause de la misère des autres, de nos propres
« fils ; misérable de faire descendre de nos reins dans ce monde
« maudit une race infortunée, laquelle, après une déplorable
« vie, doit être la pâture d'un monstre si impur : il est en ton
« pouvoir, du moins avant la conception, de supprimer la race
« non bénie n'étant pas encore engendrée. Sans enfants tu es,
« sans enfants tu demeures : ainsi la Mort sera déçue dans son

« insatiabilité, et ses voraces entrailles seront obligées de se con-
« tenter de nous deux.

« Mais si tu penses qu'il est dur et difficile en conversant, en
« regardant, en aimant, de s'abstenir des devoirs de l'amour et
« du doux embrassement nuptial, de languir de désir sans espé-
« rance, en présence de l'objet languissant du même désir (ce
« qui ne serait pas une misère et un tourment moindre qu'au-
« cun de ceux que nous appréhendons) ; alors afin de nous dé-
« livrer à la fois nous et notre race de ce que nous craignons
« pour tous les deux, coupons court. — Cherchons la mort, ou
« si nous ne la trouvons pas, que nos mains fassent sur nous-
« mêmes son office. Pourquoi restons-nous plus longtemps fris-
« sonnant de ces craintes qui ne présentent d'autre terme que la
« mort, quand il est en notre pouvoir (des divers chemins pour
« mourir choisissant le plus court) de détruire la destruction
« par la destruction?..... »

Elle finit là son discours, ou un véhément désespoir en brisa
le reste Ses pensées l'avaient tellement nourrie de mort, qu'elles
teignirent ses joues de pâleur. Mais Adam, qui ne se laissa dominer en rien par un tel conseil, s'était élevé en travaillant son
esprit plus attentif, à de meilleures espérances. Il répondit :

« Ève, ton mépris de la vie et du plaisir semble prouver en
« toi quelque chose de plus sublime et de plus excellent que ce
« que ton âme dédaigne ; mais la destruction de soi-même, par
« cela qu'elle est recherchée, détruit l'idée de cette excellence
« supposée en toi, et implique non ton mépris, mais ton an-
« goisse, et ton regret de la perte de la vie, ou du plaisir trop
« aimé. Ou si tu convoites la mort comme la dernière fin de la
« misère, t'imaginant éviter par là la punition prononcée, ne
« doute pas que Dieu n'ait trop sagement armé son ire venge-
« resse, pour qu'il puisse être ainsi surpris. Je craindrais beau-
« coup plus qu'une mort ainsi ravie ne nous exemptât pas de
« la peine que notre arrêt nous condamne à payer, et que de
« tels actes de contumace ne provoquassent plutôt le Très-Haut
« à faire vivre la mort en nous. Cherchons donc une résolution

« plus salutaire, que je crois apercevoir, lorsque je rappelle avec
« attention à mon esprit cette partie de notre sentence : — *Ta
« race écrasera la tête du serpent.* — Réparation pitoyable, si
« cela ne devait s'entendre, comme je le conjecture, de notre
« grand ennemi, Satan, qui dans le serpent a pratiqué contre
« nous cette fraude. Ecraser sa tête serait vengeance, en vérité,
« laquelle vengeance sera perdue par la mort et amenée sur
« nous-mêmes, ou par des jours écoulés sans enfants, comme
« tu le proposes; ainsi notre ennemi échapperait à sa punition
« ordonnée, et nous, au contraire, nous doublerions la nôtre sur
« nos têtes.

« Qu'il ne soit donc plus question de violence contre nous-
« mêmes ni de stérilité volontaire qui nous séparerait de toute
« espérance, qui ne ferait sentir en nous que rancune et orgueil,
« qu'impatience et dépit, révolte contre Dieu et contre son juste
« joug, sur notre cou imposé. Rappelle-toi avec quelle douce et
« gracieuse bonté il nous écouta tous les deux, et nous jugea
« sans colère et sans reproche. Nous attendions une dissolution
« immédiate, que nous croyions ce jour-là exprimée par le
« mot mort; eh bien! à toi furent seulement prédites les dou-
« leurs de la grossesse et de l'enfantement, bientôt récompen-
« sées par la joie du fruit de tes entrailles : sur moi la malédic-
« tion ne faisant que m'effleurer a frappé la terre. Je dois gagner
« mon pain par le travail : quel mal à cela? L'oisiveté eût été
« pire; mon travail me nourrira. Dans la crainte que le froid
« ou la chaleur ne nous blessât, sa sollicitude, sans être implo-
« rée, nous a pourvus à temps; ses mains nous ont vêtus, nous,
« indignes, ayant pitié de nous quand il nous jugeait! Oh! com-
« bien davantage, si nous le prions, son oreille s'ouvrira et son
« cœur inclinera à la pitié! Il nous enseignera de plus les
« moyens d'éviter l'inclémence des saisons, la pluie, la glace, la
« grêle, la neige, que le ciel à présent, avec une face variée,
« commence à nous montrer sur cette montagne, tandis que les
« vents soufflent perçants et humides, endommageant la gra-
« cieuse chevelure de ces beaux arbres qui étendent leurs ra-

« meaux. Ceci nous ordonne de chercher quelque meilleur
« abri, quelque chaleur meilleure pour ranimer nos membres
« engourdis, avant que cet astre du jour laisse le froid à la nuit ;
« cherchons comment nous pouvons, avec ses rayons recueillis
« et réfléchis, animer une matière sèche, ou comment, par la
« collision de deux corps rapidement tournés, le frottement peut
« enflammer l'air : ainsi tout à l'heure les nuages se heurtant,
« ou poussés par les vents, rudes dans leur choc, ont fait partir
« l'éclair oblique dont la flamme, descendue en serpentant, a
« embrasé l'écorce résineuse du pin et du sapin et répandu au
« loin une agréable chaleur qui peut suppléer le soleil. User de
« ce feu, et de ce qui d'ailleurs peut soulager ou guérir les maux
« que nos fautes ont pronduits, c'est ce dont nous instruira notre
« Juge, en le priant et en implorant sa merci : nous n'avons
« donc pas à craindre de passer incommodément cette vie, sou-
« tenus de lui par divers comforts, jusqu'à ce que nous finis-
« sions dans la poussière, notre dernier repos et notre demeure
« natale.

« Que pouvons-nous faire de mieux que de retourner au lieu
« où il nous a jugés, de tomber prosternés révérencieusement
« devant lui, là de confesser humblement nos fautes, d'implorer
« notre pardon, baignant la terre de larmes, remplissant l'air de
« nos soupirs poussés par des cœurs contrits, en signe d'une
« douleur sincère et d'une humiliation profonde ? Sans doute il
« s'apaisera, et reviendra de son déplaisir. Dans ses regards
« sereins lorsqu'il semblait être le plus irrité et le plus sévère, y
« brillait-il autre chose que faveur, grâce, et merci ? »

Ainsi parla notre père pénitent; Ève ne sentit pas moins de
remords : ils allèrent aussitôt à la place où Dieu les avait jugés ;
ils tombèrent prosternés révérencieusement devant lui, et tous
deux confessèrent humblement leur faute, et implorèrent leur
pardon, baignant la terre de larmes, remplissant l'air de leurs
soupirs poussés par des cœurs contrits, en signe d'une douleur
sincère et d'une humiliation profonde.

LIVRE ONZIÈME

ARGUMENT

Le Fils de Dieu présente à son Père les prières de nos premiers parents maintenant repentants, et il intercède pour eux. Dieu les exauce, mais il déclare qu'ils ne peuvent habiter plus longtemps dans le paradis. Il envoie Michel avec une troupe de chérubins pour les en déposséder et pour révéler d'abord à Adam les choses futures. Descente de Michel. Adam montre à Ève certains signes funestes : il discerne l'approche de Michel, va à sa rencontre : l'ange leur annonce leur départ. Lamentations d'Ève. Adam s'excuse, mais se soumet : l'ange le conduit au sommet d'une haute colline, et lui découvre, dans une vision, ce qui arrivera jusqu'au déluge.

Ils priaient ; dans l'état le plus humble ils demeuraient repentants ; car du haut du trône de la miséricorde la grâce prévenante descendue, avait ôté la pierre de leurs cœurs, et fait croître à sa place une nouvelle chair régénérée qui exhalait à présent d'inexprimables soupirs ; inspirés par l'esprit de prière, ces soupirs étaient portés au ciel sur des ailes d'un vol plus rapide que la plus impétueuse éloquence. Toutefois le maintien d'Adam et d'Ève n'était pas celui de vils postulants : leur demande ne parut pas moins importante que l'était celle de cet ancien couple des fables antiques (moins anciens pourtant que celui-ci), de Deucalion et de la chaste Pyrrha, alors que pour rétablir la race humaine submergée, ils se tenaient religieusement devant le sanctuaire de Thémis.

Les prières d'Adam et d'Ève volèrent droit au ciel ; elles ne manquèrent pas le chemin, vagabondes ou dispersées par les vents envieux ; toutes spirituelles, elles passèrent la porte divine ;

alors revêtues, par leur grand Médiateur, de l'encens qui fumait sur l'autel d'or, elles arrivèrent jusqu'à la vue du Père, devant son trône. Le Fils, plein de joie et les présentant, commence ainsi à intercéder :

« Considère, ô mon Père, quels premiers fruits sur la terre « sont sortis de ta grâce implantée dans l'homme, ces soupirs « et ces prières, que, mêlés à l'encens dans cet encensoir d'or, « moi, ton prêtre, j'apporte devant toi : fruits provenus de la « semence jetée avec la contrition dans le cœur d'Adam, fruits « d'une saveur plus agréable que ceux (l'homme les cultivant « de ses propres mains) qu'auraient pu produire tous les arbres « du paradis, avant que l'homme fût déchu de l'innocence. In-« cline donc à présent l'oreille à sa supplication ; entends ses « soupirs quoique muets : ignorant des mots dans lesquels il « doit prier, laisse-moi les interpréter pour lui, moi son avocat, « sa victime de propitiation ; greffe sur moi toutes ses œuvres « bonnes ou non bonnes ; mes mérites perfectionneront les pre-« mières, et ma mort expiera les secondes. Accepte-moi, et par « moi reçois de ces infortunés une odeur de paix favorable à « l'espèce humaine. Que l'homme réconcilié vive au moins de-« vant toi ses jours comptés quoique tristes jusqu'à ce que la « mort, son arrêt (dont je demande l'adoucissement, non la « révocation) le rende à la meilleure vie où tout mon peuple « racheté habitera avec moi dans la joie et la béatitude, ne fai-« sant qu'un avec moi, comme je ne fais qu'un avec toi. »

Le Père, sans nuage, serein :

« Toutes tes demandes pour l'homme, Fils agréable, sont « obtenues, toutes tes demandes étaient mes décrets. Mais d'ha-« biter plus longtemps dans le paradis, la loi que j'ai donnée à « la nature le défend à l'homme. Ces purs et immortels élé-« ments, qui ne connaissent rien de matériel, aucun mélange « inharmonieux et souillé, le rejettent, maintenant infecté ; ils « veulent s'en purger comme d'une maladie grossière, le ren-« voyer à un air grossier, à une nourriture mortelle comme à « ce qui peut le mieux le disposer à la dissolution opérée par le

LIVRE XI.   245

« Péché, lequel altéra le premier toutes les choses, et d'incor-
« ruptibles les rendit corruptibles.

« Au commencement j'avais créé l'homme doué de deux
« beaux présents, de bonheur et d'immortalité : le premier il l'a
« follement perdu ; la seconde n'eût servi qu'à éterniser sa mi-
« sère ; alors je l'ai pourvu de la mort ; ainsi la mort est devenue
« son remède final. Après une vie éprouvée par une cruelle
« tribulation, épurée par la foi et par les œuvres de cette foi,
« éveillé à une seconde vie dans la rénovation du juste, la mort
« élèvera l'homme vers moi avec le ciel et la terre renouvelés.

« Mais appelons maintenant en congrégation tous les bénis,
« dans les vastes enceintes du ciel ; je ne veux pas leur cacher
« mes jugements ; qu'ils voient comment je procède avec l'espèce
« humaine, ainsi qu'ils ont vu dernièrement ma manière d'agir
« avec les anges pécheurs : mes saints, quoique stables dans leur
« état, en sont demeurés plus affermis. »

Il dit, et le Fils donna le grand signal au brillant ministre qui
veillait ; soudain il sonna de sa trompette (peut-être entendue
depuis sur Oreb quand Dieu descendit, et qui retentira peut-être
encore une fois au jugement dernier). Le souffle angélique
remplit toutes les régions : de leurs bosquets fortunés qu'om-
brageait l'amarante, du bord de la source, ou de la fontaine, du
bord des eaux de la vie, partout où ils se reposaient en société
de joie, les fils de la lumière se hâtèrent, se rendant à l'impé-
rieuse sommation ; et ils prirent leur place, jusqu'à ce que du
haut de son trône suprême, le Tout-Puissant annonça ainsi sa
souveraine volonté.

« Enfants, l'homme est devenu comme l'un de nous ; il con-
« naît le bien et le mal depuis qu'il a goûté de ce fruit défendu ;
« mais qu'il se glorifie de connaître le bien perdu et le mal
« gagné : plus heureux s'il lui avait suffi de connaître le bien
« par lui-même, et le mal du tout. A présent il s'afflige, se re-
« pent et prie avec contrition : mes mouvements sont en lui ;
« ils agissent plus longtemps que lui ; je sais combien son cœur
« est variable et vain, abandonné à lui-même. Dans la crainte

« qu'à présent sa main, devenue plus audacieuse, ne se porte
« aussi sur l'arbre de vie, qu'il n'en mange, qu'il ne vive tou-
« jours, ou qu'il ne rêve du moins de vivre toujours, j'ai décidé
« de l'éloigner, de l'envoyer hors du jardin labourer la terre
« d'où il a été tiré ; sol qui lui convient mieux.

« Michel, je te charge de mon ordre : avec toi prends à ton
« choix de flamboyants guerriers parmi les chérubins, de peur
« que l'ennemi, ou en faveur de l'homme, ou pour envahir sa
« demeure vacante, n'élève quelque nouveau trouble. Hâte-toi,
« du paradis de Dieu chasse sans pitié le couple pécheur, chasse
« de la terre sacrée des profanes, et dénonce-leur et à toute leur
« postérité le perpétuel bannissement de ce lieu. Cependant, de
« peur qu'ils ne s'évanouissent en entendant leur triste arrêt ri-
« goureusement prononcé (car je les vois attendris et déplorant
« leurs excès avec larmes), cache-leur toute terreur. S'ils obéis-
« sent patiemment à ton commandement, ne les congédie pas
« inconsolés ; révèle à Adam ce qui doit arriver dans les jours
« futurs, selon les lumières que je te donnerai; entremêle à ce
« récit mon alliance renouvelée avec la race de la femme : ainsi
« renvoie-les, quoique affligés, cependant en paix.

« A l'orient du jardin du côté où il est plus facile de gravir
« Éden, place une garde de chérubins et la flamme largement
« ondoyante d'une épée, afin d'effrayer au loin quiconque
« voudrait approcher, et interdire tout passage à l'arbre de vie,
« de peur que le paradis ne devienne le réceptacle d'esprits
« impurs, que tous mes arbres ne soient leur proie, dont ils
« déroberaient le fruit, pour séduire l'homme encore une
« fois. »

Il se tut : l'archangélique pouvoir se prépare à une descente
rapide, et avec lui la cohorte brillante des vigilants chérubins.
Chacun d'eux, ainsi qu'un double Janus, avait quatre faces ;
tout leur corps était semé d'yeux comme des paillettes, plus
nombreux que les yeux d'Argus, et plus vigilants que ceux-ci
qui s'assoupirent, charmés par la flûte arcadienne, par le roseau
pastoral d'Hermès, ou par sa baguette soporifique.

Cependant pour saluer de nouveau le monde avec la lumière sacrée, Leucothoé s'éveillait et embaumait la terre d'une fraîche rosée, alors qu'Adam et Ève notre première mère finissaient leur prière, et trouvaient leur force augmentée d'en haut : ils sentaient de leur désespoir sourdre une nouvelle espérance, une joie, mais encore liée à la frayeur. Adam renouvela à Ève ses paroles bienvenues :

« Ève, la foi peut aisément admettre que tout le bien dont
« nous jouissons descend du ciel ; mais que de nous quelque
« chose puisse monter au ciel, assez prévalant pour occuper
« l'esprit de Dieu souverainement heureux, ou pour incliner sa
« volonté, c'est ce qui paraît difficile à croire. Cependant cette
« prière du cœur, un soupir rapide de la poitrine de l'homme
« volent jusqu'au trône de Dieu : car depuis que j'ai cherché
« par la prière à apaiser la Divinité offensée, que je me suis
« agenouillé, et que j'ai humilié tout mon cœur devant Dieu,
« il me semble que je le vois placable et doux me prêtant l'o-
« reille. Je sens naître en moi la persuasion qu'avec faveur j'ai
« été écouté. La paix est rentrée au fond de mon sein, et dans
« ma mémoire la promesse que ta race écrasera notre ennemi.
« Cette promesse, que je ne me rappelai pas d'abord dans mon
« épouvante, m'assure à présent que l'amertume de la mort est
« passée et que nous vivrons. Salut donc à toi, Ève justement
« appelée la mère de tout le genre humain, la mère de toutes
« choses vivantes, puisque par toi l'homme doit vivre, et que
« toutes choses vivent pour l'homme. »

Ève, dont le maintien était doux et triste :

« Je suis peu digne d'un pareil titre, moi pécheresse, moi
« qui ayant été ordonnée pour être ton aide, suis devenue ton
« piége : reproche, défiance et tout blâme, voilà plutôt ce qui
« m'appartient. Mais infini dans sa miséricorde a été mon juge,
« de sorte que moi qui apportai la première la mort à tous, je
« suis qualifiée la source de vie ! Tu m'es ensuite favorable quand
« tu daignes m'appeler hautement ainsi, moi qui mérite un
« tout autre nom ! Mais les champs nous appellent au travail

« maintenant imposé avec sueur quoique après une nuit sans
« sommeil. Car vois! le matin, tout indifférent à notre insomnie,
« recommence en souriant sa course de roses. Marchons! dé-
« sormais je ne m'éloignerai plus jamais de ton côté, en quel-
« que endroit que notre travail journalier soit situé, quoique
« maintenant il nous soit prescrit pénible jusqu'au tomber du
« jour. Tandis que nous demeurons ici, que peut-il y avoir de
« fatigant dans ces agréables promenades? Vivons donc ici
« contents, bien que dans un état déchu. »

Ainsi parla, ainsi souhaita la très-humiliée Ève; mais le destin ne souscrivit pas à ses vœux. La nature donna d'abord des signes exprimés par l'oiseau, la brute et l'air; l'air s'obscurcit soudainement après la courte rougeur du matin; à la vue d'Eve l'oiseau de Jupiter fondit de la hauteur de son vol sur deux oiseaux du plus brillant plumage, et les chassa devant lui ; descendu de la colline, l'animal qui règne dans les bois (premier chasseur alors), poursuivit un joli couple, le plus charmant de toute la forêt, le cerf et la biche : leur fuite se dirigeait vers la porte orientale. Adam les observa, et suivant des yeux cette chasse, il dit à Eve non sans émotion :

« O Eve, quelque changement ultérieur nous attend bientôt :
« le ciel, par ces signes muets dans la nature, nous montre les
« avant-coureurs de ses desseins, ou il nous avertit que nous
« comptons peut-être trop sur la remise de la peine, parce que
« la mort est reculée de quelques jours. De quelle longueur, et
« quelle sera notre vie jusque-là, qui le sait? Savons-nous plus
« que ceci : nous sommes poudre, et nous retournerons en poudre
« et nous ne serons plus? Autrement, pourquoi ce double spec-
« tacle offert à notre vue, cette poursuite dans l'air et sur la
« terre d'un seul côté, et à la même heure? Pourquoi cette obs-
« curité dans l'orient avant que le jour soit à mi-cours? Pourquoi
« la lumière du matin brille-t-elle davantage dans une nue de
« l'occident qui déploie sur le bleu firmament une blancheur
« rayonnante, et descend avec lenteur chargée de quelque chose
« de céleste ? »

Adam ne se trompait pas, car dans ce temps les cohortes angéliques descendaient à présent d'un nuage de jaspe dans le paradis, et firent halte sur une colline ; apparition glorieuse, si le doute et la crainte de la chair n'eussent ce jour-là obscurci les yeux d'Adam ! Elle ne fut pas plus glorieuse cette autre vision, quand à Manahin les anges rencontrèrent Jacob qui vit la campagne tendue des pavillons de ces gardiens éclatants ; ou cette vision à Dothaïn sur une montagne enflammée, couverte d'un camp de feu prêt à marcher contre le roi syrien, lequel, pour surprendre un seul homme, avait, comme un assassin, fait la guerre, la guerre non déclarée.

Le prince hiérarche laissa sur la colline à leur brillant poste, ses guerriers pour prendre possession du jardin. Seul pour trouver l'endroit où Adam s'était abrité, il s'avança non sans être aperçu de notre premier père, qui dit à Eve pendant que la grande visite s'approchait :

« Eve, prépare-toi maintenant à de grandes nouvelles, qui
« peut-être vont bientôt décider de nous, ou nous imposer l'ob-
« servation de nouvelles lois : car je découvre là-bas, descendu
« du nuage étincelant qui voile la colline, quelqu'un de l'armée
« céleste, et, à en juger par son port, ce n'est pas un des moin-
« dres : c'est un grand potentat ou l'un des Trônes d'en haut,
« tant il est dans sa marche revêtu de majesté ! Cependant il
« n'a ni un air terrible que je doive craindre, ni comme Raphaël
« cet air sociablement doux qui fasse que je puisse beaucoup me
« confier à lui : mais il est solennel et sublime. Afin de ne pas
« l'offenser, il faut que je l'aborde avec respect et toi que tu te
« retires. »

Il dit et l'archange arriva vite près de lui, non dans sa forme céleste, mais comme un homme vêtu pour rencontrer un homme : sur ses armes brillantes flottait une cotte de mailles d'une pourpre plus vive que celle de Melibée ou de Sarra, que portaient les rois et les héros antiques dans les temps de trêve : Iris en avait teint la trame. Le casque étoilé de l'archange, dont la visière n'était pas baissée, le faisait voir dans cette primeur de virilité où finit la jeunesse. Au côté de Michel, comme un éclatant zodiaque, pendait l'épée, terreur de Satan, et dans sa main, une lance. Adam fit une inclination profonde ; Michel royalement n'incline pas sa grandeur, mais explique ainsi sa venue :

« Adam, le commandant suprême du ciel n'a besoin d'aucun
« préambule : il suffit que tes prières aient été écoutées, et que
« la Mort (qui t'était due par sentence, quand tu transgressas)
« soit privée de son droit de saisie pour plusieurs jours de grâce,
« à toi accordés, pendant lesquels tu pourras te repentir et
« couvrir de bonnes œuvres un méchant acte. Il se peut alors
« que ton Seigneur apaisé te rédime entièrement des avares ré-
« clamations de la Mort. Mais il ne permet pas que tu habites
« plus longtemps ce paradis : je suis venu pour t'en faire sortir
« et t'envoyer hors de ce jardin, labourer la terre d'où tu as été
« tiré, sol qui te convient mieux. »

L'archange n'ajouta rien de plus, car Adam, frappé au cœur par ces nouvelles, demeura sous le serrement glacé de la douleur, qui le priva de ses sens. Ève qui, sans être vue, avait cependant tout entendu, découvrit bientôt par un éclatant gémissement le lieu de sa retraite.

« O coup inattendu, pire que la mort ! faut-il donc te quitter,
« ô paradis ! vous quitter ainsi, ô toi, terre natale, ô vous pro-
« menades charmantes, ombrages dignes d'être fréquentés des
« dieux ! Ici j'avais espéré passer tranquille, bien que triste, répit
« de ce jour qui doit être mortel à tous deux. O fleurs qui ne
« croîtrez jamais dans un autre climat, qui le matin receviez
« ma première visite et le soir ma dernière ; vous que j'ai élevées
« d'une tendre main depuis le premier bouton entr'ouvert, et à
« qui j'ai donné des noms ! ô fleurs ! qui maintenant vous tour-
« nera vers le soleil ou rangera vos tribus, et vous arrosera de
« la fontaine d'ambroisie ! Toi enfin, berceau nuptial, orné par
« moi de tout ce qui est doux à l'odorat ou à la vue, comment
« me séparerai-je de toi ? Où m'égarerai-je dans un monde in-
« férieur qui, auprès de celui-ci, est obscur et sauvage ? Com-

« ment pourrons-nous respirer dans un autre air moins pur,
« nous, accoutumés à des fruits immortels ? »

L'ange interrompit doucement :

« Ève, ne te lamente point, mais résigne patiemment ce que
« tu as justement perdu : ne mets pas ton cœur ainsi trop pas-
« sionné dans ce qui n'est pas à toi. Tu ne t'en vas point soli-
« taire ; avec toi s'en va ton mari. Tu es obligée de le suivre :
« songe que là où il habite, là est ton pays natal. »

Adam, revenant alors de son saisissement subit et glacé, rappela ses esprits confus, et adressa à Michel ces humbles paroles :

« Être céleste, soit que tu siéges parmi les Trônes ou qu'on
« te nomme le plus grand d'entre eux, car une telle forme peut
« paraître celle d'un prince au-dessus des princes, tu as redit
« doucement ton message, par lequel autrement tu aurais pu en
« l'annonçant nous blesser et en l'accomplissant nous tuer. Ce
« qu'en outre de chagrin, d'abattement de désespoir, notre fai-
« blesse peut soutenir, tes nouvelles l'apportent, le partir de cet
« heureux séjour, notre tranquille retraite, seule consolation
« laissée familière à nos yeux ! Toutes les autres demeures nous
« paraissent inhospitalières et désolées, inconnus d'elles, de nous
« inconnues.

« Si par l'incessante prière je pouvais espérer changer la vo-
« lonté de celui qui peut toutes choses, je ne cesserais de le
« fatiguer de mes cris assidus : mais contre son décret absolu
« la prière n'a pas plus de force que notre haleine contre le
« vent, refoulée suffocante en arrière sur celui qui l'exhale au
« dehors.

« Je me soumets donc à son grand commandement. Ce qui
« m'afflige le plus, c'est qu'en m'éloignant d'ici je serai caché
« de sa face, privé de sa protection sacrée. Ici j'aurais pu fré-
« quenter en adoration, de place en place, les lieux où la divine
« présence daigna se montrer ; j'aurais dit à mes fils :

« Sur cette montagne il m'apparut ; sous cet arbre il se ren-
« dit visible ; parmi ces pins j'entendis sa voix ; ici au bord de
« cette fontaine, je m'entretins avec lui. »

« Ma reconnaissance aurait élevé plusieurs autels de gazon,
« et j'aurais entassé les pierres lustrées du ruisseau, en souvenir
« ou monument pour les âges ; sur ces autels j'aurais offert les
« suaves odeurs des gommes doucement parfumées, des fruits
« et des fleurs. Dans le monde ici-bas, au-dessous, où cherche-
« rai-je ses brillantes apparitions et les vestiges de ses pieds ?
« Car bien que je fuie sa colère, cependant rappelé à la vie
« prolongée et une postérité m'étant promise, à présent, je con-
« temple avec joie l'extrémité des bords de sa gloire, et j'adore
« de loin ses pas. »

Michel, avec des regards pleins de bénignité :

« Adam, tu le sais, le ciel et toute la terre sont à Dieu, et non
« pas ce roc seulement : son omniprésence remplit la terre, la
« mer, l'air et toutes les choses qui vivent fomentées et chauf-
« fées par son pouvoir virtuel. Il t'a donné toute la terre pour la
« posséder et la gouverner ; présent non méprisable ! N'imagine
« donc pas que sa présence soit confinée dans les bornes étroites
« de ce paradis ou d'Éden. Éden aurait peut-être été ton siège
« principal, d'où toutes les générations se seraient répandues,
« et où elles seraient revenues de toutes les extrémités de la terre
« pour te célébrer et te révérer, toi leur grand auteur. Mais cette
« prééminence tu l'as perdue, descendu que tu es pour habiter
« maintenant la même terre que tes fils.

« Cependant ne doute pas que Dieu ne soit dans la plaine et
« dans la vallée comme il est ici, qu'il ne s'y trouve également
« présent : les signes de sa présence te suivront encore ; tu seras
« encore environné de sa bonté, de son paternel amour, de son
« image expresse et de la trace divine de ses pas. Afin que tu
« puisses le croire et t'en assurer avant ton départ d'ici, sache
« que je suis envoyé pour te montrer ce qui, dans les jours fu-
« turs, doit arriver à toi et à ta race. Prépare-toi à entendre le
« bien et le mal, à voir la grâce surnaturelle lutter avec la mé-
« chanceté des hommes : de ceci tu apprendras la vraie patience,
« et à tempérer la joie par la crainte et par une sainte tristesse,
« accoutumé par la modération à supporter également l'une et

« l'autre fortune, prospère ou adverse. Ainsi tu conduiras le
« plus sûrement ta vie, et tu seras mieux préparé à endurer ton
« passage de la mort, quand il arrivera. Monte sur cette colline ;
« laisse ton épouse (car j'ai éteint ses yeux) dormir ici en bas,
« tandis que tu veilleras pour la provision de l'avenir, comme
« tu dormis autrefois quand Ève fut formée pour la vie. »

Adam plein de reconnaissance lui répondit :

« Monte ; je te suis, guide sûr dans le sentier où tu me con-
« duis ; et sous la main du ciel je m'abaisse, quoiqu'elle me
« châtie. Je présente mon sein au-devant du mal, en l'armant
« de souffrance pour vaincre et gagner le repos acquis par le
« travail, si de la sorte j'y puis atteindre. »

Tous deux montent dans les visions de Dieu : c'était une montagne, la plus haute du paradis, du sommet de laquelle l'hémisphère de la terre, distinct à la vue, s'offrait étendu à la plus grande portée de la perspective. Elle n'était pas plus haute, elle ne commandait pas une plus large vue à l'entour, cette montagne sur laquelle (par une raison différente) le tentateur transporta notre second Adam dans le désert pour lui montrer tous les royaumes de la terre et leur gloire.

Là, l'œil d'Adam pouvait dominer, quelque part qu'elles fussent assises, les cités d'antique ou moderne renommée, les capitales des empires les plus puissants, depuis les murs destinés pour Cambalu, siège du Kan de Cathaï, et depuis Samarcande, trône de Témir, près de l'Oxus, jusqu'à Pékin, séjour des rois de la Chine ; et de là jusqu'à Agra et Lahor, du Grand Mogol ; descendant jusqu'à la Chersonèse d'Or, ou bien vers le lieu qu'habitait jadis le Perse dans Ecbatane, ou depuis dans Ispahan, ou vers Moscow, du czar de Russie, ou dans Byzance soumise au sultan, né Turkestan. Son œil pouvait voir encore l'empire de Négus jusqu'à Erecco, son port plus éloigné, et les plus petits rois maritimes de Montbaza, de Quiloa, de Melinde et de Sofala qu'on croit être Ophir, jusqu'au royaume de Congo, et celui d'Angola, le plus éloigné vers le sud. De là depuis le fleuve Niger jusqu'au mont Atlas, les royaumes d'Almanzor, de Fez, de Sus, de Maroc, d'Alger et de Tremizen, et ensuite en Europe les lieux d'où Rome devait dominer le monde. Peut-être vit-il aussi en esprit la riche Mexico, siége de Montezume, et dans le Pérou, Cusco siége plus riche d'Atabalipa, et la Guyane non encore dépouillée, et dont la grande cité est appelée El-Dorado par les enfants de Géryon.

Mais pour de plus nobles spectacles, Michel enleva la taie formée sur les yeux d'Adam par le fruit trompeur qui avait promis une vue plus perçante. L'ange lui nettoya le nerf optique avec l'enfraise et la rue, car il avait beaucoup à voir, et versa dans ses yeux trois gouttes de l'eau du puits de vie. La vertu de ces collyres pénétra si avant, même dans la partie la plus intérieure de la vue mentale, qu'Adam, forcé alors de fermer les yeux, tomba, et tous ses esprits s'engourdirent; mais l'ange gracieux le releva aussitôt par la main, et rappela ainsi son attention :

« Adam, ouvre maintenant les yeux, et vois d'abord les effets
« que ton péché originel a opérés dans quelques-uns de ceux
« qui doivent naître de toi, qui n'ont jamais ni touché à l'arbre
« défendu, ni conspiré avec le serpent, ni péché de ton péché.
« Et cependant de ce péché dérive la corruption qui doit pro-
« duire des actions plus violentes. »

Adam ouvrit les yeux, et vit un champ : dans une partie de ce champ, arable et labourée, étaient des javelles nouvellement moissonnées; dans l'autre partie, des parcs et des pâturages de brebis : au milieu, comme une borne d'héritage, s'élevait un autel rustique de gazon. Là tout à l'heure un moissonneur, couvert de sueur, apporta les premiers fruits de son labourage, l'épi vert et la gerbe jaune, non triés, et comme ils s'étaient trouvés sous la main. Après lui un berger plus doux vint, avec les premiers-nés de son troupeau, les meilleurs et les mieux choisis : alors les sacrifiant, il en étendit les entrailles et la graisse parsemées d'encens sur du bois fendu, et il accomplit tous les rites convenables. Bientôt un feu propice du ciel consuma son offrande avec une flamme rapide et une fumée agréable ; l'autre offrande ne fut pas consumée, car elle n'était pas sincère : de quoi le laboureur sentit une rage intérieure ; et comme il causait avec le berger, il le frappa au milieu de la poitrine d'une pierre qui lui fit rendre la vie : il tomba et mortellement pâle, exhala son âme gémissante avec un torrent de sang, répandue.

A ce spectacle, Adam fut épouvanté dans son cœur, et en hâte cria à l'Ange :

« Oh ! maître, quelque grand malheur est arrivé à ce doux
« homme qui avait bien sacrifié ! Est-ce ainsi que la piété et une
« dévotion pure sont récompensées ? »

Michel, ému aussi, répliqua :

« Ces deux-ci sont frères, Adam, et ils sortiront de tes reins :
« l'injuste a tué le juste par envie de ce que le ciel avait accepté
« l'offrande de son frère. Mais l'action sanguinaire sera vengée ;
« et la foi du juste approuvée ne perdra pas sa récompense, bien
« que tu le voies ici mourir, se roulant dans la poussière et le
« sang caillé. »

Notre premier père :

« Hélas ! pour quelle action ! et par quelle cause ! mais ai-je
« vu maintenant la mort ? Est-ce par ce chemin que je dois re-
« tourner à ma poussière natale ? O spectacle de terreur ! mort
« difforme et affreuse à voir ! horrible à penser ! combien hor-
« rible à souffrir ! »

Michel :

« Tu as vu la mort sous la première forme dans laquelle elle
« s'est montrée à l'homme ; mais variées sont les formes de la
« mort, nombreux les chemins qui conduisent à sa caverne
« effrayante ; tous sont funestes. Cependant cette caverne est
« plus terrible pour les sens à l'entrée, qu'elle ne l'est au-dedans.
« Quelques-uns, comme tu l'as vu, mourront d'un coup violent ;
« quelques autres par le feu, l'eau, la famine ; un bien plus
« grand nombre par l'intempérance du boire et du manger, qui
« produira sur la terre de cruelles maladies dont une troupe
« monstrueuse va paraître devant toi, afin que tu puisses con-

« naître quelles misères l'inabstinence d'Ève apportera aux
« hommes. »

Aussitôt parut devant ses yeux un lieu triste, infect, obscur, qui ressemblait à un lazaret. Dans ce lieu étaient des multitudes de malades, toutes les maladies qui causent d'horribles spasmes, de déchirantes tortures, des défaillances de cœur, souffrant l'agonie, les fièvres de toute espèce, les convulsions, les épilepsies, les cruels catarrhes, la pierre intestine, et l'ulcère, la colique aiguë, la frénésie démoniaque, la mélancolie songeresse et la lunatique démence, la languissante atrophie, le marasme, la peste qui moissonne largement, les hydropisies, les asthmes et les rhumatismes qui brisent les joints. Cruelles étaient les secousses, profonds les gémissements. Le Désespoir, empressé de lit en lit, visitait les malades, et sur eux la Mort triomphante brandissait son dard; mais elle différait de frapper, quoique souvent invoquée par leurs vœux comme leur premier bien et leur dernière espérance.

Quel cœur de rocher aurait pu voir longtemps d'un œil sec un spectacle si horrible? Adam ne le put, et il pleura, quoiqu'il ne fût pas né de la femme : la compassion vainquit ce qu'il y a de meilleur dans l'homme, et pendant quelques moments le livra aux pleurs : jusqu'à ce que de plus fermes pensées en modérèrent enfin l'excès. Recouvrant à peine la parole, il renouvela ses plaintes :

« O malheureuse espèce humaine, à quel abaissement des-
« cendue! à quel misérable état réservé? Mieux vaudrait n'être
« pas né! Pourquoi la vie nous a-t-elle été donnée, si elle nous
« doit être ainsi arrachée? plutôt, pourquoi nous a-t-elle été
« ainsi imposée? Qui, si nous connaissions ce que nous rece-
« vons, ou voudrait accepter la vie offerte, ou aussitôt ne de-
« manderait à la déposer, content d'être renvoyé en paix?
« L'image de Dieu, créée d'abord dans l'homme si belle et si
« droite, quoique depuis fautive, peut-elle être ravalée à des
« souffrances hideuses à voir, à des tortures inhumaines! Pour-
« quoi, l'homme retenant encore une partie de la ressemblance

« divine, ne serait-il pas affranchi de ces difformités ? pourquoi
« n'en serait-il pas exempté, par égard pour l'image de son
« Créateur ? »

« L'image de leur Créateur, répondit Michel, s'est retirée
« d'eux, quand ils se sont avilis eux-mêmes pour satisfaire des
« appétits déréglés; ils prirent alors l'image de celui qu'ils ser-
« vaient, du vice brutal qui principalement induisit Ève au
« péché. C'est pour cela que leur châtiment est si abject ; ils ne
« défigurent pas la ressemblance de Dieu, mais la leur ; ou si
« cette ressemblance est par eux-mêmes effacée lorsqu'ils per-
« vertissent les règles saines de la pure nature en maladie dé-
« goûtante, ils sont punis convenablement, puisqu'ils n'ont pas
« respecté en eux-mêmes l'image de Dieu. »

« Je reconnais que cela est juste, dit Adam, et je m'y sou-
« mets ; mais n'est-il d'autre voie que ces pénibles sentiers pour
« arriver à la mort et nous mêler à notre poussière consbustan-
« tielle ? »

« Il en est une, dit Michel, si tu observes la règle : *Rien de
« trop* ; règle enseignée par la tempérance dans ce que tu
« manges et bois ; cherchant une nourriture nécessaire et non
« de gourmandes délices : jusqu'à ce que les années reviennent
« nombreuses sur ta tête, puisses-tu vivre ainsi, jusqu'à ce que,
« comme un fruit mûr, tu tombes dans le sein de ta mère, ou
« que tu sois cueilli avec facilité ; non arraché avec rudesse,
« étant mûr pour la mort : ceci est le vieil âge. Mais alors tu
« survivras à ta jeunesse, à ta force, à ta beauté devenue fanée,
« faible et grise. Alors tes sens émoussés perdront tout goût de
« plaisir pour ce que tu as. Au lieu de ce souffle de jeunesse, de
« gaieté et d'espérance, circulera dans ton sang une vapeur
« mélancolique, froide et stérile pour appesantir tes esprits et
« consumer enfin le baume de ta vie. »

Notre grand ancêtre :

« Désormais je ne fuis point la mort, ni ne voudrais prolon-
« ger beaucoup ma vie, incliné plutôt à m'enquérir comment
« je puis le plus doucement et le plus aisément quitter cet

« incommode fardeau qu'il me faudra porter jusqu'au jour
« marqué pour le rendre, et attendre avec patience ma disso-
« lution! »

Michel répliqua :

« N'aime ni ne hais ta vie : mais ce que tu vivras, vis-le bien.
« Ta vie sera-t-elle longue ou courte? laisse faire au ciel ! Pré-
« pare-toi maintenant à un autre spectacle. »

Adam regarda, et il vit une plaine spacieuse, couverte de tentes de différentes couleurs ; près de quelques-unes paissaient des troupeaux de bétail. De plusieurs autres on entendait s'élever le son d'instruments qui produisaient les mélodieux accords de la harpe et de l'orgue : on voyait celui qui faisait mouvoir les touches et les cordes ; sa main légère, par toutes les proportions, volait inspirée en bas et en haut, et poursuivait en travers la fugue sonore.

Dans un autre endroit se tenait un homme qui, travaillant à la forge, avait fondu deux massifs blocs de fer et de cuivre ; (soit qu'il les eût trouvés là où un incendie fortuit avait consumé les bois sur une montagne ou dans une vallée, embrasement descendu dans les veines de la terre, et de là faisant couler la matière brûlante par la bouche de quelque cavité ; soit qu'un torrent eût dégagé ces masses de dessous la terre) : l'homme versa le minéral liquide dans des moules exprès préparés : il en forma d'abord ses propres outils, ensuite ce qui pouvait être façonné par la fonte ou gravé en métal.

Après ces personnages, mais du côté le plus rapproché d'eux, des hommes d'une espèce différente, du sommet des montagnes voisines, leur séjour ordinaire, descendirent dans la plaine : par leurs manières ils semblaient des hommes justes, et toute leur étude les portait à adorer Dieu en vérité, à connaître ses ouvrages non cachés et ces choses qui peuvent maintenir la liberté et la paix parmi les hommes.

Ils n'eurent pas longtemps marché dans la plaine, quand voici venir des tentes une volée de belles femmes richement parées de pierreries et de voluptueux atours : elles chantaient sur la

LIVRE XI.

harpe de douces et amoureuses ballades, et s'avançaient en dansant. Les hommes, quoique graves, les regardèrent et laissèrent leurs yeux errer sans frein ; pris tout d'abord au filet amoureux ils aimèrent, et chacun choisit celle qu'il aimait : ils s'entretinrent d'amour jusqu'à ce que l'étoile du soir, avant-coureur de l'amour, parut. Alors pleins d'ardeur, ils allument la torche nuptiale et ordonnent d'invoquer l'hymen, pour la première fois aux cérémonies du mariage invoqué alors : de fête et de musique toutes les tentes retentissent.

Cette entrevue si heureuse, cette rencontre charmante d'amour et de jeunesse, non perdues ; ces chants, ces guirlandes, ces fleurs, ces agréables symphonies attachent le cœur d'Adam (promptement incliné à se rendre à la volupté, penchant de la nature !) ; sur quoi il s'exprime de cette manière :

« O toi qui m'as véritablement ouvert les yeux, premier ange
« béni, cette vision me paraît bien meilleure, et présage plus
« d'espérance de jours pacifiques que les deux visions précé-
« dentes : celles-là étaient des visions de haine et de mort, ou
« de souffrances pires : ici la nature semble remplie dans toutes
« ses fins. »

Michel :

« Ne juge point de ce qui est meilleur par le plaisir, quoique
« paraissant convenir à la nature : tu es créé pour une plus
« noble fin, une fin sainte et pure, conformité divine.

« Ces tentes que tu vois si joyeuses sont les tentes de la mé-
« chanceté, sous lesquelles habitera la race de celui qui tua son
« frère. Ces hommes paraissent ingénieux dans les arts qui po-
« lissent la vie, inventeurs rares ; oublieux de leur Créateur,
« quoique enseignés de son Esprit ; mais ils ne reconnaissent
« aucun de ses dons ; toutefois ils engendreront une superbe
« race : car cette belle troupe de femmes que tu as vue, qui
« semblaient des divinités, si enjouées, si attrayantes, si gaies,
« sont cependant vides de ce bien, dans lequel consiste l'hon-
« neur domestique de la femme, et sa principale gloire ; nour-
« ries et accomplies seulement pour le goût d'une appétence

« lascive, pour chanter, danser, se parer, remuer la langue, et
« rouler les yeux. Cette sobre race d'hommes, dont les vies re-
« ligieuses leur avaient acquis le titre d'enfants de Dieu, sacri-
« fieront ignoblement toute leur vertu, toute leur gloire, aux
« amorces et aux sourires de ces belles athées ; ils nagent main-
« tenant dans la joie, et ils nageront avant peu dans un plus
« large abîme : ils rient, et pour ce rire, la terre avant peu ver-
« sera un monde de pleurs. »

Adam privé de sa courte joie :

« O pitié ! ô honte ! que ceux qui pour bien vivre débutèrent
« si parfaitement, se jettent à l'écart, suivent des sentiers dé-
« tournés, ou défaillent à moitié chemin ! Mais je vois toujours
« que le malheur de l'homme tient de la même cause : il com-
« mence à la femme. »

« Il commence, dit l'Ange, à la mollesse efféminée de l'homme
« qui aurait dû mieux garder son rang par la sagesse, et par les
« dons supérieurs qu'il avait reçus. Mais à présent prépare-toi
« pour une autre scène. »

Adam regarda, et il vit un vaste territoire déployé devant lui, entrecoupé de villages et d'ouvrages champêtres : cités pleines d'hommes avec des portes et des tours élevées, concours de peuple en armes, visages hardis menaçant la guerre, géants aux grands os et d'une entreprenante audace ! Ceux-ci manient leurs armes, ceux-là domptent le coursier écumant : isolés ou rangés en ordre de bataille, cavaliers et fantassins, ne sont pas là pour une montre oisive.

D'un côté un détachement choisi amène du fourrage, un troupeau de gros bétail, de beaux bœufs et de belles vaches, enlevés des gras pâturages, ou une multitude laineuse, des brebis et leurs bêlants agneaux butinés dans la plaine. Le berger échappe à peine avec la vie, mais il appelle au secours; de là une rencontre sanglante. Dans une cruelle joute les escadrons se joignent : là où ils paissaient tout à l'heure, les troupeaux sont maintenant dispersés avec les carcasses et les armes, sur le sol sanglant changé en désert.

D'autres guerriers campés mettent le siége devant une forte cité; ils l'assaillent par la batterie, l'escalade et la mine : du haut des murs les assiégés se défendent avec le dard et la javeline, avec des pierres et un feu de soufre : de part et d'autre carnage et faits gigantesques.

Ailleurs les hérauts qui portent le sceptre convoquent le conseil aux portes d'une ville : aussitôt des hommes graves et à tête grise, confondus avec des guerriers, s'assemblent : des harangues sont entendues; mais bientôt elles éclatent en opposition factieuse; enfin se levant, un personnage de moyen âge, éminent par son sage maintien, parle beaucoup de droit et de tort, d'équité, de religion, de vérité, et de paix, et de jugement d'en haut. Vieux et jeunes le frondent; ils l'eussent saisi avec des mains violentes, si un nuage descendant ne l'eût enlevé sans être vu du milieu de la foule. Ainsi procédaient la force, et l'oppression et la loi de l'épée dans toute la plaine, et nul ne trouvait un refuge.

Adam était tout en pleurs; vers son guide il tourne gémissant, et plein de tristesse :

« Oh! qui sont ceux-ci? des ministres de la mort, non des
« hommes, eux qui distribuent ainsi la mort inhumainement
« aux hommes, et qui multiplient dix mille fois le péché de celui
« qui tua son frère. Car de qui font-ils un tel massacre, sinon de
« leurs frères? Hommes, ils égorgent des hommes! Mais quel
« était ce juste qui, si le ciel ne l'eût sauvé, eût été perdu dans
« toute sa droiture? »

Michel :

« Ceux-ci sont le fruit de ces mariages mal assortis que tu as
« vus, dans lesquels le bon est appareillé au mauvais qui d'eux-
« mêmes abhorrent de s'unir; mêlés par imprudence, ils ont
« produit ces enfantements monstrueux de corps ou d'esprit.
« Tels seront ces géants, hommes de haute renommée; càr dans
« ces jours, la force seule sera admirée, et s'appellera valeur et
« héroïque vertu : vaincre dans les combats, subjuguer les na-
« tions, rapporter les dépouilles d'une infinité d'hommes mas-

« sacrés, sera regardé comme le faîte le plus élevé de la gloire
« humaine ; et pour la gloire obtenue du triomphe, seront ré-
« putés conquérants, patrons de l'espèce humaine, dieux et fils
« de dieux, ceux-là qui seraient nommés plus justement des-
« tructeurs et fléaux des hommes. Ainsi s'obtiendront la répu-
« tation, la renommée sur la terre ; et ce qui mériterait le plus
« la gloire, restera caché dans le silence. Mais lui, ce septième
« de tes descendants que tu as vu, l'unique juste dans un monde
« pervers, pour cela haï, pour cela obsédé d'ennemis, parce
« qu'il a seul osé être juste et annoncer cette odieuse vérité que
« Dieu viendrait les juger avec ses saints ; lui, le Très-Haut l'a
« fait ravir par des coursiers ailés sur une nue embaumée ; il l'a
« reçu pour marcher avec Dieu dans la haute voie du salut,
« dans les régions de bénédictions, exempt de mort. Afin de te
« montrer quelle récompense attend les bons, quelle punition
« les méchants, dirige ici à présent tes regards et contemple. »

Adam regarda, et il vit la face des choses entièrement changée : la gorge de bronze de la guerre avait cessé de rugir ; tout alors était devenu folâtrerie et jeu, luxure et débauche, fête et danse, mariage ou prostitution au hasard, rapt ou adultère partout où une belle femme, venant à passer, amorçait les hommes ; de la coupe des plaisirs sortirent des discordes civiles. A la fin un personnage vénérable vint parmi eux, leur déclara la grande aversion qu'il avait de leurs actions, et protesta contre leurs voies. Il fréquentait souvent leurs assemblées où il ne rencontrait que triomphes ou fêtes, et il leur prêchait la conversion et le repentir, comme à des âmes emprisonnées sous le coup d'arrêts imminents : mais le tout en vain ! Quand il vit cela, il cessa ses remontrances, et transporta ses tentes au loin.

Alors abattant sur la montagne de hautes pièces de charpente, il commença à bâtir un vaisseau d'une étrange grandeur ; il le mesura par coudées en longueur, largeur et hauteur. Il l'enduisit de bitume, et dans un côté il pratiqua une porte. Il le remplit en quantité de provisions pour l'homme et les animaux. Quand, voici un étrange prodige ! chaque espèce d'animaux, d'oiseaux et de petits insectes vinrent sept et par paires, et entrèrent dans l'arche comme ils en avaient reçu l'ordre. Le père et ses trois fils et leurs quatre femmes entrèrent les derniers, et Dieu ferma la porte.

En même temps le vent du midi s'élève, et avec ses noires ailes volant au large, il ressemble toutes les nuées de dessous le ciel. A leur renfort les montagnes envoient vigoureusement les vapeurs et les exhalaisons sombres et humides, et alors le firmament épaissi se tient comme un plafond obscur : en bas se précipite la pluie impétueuse, et elle continua jusqu'à ce que la terre ne fût plus vue. L'arche flottante nagea soulevée, et en sûreté avec le bec de sa proue alla luttant contre les vagues. L'inondation monta par-dessus toutes les habitations qui roulèrent avec toute leur pompe au fond sous l'eau. La mer couvrit la mer, mer sans rivages! Dans les palais, où peu auparavant régnait le luxe, les monstres marins mirent bas et s'établirent. Du genre humain naguère si nombreux, tout ce qui reste surnage embarqué dans un petit vaisseau.

Combien tu souffris alors, ô Adam, de voir la fin de toute ta postérité, fin si triste, dépopulation! Toi-même autre déluge, déluge de chagrins et de larmes, toi aussi fus noyé et toi aussi abîmé comme tes fils, jusqu'à ce que par l'ange doucement relevé, tu te tins debout enfin, bien que désolé, comme quand un père pleure ses enfants tous à sa vue détruits à la fois ; à peine tu pus exprimer ainsi ta plainte à l'ange :

« O visions malheureusement prévues ! mieux j'aurais vécu
« ignorant de l'avenir ! je n'aurais eu du mal que ma seule part :
« c'est assez de supporter le lot de chaque jour. A présent ces
« peines qui, divisées, sont le fardeau de plusieurs siècles, pèsent
« à la fois sur moi par ma connaissance antérieure ; elles ob-
« tiennent une naissance prématurée afin de me tourmenter
« avant leur existence, par l'idée de ce qu'elles seront. Que nul
« homme ne cherche désormais à savoir d'avance ce qui arri-
« vera à lui ou à ses enfants ; il peut se tenir bien assuré du mal
« que sa prévoyance ne peut prévenir ; et le mal futur il ne

« le sentira pas moins pénible à supporter en appréhension
« qu'en réalité ; mais ce soin est à présent inutile, il n'y a plus
« d'hommes à avertir ! Ce petit nombre échappé sera consumé
« à la longue par la famine et les angoisses, en errant dans ce
« désert liquide. J'avais espéré, quand la violence et la guerre
« eurent cessé sur la terre, que tout alors irait bien, que la paix
« couronnerait l'espèce humaine d'une longue suite d'heureux
« jours. Mais j'étais bien trompé ; car je le vois maintenant, la
« paix ne corrompt pas moins que la guerre ne dévaste. Com-
« ment en arrive-t-il de la sorte ? apprends-le-moi, céleste guide,
« et dis si la race des hommes doit ici finir. »

Michel :

« Ceux que tu as vus dernièrement en triomphe et dans une
« luxurieuse opulence, sont ceux que tu vis d'abord faisant des
« actes d'éminente prouesse et de grands exploits, mais ils étaient
« vides de la véritable vertu. Après avoir répandu beaucoup de
« sang, commis beaucoup de ravages pour subjuguer les na-
« tions, et acquis par là dans le monde une grande renommée,
« de hauts titres et un riche butin, ils ont changé leur carrière
« en celle du plaisir, de l'aisance, de la paresse, de la crapule
« et de la débauche, jusqu'à ce qu'enfin l'incontinence et l'or-
« gueil aient fait naître, de l'amitié, d'hostiles actions dans la
« paix.

« Les vaincus aussi et les esclaves par la guerre avec leur
« liberté perdue, perdront toute vertu et la crainte de Dieu, au-
« près de qui leur hypocrite piété dans la cruelle contention
« des batailles ne trouvera point de secours contre les enva-
« hisseurs. Par cette raison refroidis dans leur zèle, ils ne songe-
« ront plus désormais qu'à vivre tranquilles, mondains ou dis-
« solus avec ce que leurs maîtres leur laisseront pour en
« jouir. Car la terre produira toujours plus qu'assez pour mettre
« à l'épreuve la tempérance. Ainsi tout dégénérera, tout se dé-
« pravera. La justice et la tempérance, la vérité et la foi, seront
« oubliées ! Un homme sera excepté, fils unique de lumière
« dans un siècle de ténèbres, bon malgré les exemples, malgré

» les amorces, les coutumes et un monde irrité. Sans craindre
« le reproche et le mépris ou la violence, il avertira les hommes
« de leurs uniques voies ; il tracera devant eux les sentiers de la
« droiture beaucoup plus sûrs et pleins de paix, leur annonçant
« la colère prête à visiter leur impénitence ; et il se retirera
« d'entre eux insulté, mais aux regards de Dieu le seul homme
« juste vivant.

« Par son ordre il bâtira une arche merveilleuse (comme tu
« l'as vue) pour se sauver lui et sa famille, du milieu d'un monde
« dévoué à un naufrage universel. Il ne sera pas plutôt logé
« dans l'arche et à couvert avec les hommes et les animaux
« choisis pour la vie, que toutes les cataractes du ciel s'ouvrant
« verseront la pluie jour et nuit sur la terre, tous les réservoirs
« de l'abîme crèveront et enfleront l'Océan qui usurpera tous
« les rivages, jusqu'à ce que l'inondation s'élève au-dessus des
« plus hautes montagnes.

« Alors ce mont du paradis sera emporté par la puissance
« des vagues ; hors de sa place, poussé par le débordement
« cornu, dépouillé de toute sa verdure, et ses arbres en dérive,
« il descendra vers le grand fleuve jusqu'à l'ouverture du golfe,
« et là il prendra racine ; île salée et nue, hantise des phoques,
« des orques et des mouettes au cri perçant. Ceci doit t'appren-
« dre que Dieu n'attache la sainteté à aucun lieu, si elle n'y est
« apportée par les hommes qui le fréquentent ou l'habitent. Et
« regarde maintenant ce qui doit s'en suivre. »

Adam regarda, et il vit l'arche flotter sur l'amas des eaux qui
maintenant s'abaissaient, car les nuages avaient fui, chassés par
un vent aigu du nord qui, soufflant sec, ridait la face du déluge à mesure qu'il se desséchait. Le soleil clair sur son miroir
liquide, dardait ses chauds regards et buvait largement la fraîche
vague, comme ayant soif : ce qui fit que d'un lac immobile, les
eaux, en rétrécissant leur inondation, devinrent un ebbe agile
qui se déroba d'un pas léger vers l'abîme, lequel avait maintenant baissé ses écluses, comme le ciel fermé ses cataractes.

L'arche ne flotte plus ; mais elle paraît atterrie et fixée fortement au sommet de quelque haute montagne. A présent les cîmes des collines apparaissent comme des rochers; les courants rapides conduisent à grand bruit leur furieuse marée dans la mer qui se retire. Aussitôt s'envole de l'arche un corbeau, et après lui une colombe, plus sûre messagère, envoyée une fois et derechef pour découvrir quelque arbre verdoyant, ou quelque terre sur laquelle elle pût poser son pied : revenue la seconde fois elle rapporte dans son bec un rameau d'olivier, signe pacifique. Bientôt la terre paraît sèche et l'antique père descend de son arche avec toute sa suite. Alors, plein de gratitude levant ses mains et ses pieux regards vers le ciel, il vit sur sa tête un nuage de rosée, et dans ce nuage un arc remarquable par trois bandes de brillantes couleurs, annonçant la paix de Dieu et une alliance nouvelle. A cette vue, le cœur d'Adam, auparavant si triste, grandement se réjouit, et il éclate ainsi dans sa joie :

« O toi, qui peux offrir les choses futures comme étant pré-
« sentes, instructeur céleste, je renais à cette dernière vision,
« assuré que l'homme vivra avec toutes les créatures et que leur
« race sera conservée. Je gémis beaucoup moins à présent de
« la destruction d'un monde entier d'enfants coupables, que je
« ne me réjouis de trouver un homme si parfait et si juste, que
« Dieu ait daigné faire sortir un autre monde de cet homme, et
« oublier sa colère. Mais dis-moi ce que signifient ces bandes
« colorées dans le ciel, dessinées comme le sourcil de Dieu
« apaisé? Servent-elles comme une hart fleurie à lier les fluides
« bords de cette même nuée d'eau, de peur qu'elle ne se dissolve
« encore, et n'inonde la terre ? »

L'archange:

« Ingénieusement tu as conjecturé : oui, Dieu a bien voulu
« calmer sa colère, quoiqu'il se soit dernièrement repenti d'a-
« voir créé l'homme dépravé; il s'était affligé dans son cœur ;
« lorsque abaissant ses regards il avait vu la terre entière rem-
« plie de violence, et toute chair corrompant ses voies. Cependant
« les méchants écartés, un homme juste trouve tellement grâce
« à ses yeux qu'il s'apaise et n'efface pas du monde le genre

« humain ; il fait la promesse de ne jamais détruire encore la
« terre par un déluge, de ne laisser jamais l'Océan franchir ses
« bornes, ni la pluie noyer le monde avec l'homme et les ani-
« maux dedans; mais quand il ramènera un nuage sur la terre,
« il y placera son arc de triple couleur, afin qu'on le regarde
« et qu'il rappelle son alliance à l'esprit. Le jour et la nuit, le
« temps de la semaille et de la moisson, la chaleur et la blanche
« gelée suivront leur cours, jusqu'à ce que le feu purifie toutes
« les choses nouvelles, avec le ciel et la terre où le juste ha-
« bitera. »

LIVRE DOUZIÈME

ARGUMENT

L'ange Michel continue de raconter ce qui arrivera depuis le déluge. Quand il est question d'Abraham, il en vient à expliquer par degrés quel sera celui de la race de la femme promis à Adam et à Ève dans leur chute : son incarnation, sa mort, sa résurrection et son ascension. Etat de l'Église jusqu'à son second événement. Adam, grandement satisfait et rassuré par ces récits et ces promesses, descend de la montagne avec Michel. Il éveille Ève, qui avait dormi pendant tout ce temps-là, mais que des songes paisibles avaient disposée à la tranquillité d'esprit et à la soumission. Michel les conduit tous deux par la main hors du paradis, l'épée flamboyante s'agitant derrière eux, et les chérubins prenant leur station pour garder le lieu.

Comme un voyageur qui, dans sa route, s'arrête à midi, quoique pressé d'arriver, ainsi l'archange fit une pause entre le monde détruit et le monde réparé, dans la supposition qu'Adam avait peut-être quelque chose à exprimer. Il reprit ensuite son discours par une douce transition :

« Ainsi tu as vu un monde commencer et finir, et l'homme « sortir comme d'une seconde souche. Tu as encore beaucoup « à voir ; mais je m'aperçois que ta vue mortelle défaut. Les ob-« jets divins doivent nécessairement affaiblir et fatiguer les sens « humains. Dorénavant je te raconterai ce qui doit advenir ; « écoute donc avec une application convenable, et sois attentif.

« Tant que cette seconde race des hommes sera peu nom-« breuse, et tant que la crainte du jugement passé demeurera « fraîche dans leur esprit, craignant la Divinité, ayant quelque « égard à ce qui est juste et droit, ils régleront leur vie et mul-

« tiplieront rapidement. Ils laboureront la terre, recueilleront
« d'abondantes récoltes de blé, de vin, d'huile, et sacrifiant sou-
« vent de leur troupeaux un taureau, un agneau, un chevreau
« avec de larges libations de vin, et des fêtes sacrées, ils passe-
« ront leurs jours pleins dans une innocente joie ; ils habiteront
« longtemps en paix par familles et tribus sous le sceptre pa-
« ternel, jusqu'à ce qu'il s'élève un homme d'un cœur fier et
« ambitieux, qui (non satisfait de cette égalité belle, fraternel
« état) voudra s'arroger une injuste domination sur ses frères,
« et ôter entièrement à la concorde et à la loi de nature la pos-
« session de la terre. Il fera la chasse (les hommes, non les
« bêtes, seront sa proie) par la guerre et les piéges ennemis à
« ceux qui refuseront de se soumettre à son tyrannique em-
« pire. De là il sera appelé un fort chasseur devant le Seigneur,
« prétendant tenir ou du ciel, ou en dépit du ciel, cette seconde
« souveraineté ; son nom dérivera de la rébellion, quoique de
« rébellion il accusera les autres.

« Cet homme, avec une troupe qu'une égale ambition unit
« à lui, ou sous lui, pour tyranniser marchant d'Éden vers l'oc-
« cident, trouvera une plaine où un gouffre noir et bitumineux,
« bouche de l'enfer, bouillonne en sortant de la terre. Avec des
« briques et avec cette matière, ces hommes se préparent à bâtir
« une ville et une tour dont le sommet puisse atteindre le ciel
« et leur faire un nom, de peur que, dispersés dans les terres
« étrangères, leur mémoire ne soit perdue, sans se soucier que
« leur renommée soit bonne ou mauvaise. Mais Dieu, qui sans
« être vu, descend souvent pour visiter les hommes et qui se
« promène dans leurs habitations afin d'observer leurs œuvres,
« les apercevant bientôt, vint en bas considérer leur cité avant
« que la tour offusquât les tours du ciel. Par dérision il met sur
« leurs langues, un esprit de variété pour effacer tout à fait leur
« langage naturel, et pour semer à sa place un bruit discordant
« de mots inconnus. Aussitôt un hideux babil se propage parmi
« les architectes ; ils s'appellent les uns les autres sans s'enten-
« dre, jusqu'à ce que enroués et tous en fureur comme étant

« bafoués, ils se battent. Une grande risée fut dans le ciel, en
« voyant le tumulte étrange et en entendant la rumeur : ainsi
« la ridicule bâtisse fut abandonnée et l'ouvrage nommé Con-
« fusion. »

Alors Adam paternellement affligé :

« O fils exécrable ! aspirer à s'élever au-dessus de ses frères,
« s'attribuant une autorité usurpée qui n'est pas donnée de
« Dieu ! L'Éternel nous accorda seulement une domination
« absolue sur la bête, le poisson et l'oiseau ; nous tenons ce droit
« de sa concession ; mais il n'a pas fait l'homme seigneur des
« hommes ; se réservant ce titre à lui-même, il a laissé ce qui est
« humain libre de ce qui est humain. Mais cet usurpateur ne
« s'arrête pas à son orgueilleux empiétement sur l'homme : sa
« tour prétend défier et assiéger Dieu : homme misérable ! Quelle
« nourriture ira-t-il porter si haut, pour s'y soutenir lui et sa
« téméraire armée, là au-dessus des nuages, où l'air subtil ferait
« languir ses entrailles grossières, et l'affamerait de respiration,
« sinon de pain ? »

Michel :

« Tu abhorres justement ce fils qui apportera un pareil trou-
« ble dans l'état tranquille des hommes, en s'efforçant d'asser-
« vir la liberté rationnelle. Toutefois apprends de plus que
« depuis ta faute originelle, la vraie liberté a été perdue ; cette
« liberté jumelle de la droite raison, habite toujours avec elle, et
« hors d'elle n'a point d'existence divisée : aussitôt que la raison
« dans l'homme est obscurcie ou non obéie, les désirs désor-
« donnés et les passions vives saisissent l'empire de la raison, et
« réduisent en servitude l'homme, jusqu'alors libre. Consé-
« quemment, puisque l'homme permet, au-dedans de lui-même,
« à d'indignes pouvoirs de régner sur la raison libre, Dieu, par
« un juste arrêt, l'assujettit au-dehors à de violents maîtres qui
« souvent aussi asservissent indûment son extérieure liberté :
« il faut que la tyrannie soit, quoique le tyran n'ait point
« d'excuse. Cependant quelquefois les nations tomberont si bas
« au-dessous de la vertu (qui est la raison) que non l'injustice,

« mais la justice, et quelque fatale malédiction annexée, les pri-
« vera de leur liberté extérieure, leur liberté intérieure étant
« perdue : témoin le fils irrévérent de celui qui bâtit l'arche,
« lequel, pour l'affront qu'il fit à son père, entendit contre sa
« vicieuse race cette pesante malédiction : *Tu seras l'esclave*
« *des esclaves.*

« Ainsi ce dernier monde, comme le premier, ira sans cesse
« de mal en pis, jusqu'à ce que Dieu, fatigué enfin de leur ini-
« quité, retire sa présence du milieu d'eux, et détourne ses
« saints regards résolu d'abandonner désormais les hommes à
« leurs propres voies corrompues, et de se choisir parmi toutes
« les nations un peuple de qui il sera invoqué, un peuple à
« naître d'un homme plein de foi. Cet homme, résident encore
« sur le bord de l'Euphrate, aura été élevé dans l'idolatrie.

« Oh ! pourras-tu croire que les hommes, tandis que le pa-
« triarche sauvé du déluge existait encore, soient devenus assez
« stupides pour abandonner le Dieu vivant, pour s'abaisser à
« adorer comme dieux leurs propres ouvrages de bois et de
« pierre ! Cependant le Très-Haut daignera, par une vision,
« appeler cet homme de la maison de son père, du milieu de sa
« famille et des faux dieux, dans une terre, qu'il lui montrera :
« il fera sortir de lui un puissant peuple et répandra sur lui sa
« bénédiction, de façon que dans sa race toutes les nations seront
« bénies.

« Il obéit ponctuellement ; il ne connaît point la terre où il
« va, cependant, il croit ferme. Je le vois (mais tu ne le peux
« voir) avec quelle foi il laisse ses dieux, ses amis, son sol na-
« tal. Ur de Chaldée ; il passe maintenant le gué à Haran ; après
« lui marche une suite embarrassante de bestiaux, de troupeaux,
« et de nombreux serviteurs : il n'erre pas pauvre, mais il con-
« fie toute sa richesse à Dieu qui l'appelle dans une terre in-
« connue. Maintenant il atteint Chanaan : je vois ses tentes
« plantées aux environs de Sichem et dans la plaine voisine de
« Moreh : là il reçoit la promesse du don de toute cette terre à
« sa postérité, depuis Hamath, au nord, jusqu'au désert, au sud

« (j'appelle ces lieux par leurs noms, quoiqu'ils soient encore
« sans noms) : depuis Hermon au levant, jusqu'à la grande mer
« occidentale. Ici le mont Hermon ; là la mer. Regarde chaque
« lieu en perspective comme je te les indique de la main : sur
« le rivage, le mont Carmel; ici le fleuve à deux sources, le
« Jourdain, vraie limite à l'orient; mais les fils de cet homme
« habiteront à Senir cette longue chaîne de collines.

« Pèse ceci : toutes les nations de la terre seront bénies dans
« la race de cet homme. Par cette race est désigné ton grand
« libérateur qui écrasera la tête du serpent, ce qui te sera bien-
« tôt plus clairement révélé.

« Ce patriarche béni (qui dans un temps prescrit sera appelé
« le fidèle Abraham) laissera un fils, et de ce fils un petit-fils,
« égal à lui en foi, en sagesse et en renom. Le petit-fils avec ses
« douze enfants, part de Chanaan pour une terre appelée Égypte
« dans la suite, que divise le fleuve le Nil. Vois où ce fleuve
« coule et se décharge dans la mer par sept embouchures. Le
« père vint habiter cette terre dans un temps de disette, invité
« par un de ses plus jeunes enfants, fils que de dignes actions
« ont élevé au second rang dans ce royaume de Pharaon.

« Il meurt, et laisse sa postérité qui devient une nation. Cette
« nation maintenant accrue cause de l'inquiétude à un nouveau
« roi qui cherche à arrêter leur accroissement excessif, comme
« aubains trop nombreux : pour cela, contre les droits de l'hos-
« pitalité, de ses hôtes il fait des esclaves; et met à mort leurs
« enfants mâles; jusqu'à ce que deux frères (ces deux frères
« nommés Moïse et Aaron) soient suscités de Dieu pour tirer ce
« peuple de la captivité, pour le reconduire avec gloire et chargé
« de dépouilles vers leur terre promise.

« Mais d'abord le tyran sans loi (qui refuse de reconnaître
« leur Dieu ou d'avoir égard à son message) doit y être forcé
« par des signes et des jugements terribles : les fleuves doivent
« être convertis en sang qui n'aura point été versé; les gre-
« nouilles, la vermine, les moucherons doivent remplir tout le
« palais du roi et remplir tout le pays de leur intrusion dégoû-

« tante. Les troupeaux du roi doivent mourir du tac et de la
« contagion; les tumeurs et les ulcères doivent boursoufler
« toute sa chair et toute celle de son peuple; le tonnerre mêlé
« de grêle, la grêle mêlée de feu, doivent déchirer le ciel d'É-
« gypte, et tourbillonner sur la terre, dévorant tout, là où ils
« roulent. Ce qu'ils ne dévoreront pas en herbe, fruit ou graine,
« doit être mangé d'un nuage épais de sauterelles descendues
« en fourmilière et ne laissant rien de vert sur la terre. L'obscu-
« rité doit faire disparaître toutes les limites (palpable obscurité),
« et effacer trois jours; enfin d'un coup de minuit tous les pre-
« miers-nés d'Égypte doivent être frappés de mort.

« Ainsi dompté par dix plaies, le dragon du fleuve se soumet
« enfin à laisser aller les étrangers, et souvent humilie son cœur
« obstiné, mais comme la glace toujours plus durcie après le
« dégel. Dans sa rage poursuivant ceux qu'il avait naguère con-
« gédiés, la mer l'engloutit avec son armée, et laisse passer les
« étrangers comme sur un terrain sec entre deux murs de cris-
« tal. Les vagues, tenues en respect par la verge de Moïse, de-
« meurent ainsi divisées jusqu'à ce que le peuple délivré ait
« gagné leur rivage. Tel est le prodigieux pouvoir que Dieu
« prêtera à son prophète, quoique toujours présent de son ange
« qui marchera devant ses peuples dans une nuée, et dans une
« colonne de feu; le jour une nuée, la nuit une colonne de feu,
« afin de les guider dans leur voyage et d'écarter derrière eux
« le roi obstiné qui les poursuit. Le roi les poursuivra toute la
« nuit, mais les ténèbres s'interposent et les défendent de son
« approche jusqu'à la veille du matin. Alors Dieu regardant
« entre la colonne de feu et la nue, troublera les ennemis et bri-
« sera les roues de leurs chariots; quand Moïse, par ordre, étend
« encore une fois sa verge puissante sur la mer; la mer obéit à
« sa verge : les vagues retombent sur les bataillons de l'Egypte,
« et ensevelissent leur guerre.

« La race choisie et délivrée s'avance du rivage vers Chanaan
« à travers l'inhabité désert; elle ne prend pas le chemin le plus
« court, de peur qu'en entrant chez les Chananéens alarmés,

« la guerre ne l'effraye, elle inexpérimentée, et que la crainte ne
« la fasse retourner en Égypte préférant une vie inglorieuse
« dans la servitude ; car la vie inaccoutumée aux armes est plus
« douce au noble et au non noble, quand la témérité ne les con-
« duit pas.

« Ce peuple gagnera encore ceci par son séjour dans la vaste
« solitude : il y fondera son gouvernement et choisira parmi les
« douze tribus son grand sénat pour commander selon des lois
« prescrites. Du mont Sinaï (dont le sommet obscur tremblera
« à la descente de Dieu) Dieu, lui-même, au milieu du tonnerre,
« des éclairs et du bruit éclatant des trompettes, donnera des
« lois à ce peuple. Une partie de ces lois appartiendra à la jus-
« tice civile, une autre partie aux cérémonies religieuses du
« sacrifice ; ces cérémonies apprendront à connaître par des
« types et des ombres celui qui, de cette race, est destiné à écra-
« ser le serpent, et les moyens par lesquels il achèvera la déli-
« vrance du genre humain.

« Mais la voix de Dieu est terrible à l'oreille mortelle : les
« tribus choisies le supplient de faire connaître sa volonté par
« Moïse et de cesser la terreur ; il accorde ce qu'elles implorent,
« instruites qu'on ne peut avoir accès auprès de Dieu sans mé-
« diateur, de qui Moïse remplit alors la haute fonction en
« figure, afin de préparer la voie à un plus grand Médiateur
« dont il prédira le jour ; et tous les prophètes, chacun dans leur
« âge, chercheront le temps du grand Messie.

« Ces lois et ces rites établis, Dieu se plaira tant aux hommes
« obéissants à sa volonté, qu'il daignera placer au milieu d'eux
« son tabernacle, pour que le Saint et l'Unique habite avec les
« hommes mortels. Dans la forme qu'il a prescrite, un sanc-
« tuaire de cèdre est fabriqué et revêtu d'or. Dans ce sanctuaire
« est une arche, et dans cette arche, son témoignage, titres de
« son alliance. Au-dessus s'élève le trône d'or de la miséricorde,
« entre les ailes de deux brillants chérubins. Devant lui brûlent
« sept lampes représentant, comme dans un zodiaque, les flam-
« beaux du ciel. Sur la tente reposera un nuage pendant le jour,

« un rayon de feu pendant la nuit, excepté quand les tribus
« seront en marche. Et conduites par l'ange du Seigneur,
« elles arrivent enfin à la terre promise à Abraham et à sa
« race.

« Le reste serait trop long à te raconter : combien de batailles
« livrées, combien de rois domptés et de royaumes conquis ;
« comment le soleil s'arrêtera immobile, un jour entier, au mi-
« lieu du ciel, et retardera la course ordinaire de la nuit, à la
« voix d'un homme disant : — « Soleil, arrête-toi sur Gabaon,
« et toi, lune, sur la vallée d'Ajalon, jusqu'à ce que Israël ait
« vaincu. » — Ainsi s'appellera le troisième descendant d'A-
« braham, fils d'Isaac, et de lui ce nom passera à sa postérité,
« qui sera victorieuse ainsi de Chanaan. »

Ici Adam interrompit l'Ange :

« O envoyé du ciel, flambeau de mes ténèbres, de belles choses
« tu m'as révélées, particulièrement celles qui regardent le juste
« Abraham et sa race ! A présent pour la première fois je trouve
« mes yeux véritablement ouverts et mon cœur beaucoup sou-
« lagé. J'étais auparavant troublé par la pensée de ce qui m'ar-
« riverait à moi et à tout le genre humain ; mais à présent je
« vois son jour, le jour de celui en qui toutes les nations seront
« bénies : faveur pour moi imméritée, moi qui cherchai la
« science défendue par des moyens défendus. Cependant je ne
« comprends pas ceci : pourquoi à ceux parmi lesquels Dieu
« daignera habiter sur la terre, tant et de diverses lois ont-elles
« été données ? Tant de lois supposent parmi eux autant de
« péchés : comment Dieu peut-il résider au milieu de ces
« hommes ? »

Michel :

« Ne doute pas que le péché ne règne parmi eux, comme
« engendré de toi : et ainsi la loi leur a été donnée pour dé-
« montrer leur dépravation native, qui excite sans cesse le péché
« à combattre contre la loi. De là, quand ils verront que la loi
« peut bien découvrir le péché, mais ne peut l'écarter (sinon
« par ces faibles ombres d'expiation, le sang des taureaux et des

« boucs), ils en concluront que quelque sang plus précieux doit
« payer la dette humaine, celui du juste pour l'injuste, afin que
« dans cette justice à eux appliquée par la foi, ils trouvent leur
« justification auprès de Dieu et la paix de la conscience que
« la loi par des cérémonies ne peut calmer, puisque l'homme
« ne peut accomplir la partie morale de la loi, et que ne l'accom-
« plissant pas il ne peut vivre.

« Ainsi la loi paraît imparfaite et seulement donnée pour li-
« vrer les hommes, dans la plénitude des temps, à une meilleure
« alliance; pour les faire passer, disciplinés, de l'ombre des figu-
« res à la vérité, de la chair à l'esprit, de l'imposition des lois
« étroites à la libre acception d'une large grâce, de la servile
« frayeur à la crainte filiale, des œuvres de la loi aux œuvres
« de la foi.

« A cause de cela Moïse (quoique si particulièrement aimé
« de Dieu), n'étant que le ministre de la loi, ne conduira pas
« le peuple dans Chanaan : ce sera Josué, appelé Jésus, par les
« Gentils; Jésus qui aura le nom et fera l'office de celui qui
« doit dompter le serpent ennemi, et ramener en sûreté, à l'é-
« ternel paradis du repos, l'homme longuement égaré dans la
« solitude du monde.

« Cependant placé dans leur Chanaan terrestre, les Israélites
« y demeureront et y prospéreront longtemps; mais quand les
« péchés de la nation auront troublé leur paix publique, ils
« provoqueront Dieu à leur susciter des ennemis dont il les dé-
« livrera aussi souvent qu'ils se montreront pénitents, d'abord
« au moyen des juges, ensuite par les rois; le second desquels
« (renommé pour sa piété et ses grandes actions), recevra la
« promesse irrévocable que son trône subsistera à jamais. Toutes
« les prophéties chanteront de même, que de la souche royale
« de David (j'appelle ainsi ce roi) sortira un Fils, ce Fils de la
« race de la femme, à toi prédit, prédit à Abraham comme celui
« en qui espèrent toutes les nations, celui qui est prédit aux rois,
« des rois le dernier, car son règne n'aura point de fin.

« Mais d'abord passera une longue succession de rois : le pre-

« mier des fils de David, célèbre par son opulence et sa sagesse,
« renfermera dans un temple superbe l'arche de Dieu couverte
« d'une nue, qui jusqu'alors avait erré sous des tentes. Ceux qui
« succéderont à ce prince seront inscrits partie au nombre des
« bons, partie au nombre des mauvais rois ; la plus longue liste
« sera celle des mauvais. Les honteuses idolâtries et les autres
« péchés de ces derniers, ajoutés à la somme des iniquités du
« peuple, irriteront tellement Dieu qu'il se retirera d'eux,
« qu'il abandonnera leur terre, leur cité, son temple, son arche
« sainte avec toutes les choses sacrés, objets du mépris et proie
« de cette orgueilleuse cité dont tu as vu les hautes murailles
« laissées dans la confusion, d'où elle fut appelée Babylone.

« Là Dieu laisse son peuple habiter en captivité l'espace de
« soixante-dix ans ; ensuite il l'en retire, se souvenant de sa
« miséricorde et de son alliance jurée à David, invariable comme
« les jours du ciel. Revenus de Babylone avec l'agrément des
« rois, leurs maîtres, que Dieu disposera en faveur des Israélites,
« ils réédifieront d'abord la maison de Dieu. Pendant quelque
« temps ils vivront modérés dans un état médiocre ; jusqu'à ce
« que augmentés en nombre et en richesses, ils deviennent
« factieux ; mais la dissension s'engendrera d'abord parmi les
« prêtres, hommes qui servent l'autel et qui devraient le plus
« s'efforcer à la paix : leur discorde amènera l'abomination dans
« le temple même ; ils saisiront enfin le sceptre sans égard pour
« le fils de David ; et ensuite ils le perdront, et il passera à un
« étranger, afin que le véritable roi par l'onction, le Messie
« puisse naître dépouillé de son droit.

« Cependant, à sa naissance, une étoile qui n'avait pas été
« vue auparavant dans le ciel proclame sa venue et guide les
« sages de l'orient, qui s'enquièrent de sa demeure pour offrir
« de l'encens, de la myrrhe et de l'or. Un ange solennel dit le
« lieu de sa naissance à de simples bergers qui veillaient pendant
« la nuit. Ils y courent en hâte pleins de joie, et ils entendent
« son Noël chanté par un chœur d'anges. — Une vierge est sa
« mère, mais son père est le pouvoir du Très-Haut. Il montera

« sur le trône héréditaire ; il bornera son règne par les larges
« limites de la terre, sa gloire par les cieux. »

Michel s'arrêta, apercevant Adam accablé d'une telle joie, qu'il était, comme dans la douleur, baigné de larmes, sans respiration et sans paroles ; il exhala enfin celles-ci :

« O prophète d'agréables nouvelles ! toi qui achèves les plus
« hautes espérances ! à présent je comprends clairement ce que
« souvent mes pensées les plus appliquées ont cherché en vain :
« pourquoi l'objet de notre grande attente sera appelé la race
« de la femme. Vierge mère je te salue ! toi haute dans l'amour
« du ciel ! Cependant tu sortiras de mes reins, et de tes entrail-
« les sortira le Fils du Dieu Très-Haut : ainsi Dieu s'unira avec
« l'homme. Le serpent doit attendre maintenant l'écrasement
« de sa tête avec une mortelle peine. Dis où et quand leur com-
« bat ? quel coup blessera le talon du vainqueur ? »

Michel :

« Ne rêve pas de leur combat comme d'un duel, ni ne songe
« de blessures locales à la tête ou au talon : le Fils ne réunit
« point l'humanité à la divinité, pour vaincre ton ennemi avec
« plus de force ; ni Satan ne sera dominé de la sorte lui que sa
« chute du ciel (blessure bien plus mortelle), n'a pas rendu in-
« capable de te donner ta blessure de mort. Celui qui vient ton
« Sauveur te guérira, non en détruisant Satan, mais ses œuvres
« en toi et dans ta race. Ce qui ne peut être qu'en accomplissant
« (ce à quoi tu as manqué) l'obéissance à la loi de Dieu, impo-
« sée sous peine de mort, et en souffrant la mort, peine due à la
« transgression et due à ceux qui doivent naître de toi.

« Ainsi seulement la souveraine justice peut être satisfaite :
« ton Rédempteur remplira exactement la loi de Dieu à la fois
« par obéissance et par amour, bien que l'amour seul remplisse
« la loi. Il subira ton châtiment en se présentant dans la chair
« à une vie outragée et à une mort maudite, annonçant la vie
« à tous ceux qui croiront en sa rédemption, qui croiront que son
« obéissance lui sera imputée, qu'elle deviendra la leur par la
« foi, que ses mérites les sauveront, non leurs propres œuvres,

« quoique conformes à la loi. Pour cela haï il sera blasphémé,
« saisi par force, jugé, condamné à mort comme infâme et
« maudit, cloué à la croix par sa proqre nation, tué pour avoir
« apporté la vie. Mais à sa croix il clouera tes ennemis ; le ju-
« gement rendu contre toi, les péchés de tout le genre humain,
« seront crucifiés avec lui ; et rien ne nuira plus à ceux qui se
« confieront justement dans sa satisfaction.

« Il meurt, mais bientôt revit. La mort sur lui n'usurpera
« pas longtemps le pouvoir : avant que la troisième aube du
« jour revienne, les étoiles du matin le verront se lever de sa
« tombe, frais comme la lumière naissante, ta rançon qui ra-
« chète l'homme de la mort, étant payée. Sa mort satisfera pour
« l'homme aussi souvent qu'il ne négligera point une vie ainsi
« offerte, et qu'il en embrassera le mérite par une foi non dé-
« nuée d'œuvres. Cet acte divin annule ton arrêt, cette mort
« dont tu serais mort dans le péché pour jamais perdu à la vie;
« cet acte brisera la tête de Satan, écrasera sa force par la dé-
« faite du Péché et de la Mort, ses deux armes principales,
« enfoncera leur aiguillon dans sa tête beaucoup plus profondé-
« ment que la mort temporelle ne brisera le talon du vainqueur,
« ou de ceux qu'il rachète mort comme un sommeil, passage
« doux à une immortelle vie.

« Après sa résurrection il ne restera sur la terre que le temps
« suffisant pour apparaître à ses disciples, hommes qui le sui-
« virent toujours pendant sa vie. Il les chargera d'enseigner aux
« nations ce qu'ils apprirent de lui et sa rédemption, baptisant
« dans le courant de l'eau ceux qui croiront : signe qui, en les
« lavant de la souillure du péché pour une vie pure, les pré-
« parera en esprit (s'il en arrivait ainsi) à une mort pareille à
« celle dont le Rédempteur mourut. Ces disciples instruiront
« toutes les nations ; car, à compter de ce jour, le salut sera
« prêché, non-seulement aux fils sortis des reins d'Abraham,
« mais aux fils de la foi d'Abraham par tout le monde ; ainsi
« dans la race d'Abraham toutes les nations seront bénies.

« Ensuite le Sauveur montera dans le ciel des cieux avec la

« victoire, triomphant au milieu des airs de ses ennemis et des
« tiens : il y surprendra le serpent, prince de l'air ; il le traînera
« enchaîné à travers tout son royaume, et l'y laissera confondu.
« Alors il entrera dans la gloire, reprendra sa place, à la droite
« de Dieu, exalté hautement au-dessus de tous les noms dans le
« ciel. De là, quand la dissolution de ce monde sera mûre, il
« viendra dans la gloire et la puissance, juger les vivants et les
« morts, juger les infidèles morts, mais récompenser les fidèles
« et les recevoir dans la béatitude, soit au ciel ou sur la terre ;
« car la terre alors sera toute paradis ; bien plus heureuse de-
« meure que celle d'Éden, et bien plus heureux jours ! »

Ainsi parla l'archange Michel, et il fit une pause comme s'il
était à la grande période du monde ; notre père, rempli de joie
et d'admiration, s'écria :

« O bonté infinie, bonté immense ! qui du mal produira tout
« ce bien, et le mal changera en bien merveille plus grande que
« celle qui d'abord par la création fit sortir la lumière des ténè-
« bres. Je suis rempli de doute : dois-je me repentir à présent
« du péché que j'ai commis et occasionné, ou dois-je m'en ré-
« jouir beaucoup plus, puisqu'il en résultera beaucoup de bien :
« à Dieu plus de gloire, aux hommes, plus de bonne volonté de
« la part de Dieu, et la grâce surabondant où avait abondé la
« colère ? Mais, dis-moi, si notre libérateur doit remonter aux
« cieux, que deviendra le peu de ses fidèles, laissé parmi le
« troupeau fidèle, les ennemis de la vérité ? Qui alors guidera
« son peuple ? Qui le défendra ? Ne traiteront-ils pas plus mal
« ses disciples qu'ils ne l'ont traité lui-même ?

« Sois sûr qu'il le feront, dit l'ange : mais du ciel il enverra
« aux siens un Consolateur, la promesse du Père, son Esprit
« qui habitera en eux, et écrira la loi de la foi dans leur cœur,
« opérant par l'amour pour les guider en toute vérité. Il les
« revêtira encore d'une armure spirituelle, capable de résister
« aux attaques de Satan et d'éteindre ses dards de feu. Ils ne
« seront point effrayés de tout ce que l'homme pourra faire
« contre eux, pas même de la mort. Ils seront dédommagés de

« ces cruautés par des consolations intérieures, et souvent sou-
« tenus au point d'étonner leurs plus fiers persécuteurs : car
« l'Esprit (descendu d'abord sur les apôtres que le Messie en-
« voya évangéliser les nations, et descendu ensuite sur tous les
« baptisés) remplira ses apôtres de dons merveilleux pour parler
« toutes les langues et faire tous les miracles que leur Maître
« faisait devant eux. Ils détermineront ainsi une grande multi-
« tude dans chaque nation à recevoir avec joie les nouvelles
« apportées du ciel. Enfin, leur ministère étant accompli, leur
« course achevée, leur doctrine et leur histoire laissées écrites,
« ils meurent.

« Mais à leur place, comme ils l'auront prédit, des loups suc-
« céderont aux pasteurs, loups ravissants qui feront servir les
« sacrés mystères du ciel à leurs propres et vils avantages, à leur
« cupidité, à leur ambition : et par des superstitions des traditions
« humaines, ils infecteront la vérité déposée pure seulement dans
« ces actes écrits, mais qui ne peut être entendue que par l'Esprit.

« Ils chercheront à se prévaloir de noms, de places, de titres,
« et à joindre à ceux-ci la temporelle puissance, quoiqu'en
« feignant d'agir par la puissance spirituelle, s'appropriant l'Es-
« prit de Dieu, promis également et donné à tous les croyants.
« Dans cette prétention, des lois spirituelles seront imposées par
« la force charnelle à chaque conscience, lois que personne ne
« trouvera sur le rôle de celles qui ont été laissées, ou que l'Es-
« prit grave intérieurement dans le cœur.

« Que voudront-ils donc, sinon contraindre l'Esprit de la
« grâce même et lier la liberté sa compagne ? Que voudront-ils,
« sinon démolir les temples vivants de Dieu, bâtis pour durer
« par la foi, leur propre foi, non celle d'un autre ? (Car sur terre,
« qui peut être écouté comme infaillible contre la foi et la con-
« science !) Cependant plusieurs se présumeront tels : de là une
« accablante persécution s'élèvera contre tous ceux qui persé-
« véreront à adorer en esprit et en vérité. Le reste, ce sera le
« plus grand nombre, s'imaginera satisfaire à la religion par
« des cérémonies extérieures et des formalités spécieuses. La

« vérité se retirera percée des traits de la calomnie, et les œuvres
« de la foi seront rarement trouvées.

« Ainsi ira le monde, malveillant aux bons, favorable aux
« méchants, et sous son propre poids gémissant, jusqu'à ce que se
« lève le jour du repos pour le juste, de vengeance pour le mé-
« chant ; jour du retour de celui si récemment promis à ton aide,
« de ce Fils de la femme, alors obscurément annoncé, à présent
« plus amplement connu pour ton Sauveur et ton Maître.

« Enfin, sur les nuages il viendra du ciel, pour être révélé
« dans la gloire du Père, pour dissoudre Satan avec son monde
« pervers. Alors de la masse embrasée, purifiée et raffinée, il
« élèvera de nouveaux cieux, une nouvelle terre, des âges d'une
« date infinie, fondés sur la justice, la paix, l'amour, et qui
« produiront pour fruits la joie et l'éternelle félicité. »

L'ange finit, et Adam lui répliqua, pour la dernière fois :

« Combien ta prédiction, ô bienheureux voyant, a mesuré
« vite ce monde passager, la course du temps jusqu'au jour où
« il s'arrêtera fixé ! au-delà, tout est abîme, éternité dont l'œil ne
« peut atteindre la fin ! Grandement instruit, je partirai d'ici,
« grandement en paix de pensée, et je suis rempli de connaissance
« autant que ce vase peut en contenir ; aspirer au delà a été ma
« folie. J'apprends de ceci que le mieux est d'obéir, d'aimer Dieu
« seul avec crainte, de marcher comme en sa présence, de re-
« connaître sans cesse sa providence, de ne dépendre que de lui
« miséricordieux pour tous ses ouvrages surmontant toujours
« le mal par le bien, par de petites choses accomplissant les
« grandes, par des moyens réputés faibles renversant la force
« du monde, et le sage du monde, par la simplicité de l'humble :
« je sais désormais que souffrir pour la cause de la vérité c'est
« s'élever par la force à la plus haute victoire, et que pour le
« fidèle la mort est à la porte de la vie ; je suis instruit de cela
« par l'exemple de celui que je reconnais à présent pour mon
« Rédempteur à jamais béni. »

L'Ange à Adam répliqua aussi pour la dernière fois.

« Ayant appris ces choses, tu as atteint la somme de la sa-

« gesse. N'espère rien de plus haut quand même tu connaîtrais
« toutes les étoiles par leurs noms, et tous les pouvoirs éthérés,
« tous les secrets de l'abîme, tous les ouvrages de la nature, ou
« toutes les œuvres de Dieu dans le ciel, l'air, la terre ou la mer;
« tu jouirais de toutes les richesses de ce monde, et le gouverne-
« rais comme un seul empire. Ajoute seulement à tes connais-
« sances des actions qui y répondent; ajoute la vertu, la patience,
« la tempérance; ajoute l'amour, dans l'avenir nommé charité,
« âme de tout le reste. Alors tu regretteras moins de quitter ce
« paradis, puisque tu posséderas en toi-même un paradis bien
« plus heureux.

« Descendons maintenant de cette cime de spéculation; car
« l'heure précise exige notre départ d'ici. Regarde! ces gardes
« que j'ai campés sur cette colline attendent l'ordre de se mettre
« en marche : à leur front, une épée flamboyante, en signal du
« bannissement, ondoie avec violence. Nous ne pouvons rester
« plus longtemps. Va éveiller Ève : elle aussi je l'ai calmée par de
« doux rêves, présages du bien, et j'ai disposé tous ses esprits à
« une humble soumission. Dans un moment convenable tu lui
« feras part de ce que tu as entendu, surtout ce qu'il importe
« à sa foi de connaître, la grande délivrance du genre humain,
« qui doit venir de sa race, de la race de la femme. Puissiez-
« vous vivre (vos jours seront nombreux) dans une foi unanime,
« quoique tristes, à cause des maux passés, cependant encore
« beaucoup plus consolés par la méditation d'une heureuse fin. »

Il finit, et tous deux descendent la colline. Arrivé au bas,
Adam courut en avant au berceau où Ève s'était endormie;
mais il la trouva éveillée; elle le reçut avec ces paroles qui n'é-
taient plus tristes :

« D'où tu reviens et où tu était allé, je le sais, car Dieu est
« aussi dans le sommeil et instruit les songes : il me les a en-
« voyés propices, présageant un grand bien, depuis que fatiguée
« de chagrin et de détresse de cœur, je tombai endormie; mais
« à présent, guide-moi : en moi, plus de retardement : aller
« avec toi, c'est rester ici; rester sans toi ici, c'est sortir d'ici

« involontairement. Tu es pour moi toutes choses sous le ciel,
« tu es tous les lieux pour moi, toi qui pour mon crime volon-
« taire es banni d'ici. Cependant j'emporte d'ici cette dernière
« consolation qui me rassure : bien que par moi tout ait été
« perdu, malgré mon indignité, une faveur m'est accordée : par
« moi la Race promise réparera tout. »

Ainsi parla Ève notre mère, et Adam l'entendit charmé, mais ne répondit point ; l'archange était trop près, et de l'autre colline à leur poste assigné, tous dans un ordre brillant les chérubins descendaient : ils glissaient météores sur la terre, ainsi qu'un brouillard du soir élevé d'un fleuve glisse sur un marais, et envahit rapidement le sol sur les talons du laboureur qui retourne à sa chaumière. De front ils s'avançaient ; devant eux le glaive brandissant du Seigneur flamboyait furieux, comme une comète : la chaleur torride de ce glaive, et sa vapeur telle que l'air brûlé de la Libye, commençaient à dessécher le climat tempéré du paradis ; quand l'Ange hâtant nos languissants parents, les prit par la main, les conduisit droit à la porte orientale ; de là aussi vite jusqu'au bas du rocher, dans la plaine inférieure, et disparut.

Ils regardèrent derrière eux, et virent toute la partie orientale du paradis, naguère leur séjour, ondulée par le brandon flambant : la porte était obstruée de figures redoutables et d'armes ardentes.

Adam et Ève laissèrent tomber quelques naturelles larmes qu'ils essuyèrent vite. Le monde entier était devant eux, pour y choisir le lieu de leur repos, et la Providence était leur guide. Mais main en main, à pas incertains et lents, ils prirent à travers Éden leur chemin solitaire.

FIN DU PARADIS PERDU.

Paris. — Typ. Walder, rue Bonaparte, 44.

www.ingramcontent.com/pod-product-compliance
Lightning Source LLC
Chambersburg PA
CBHW071601170426
43196CB00033B/1520